ラグジュアリーコミュニズム

アーロン・バスターニ　橋本智弘＝訳

シャーロットへ。

この本は君なしでは書けなかった。

人間は、さまざまで、多様で、
しかも定まらない本性を持つ動物である。

——ジョヴァンニ・ピコ・デッラ・ミランドラ

ものごとが悪い時代にも、私は街を捨てなかった。
良い時代にも、私利私欲を持たなかった。
絶望的な時代には、何も怖れなかった。

——枢機官ド・レス

目次

凡例

・原文でイタリック体の箇所には傍点を附した。
・訳者による訳語の補足・説明などは〔　〕とした。

序文　未来を求める六人の人物

人生には奇妙なことが数限りなくあるのはご存知でいらっしゃいましょう。
そのような事柄はいかにも真実らしく見せる必要はございません。
何故ならば、それは真実そのものでございますから。

――ルイジ・ピランデルロ

ヤン

ヤンは、中国河南省の都市鄭州《ていしゅう》で働く工場労働者だ。中国西部の村で生まれた彼女が働いてきた期間は、中国が世界の工場へと成長を遂げた時期とちょうど一致している。一〇年前にこの都市に移り住んで以来、ヤンは人なみの生活を築き上げてきた。仕事は骨が折れるが――シフトはたいてい一日一一時間から一三時間にまでのぼる――ヤンは自分を幸運だと思っている。経済的には自足していて、実家の両親に仕送りするほどには稼ぎもあるからだ。

友人や同僚の多くと同じように、ヤンはひとりっ子である。そのため、工場の現場では自分を幸運だと感じる反面、年老いつつある両親の健康がますます気がかりになっている。いずれは両親の世話を自分がしなくてはならなくなるだろう。実家の両親とうつろう都市生活の狭間で、ヤンはみずからの家庭を築く望みは薄いように感じている。自分の務めは別にあるのだし、いつかは実家に帰らなくてはいけない。

実家に帰るという見通しが現実になるのは遠い未来であってほしいとヤンは願っているが、最近ではまた別の心配事が彼女の頭を悩ませている。何年も前、田舎から出てきたばかりのまだ一〇代のころ、はじめて給料を受け取ったときには考えられなかった懸念である――仕事がなくなりつつあるのだ。

欧米の同世代の人々にとっては期待すべくもないことだったが、都市にやってきてからというもの、ヤンの稼ぎは毎年増えていった。だがその一方で、ロボットがそのうち彼女の仕事を奪ってしまうだろうと現場監督はしょっちゅうからかっていた。ふだんは現場監督を相手にしないが、同じ工場で活動する違法の労働組合員たちも似たようなことを言っている。彼らが言うには、海のむこうの外国人たちは以前よりも低い給料に甘んじるようになっており、現在の賃金では競争に勝てないのだという。組合員たちの公算では中国が産業上の地位を失うことはないだろうとのことだが、裏を返せばそれは、ある仕事は外国へ移され別の仕事は自動化されてしまうのは避けられないということだ。もちろん仕事の多くは中国に残るだろうが――いつでも仕事はあるものだ――状況は今後も同じではありえない。さらにヤンは、自分が働く会社鴻海《ホンハイ》がアメリカに工場を建てはじめたという記事をインターネットで読みさえした。

クリス

二〇一五年にオバマ大統領が行った宇宙法への署名、それは歴史的瞬間だった――すくなくともクリス・ブリューメンタルにとってはそうだった。メディアはさして関心を示さなかったものの、この法律は宇宙空間で民間企業が利潤を得る権利を認めていた。アメリカの資本主義は新たなフロンティアを得たのだ。

その出来事の記念日となる今日、クリスは有頂天だった。彼はアパートの自室でひとり、大西洋のただなかでファルコンヘビーのブースターが火を噴くのを見ている。ロケットが着陸に成功すれば、火星への有人飛行の可能性が大きく高まるばかりか、このロケットを作った会社スペースXの三年にわたる無傷の安全記録が更新されることにもなる。ながらく政府との契約やほんの数人の実業家の深いふところに頼む他なかった民間の宇宙事業は、もはやSFではなくなったのだ。早晩、こうしたロケットはボーイング737と同じくらいありふれたものになるだろう。

小惑星採掘事業への初期投資者であるクリスは、ツイッターで着陸を見届けると、似た考えを持った投資家からなるワッツアップ〔メッセージアプリ〕のグループでこの出来事をシェアした。グループには高給取りのNBAコーチやハリウッドの映画監督などがいる。リンクに加えてクリスは皮肉まじりにこう書いた――「いくら出すんだ？」

すぐさま返事がひとつあらわれた。クリスはその人物を親しく知っていたわけではないが、同じストリーム映像を見ていたのだろうと推測した。「これじゃ世のなかにいくら金があっても足りねえな」。クリスには知る由もないが、このグループの他のメンバーすべてが彼と同じように着陸の映像を見ることになる。とはいえ、みながリアルタイムで見るわけではない。家にいる者もあれば、クライアント、友人、家族などと夕食を取っている人もいる。またある者は恋人とともにベッドに寝ころんでいる。どこへいようとも、彼らはみな、手のひらのなかの有機発光ダイオードのディスプレイで歴史が展開するのを目にすることになる。それを可能にしたテクノロジー、すなわち解像度を増し続けどんどん安価になるカメラは、ロケットの無人着陸が完全に自動化されたものだったことを実証していた。

クリスがバスケットボールのスコアを確認しようとすると、マンハッタンで弁護士をしている昔なじみの友人サンドラが会話に割り込んできた。「問題は、こういうものが多すぎるってことよ。簡単にロケットを打ち上げられるようになって、次々みんなが行くようになるじゃない」

誰も返事をしなかった。ただ、鉱物がにわかに供給過多となれば価格の急落を招くだろうということは、他の者たちもよくわかっていた。だが、いまのところ、そしてすくなくともむこう一〇年は問題にはならないだろう。なぜなら、小惑星採掘が史上もっとも急速に発展する産業となるとき、この小さなグループは行列のいちばん前にいることになるからだ。もちろんそれがずっと続くわけではないが、しばらくのあいだは問題ではない。

レイア

レイアはパスワードを入力し、午前のシフト勤務を開始するべくドアを開けた。まっすぐステレオのところまで歩き、スマートフォンにオーディオプラグを挿し入れスポティファイのアイコンをタップした。グラス洗浄機、コーヒーマシーン、ライト、エアコンといったさまざまな機器のスイッチを入れた後、ディスカバー・ウィークリーのプレイリスト——予測アルゴリズムが選んだ一連の曲目——を選択した。

まだほんの数時間しか日は差していなかったが、ワイファイのルーターからカウンターの監視カメラ、そしてキッチンの冷蔵庫に至るまで、ビルのエネルギー需要は太陽光でまかなわれている。いくらかは屋根に取りつけられた太陽光発電パネルで生成されているが、ほとんどは数マイル離れた一三メガワットの太陽光発電所から供給される。レイアが生まれたハワイのカウアイ島では、電力はこうやって作られるのだ。

テーブルの拭き掃除を始めると、プレイリストの二番目の曲がフェードアウトした。カリフォルニアで学生をしている妹のカイがメッセージを送ってきたのだ。

カイのメッセージはレイアの週末のシフトにはおなじみの出来事となっていた。いくつものタイムゾーンに散らばった無数の家族のメンバーとシェアしているフェイスブックのグループに向け、カイはパーティーの写真を送ってきていた。アメリカ／メキシコ国境の近くで撮られたばかりの写真の下には、「みんなに会いたい」との言葉があった。

一方、五万五〇〇〇個のソーラーパネルを備え、三人のエンジニアとふたりの警備員のいる太陽光発電所は、レイアと同じように一日の仕事を始めようとしていた。この施設を建造し島のエネルギー協同組合へと施設を貸与している企業ソーラーシティは、同様の事業のメンテナンスは近いうちに完全に自動化されるだろうと確信している。まだレイアは知る由もないが、いまから一〇年後、ソフトウェアの開発者である彼女の父親を似た運命が待ち受けている。

かつて化石燃料への移行が起こったときと同じように、リアルタイムのグローバルコミュニケーションは、この一〇代の若者の気を引くことはほとんどなかった。彼女にとっては、どちらも常識的な世界のなかのありふれた事柄でしかない。父親の就く職種が徐々に消失しつつあることも、彼女にはなんら奇異なこととは感じられないだろう。

ピーター

サン・アントニオで行われる巨大な産業イベントにおもむくピーターは、意欲満々たる様子だ。今年六〇歳になるところだが、もっと若い男性のもつ精力を湛えている——これはおもに定期的な成長ホルモンの注射によるものだ。近ごろ彼はふたつのことを自慢にしている。ひとつはみずから野球チームを保有していること、そしてもうひとつは、テクノロジーの未来に関していつも強気な発言をすることである。

ピーターは世紀が転換するころに巨大なデジタル企業によって買収されたある会社を設立したことがあり、その経験からこの分野における専門知識と強みを培ったのだった。そして今日は、友人の求めに応じてスピーチを行うところだ。彼はお気に入りのトピックへとすぐに話を移した。人工知能《AI》と仕事の未来の話である。

「最初の二兆ドル企業となるのはアマゾンでしょう。これには疑いがありません。ベゾスは最初の一兆ドル保持者《トリリオネア》とはならないでしょうが、問題なくやっていくでしょう。あとに続くのは誰でしょうか？　スペースXでしょうか？　そうは思いません。人類は宇宙開発技術を七〇年にもわたり持っていますから、いずれみんなが同じことをやるようになるでしょう——まあ、イーロンには幸運を祈っておきます。最初のトリリオネアは、AIを創る者たちのなかからあらわれるでしょう。想像してみてください……それはさながら、あなたがヴィクトリア朝時代のイギリスで会計職に就いているところ、ライバルが突如としてクアッドコアプロセッサーを搭載したラップトップを手にするようなものなのです――あなたは完敗するはずです。そして仕事はどうなるでしょうか？　そういったテクノロジーが世に出たとたん、ほとんどの人々が――こう言うのは愉快ではありませんが――余分となる……つまり不必要になるのです」

壇上にはピーターの他に、スウェーデンから来た年若のCEO、アーニャがいた。「ちょっといいでしょうか、ピーター。AIはたくさんのことを変えるだろうということには同意します」。アーニャは続けて言う。「価値、仕事、さらには資本主義の理解の仕方を、AIは一変させてしまうでしょう。しかし、私はむしろこのように想像します。未来の世界で下層階級市民となる人々は、なにも市場で通用するスキルが低かったり劣っていたりするのではなく、個人向けのAIへのアクセスを欠いているのだ、と。そうなったときに、公平な労働市場はどうやって確保できるのでしょうか？　私にはできないように思えるのです」

「私はただこう言っているだけですよ」ピーターは口をはさんだ。彼の口調は、大勢の聴衆の存在をほとんど忘れているかのようだった。「最初にAIを完成させたやつこそが、一兆ドル資産を手にするんだってね」。そして、いすに身体を沈ませ、物憂げな様子でひとりごとのようにこう付け加えた。「そいつはトリリオネアか、ただのまぬけかのどちらかだ」

フェデリカ

フェデリカは用事を忘れていたことに気がついた——甥っ子の誕生日プレゼントにサッカーのシャツをあげると約束したのに、注文するのを忘れていたのだ。そこで彼女は、とくになつかしいとも思わないあることをしようとしている。つまり、ロンドンのウエストエンドにあるオックスフォードサーカスでプレゼントを買おうとしているのだ。

店に入るとフェデリカは顔の前で手をスワイプした。この仕草で網膜ディスプレイが起動し、個人用情報端末のアレックスが呼び出される。ブルートゥースのイヤホンから聞こえるお気に入りのポッドキャストに取って代わり、アレックスはこう言った。

「やあ、フェディー。どんなご用ですか?」

「ねえ、アレックス」彼女は答えた。「トムに合うアーセナルのシャツはどこにあるかしら?」

ある巨大なテクノロジー企業が開発したまずまず有能なＡＩのアレックスは、ほぼ瞬時に答えを出した。「トムのサイズなら在庫があります。ですからプリントされるのを待つ必要はありません。二階の奥にむかって右手にあります。こちらです」。フェデリカの左目の前に地図があらわれた。どの種類が良いかをいちいち告げる必要はもうなかった。アレックスは続けて言う。「アウェーで着る黒と金のストライプ柄がいいとトムは何度も言っていましたね。それにしましょうか?」

「いいわ、アレックス。そうしましょう。とても助かるわ」。大人用の運動着が何列にもならぶのを見て、フェデリカは何かを思い出した。「アレックス、ジョージのダイエットはどんな調子なの？」ジョージとは彼女のパートナーだ。

「あまりうまくいっていないようですよ」アレックスは答えた。「でも思うに、おふたりで話し合ったほうが良いのではないでしょうか？」。フェデリカは思わず頬をゆるませた。個人用情報端末は昔からこれほどまで鋭敏な「感情面の知性」を備えていたわけではなかったからだ。

フェデリカはシャツを見つけると自分のバッグに入れ、すぐにそのまま店の出口にむかった。すると別の図像がスクリーン上に――というよりも彼女の前に――歩み出た。「アントニエッタ様、本日のお買い物は以上でしょうか？　二月にお求めになった運動着はいかがでしたか？　冬仕様で似たものもございます。よろしければ、あとでご覧になれるようアレックスにお送りいたしましょうか？」

「そうね、そうしてもらえるとありがたいかな」フェデリカは言った。「遅刻しそう」。彼女が店を出ると、シャツについたＩＣタグが彼女の口座から自動で引き落としを行った。この商品の生産、在庫保管、配送、そして販売に至るまで、人間はひとりも雇用されていない。実のところ、彼女が訪れた店はその日のうちにドローンを使って甥にシャツを届けることもできたのだ。しかし、彼女は自分の手でプレゼントをわたすのを選んだ――昔ながらの流儀だ。なにしろこれは大好きな叔母さんからの誕生日プレゼントなのだから。

ダグ

ダグはこうなるだろうということを知っていた一方で、そうならないでくれと祈ってもいた。ただ犬を連れて散歩に出たかっただけなのだが、もはや犬は処分されることとなってしまった。

「すみませんが、この動物は没収しなくてはなりません」

「なぜだ?」ダグは訊いた。「許可書は持っている——なにがいけないと言うんだ?」

「その犬は模造品なのです。許可書をお持ちだとすれば偽造です——あなたは違法にゲノム編集された製品を扱っている、もしくは……ご自分で編集したのでしょう」

ヌードルと名づけたそのダックスフンド犬を、ダグは改良された動物の取り扱いで定評のあるブリーダーから買っていたのだった。あえて危険をおかしたのは、数年でうしろ足が使いものにならなくなってしまう犬などほしくなかったからだ。過去にパグを買ったことがあったが、とても大事にしていたのにもかかわらず、夜になるとパグは息絶え絶えになってしまった。自分の部屋は中型犬を収容するには小さすぎるし、またダメになるのを買うぐらいなら迷うことなどないと決めたのだ。「ちょっと待ってくれよ。こういう動物は人間が好き勝手に繁殖させて、あんなふうにしちまったんだろ。それで今度はまともな状態に戻すのは違法だって言うのか?」

「すると、ゲノム編集について認識はあったわけですね?」遺伝子検査機をしまい、タブレットを操作しながら、警官はたずねた。

「いや、そんなことはない。それに起こってないことの証明なんてできないはずだ……ただな、フ、ラ、ン、ケ、ン、シ、ュ、タ、イ、ン、化した動物やら作物やら人間やらを追い回すなんてまったくのナンセンスだ……完全にバカげてるよ」

「法律で決まっているのです。こうしたルールを設けなければ、新しい解決策を生み出す機運がどこに生まれるというのです？　なんだって好きなことができるようになってしまいますよ」

「なんだって治すことができるようにもなるかもな」ダグはぶつぶつ言った。

警官はまったく意に介さない様子だ。「それでは、あなたの氏名、住所、それから網膜スキャンをいただきます……じっとしてください。いくらもかかりませんから」

以上の話はすべてフィクションである。しかし、どの話も事実をもとに作られている――つまり、いずれもわれわれの未来に関する推測として妥当なものである。二〇一五年には、当時アメリカ大統領だったバラク・オバマが宇宙法に署名し法律を成立させた。それから二年も経たないころ、ハワイ諸島のなかで四番目に大きいカウアイ島は、電力需要のすべてを太陽エネルギーからまかなうことを認めるソーラーシティとの契約で最終合意に達した。同じころ、アメリカのテクノロジー起業家マーク・キューバンは、世界で最初のトリリオネアは人工知能《AI》の分野からあらわれるだろうと宣言した。

一方シアトルでは、「ジャスト・ウォークアウト・テクノロジー」を用いてアマゾンが初のレジなし店舗を試験運用した。それとほぼ同じころ、鴻海《ホンハイ》のCEO郭台銘《かくたいめい》は、ウィスコンシン州に大規模な施設を建設することを発表した。そこから南に八〇〇マイル下ったミシシッピ州では、犬のブリーダーでバイオハッカーでもあるデイヴィッド・イシーが、自分が繁殖させた犬が持つ特定の——しかしありふれた——疾患を除去するためにゲノム編集を行う許可を求める申請をし、アメリカ食品医薬品局（FDA）がそれを却下した。それに対する彼の反応はこうだ。市民的不服従の行使として、どのみちゲノム編集をやるつもりだと言ったのだ。FDAの裁定から一年後の二〇一八年二月には、スペースXはファルコンへビーロケットの発射、大気圏への再突入、そして着陸を成功させた——このロケットは、同社が二〇二〇年代に実行予定の火星への有人飛行に際して配備をめざすBFRブースターの先駆けとなる。

こうした事例のどれもがある種の未来の感覚を帯びている。再生可能エネルギー、小惑星採掘、再利用可能で火星への飛行さえ実現するかもしれないロケット、AIのゆくえについて公然と議論する産業界のリーダーたち、低コストの遺伝子工学に没頭するDIY愛好家——。とはいえ、未来はすでにここにある。それはあまりに複雑すぎて有意義な政治を構想しがたい明日の世界ではなく、今日の世界なのだ。

未来がすでに今日の世界であること——いまの現実に見合った進歩的な政治を構想しようとするとき、これは問題を生じさせる。なぜなら、こうした出来事はSFのように感じられる一方で、不可避なことのようにも思われるからだ。ある意味では、未来の筋書きはすでに決まっているかのように感じられる。目前に迫った技術革命についてあれこれ議論があるにもかかわらず、そうしためまぐるしい変化には、結局何も変わりはしないのだという静的な世界観がつきまとっているように思われるのだ。

だが、もしもすべてが変わりうるとしたらどうだろうか。かつてわれわれ人類は、大型捕食動物やおおよその病気といった困難を完全に過去のものとしてしまった。同じように、現代の抱える多大な危機――気候変動から不平等、高齢化に至るまで――にただ対応するだけではなく、そうした危機をはるかに飛び越えていくことができるとしたらどうだろうか。異なる未来への展望を一切持たないのではなく、実は歴史はまだ始まってもいないのだと考えるとしたらどうだろうか。

われわれがいま直面している変化は、その重大さにおいて過去のふたつの変化に比肩しうるものだ。ひとつめの変化が起こったのは一万二〇〇〇年ほど前、われわれの祖先たるホモ・サピエンスが最初に農耕や牧畜に従事しはじめたときである。生物学的特性を種の内外で改良する実用的な方法を把握することで、動物の家畜化や植物の栽培化が行われた。ほどなくして人類は、農業、使役動物、そして比較的豊富な食料を手に入れた。それにともない、定住社会への移行に必要な社会的余剰が生じ、あわせて都市、書字、文化などが生まれた。つまりこれ以後、生活はもはやかつてと同じではなくなったのだ。これは何かの終わり——数百万年にわたる「先史時代」の終わり——であり、別の何かの始まりでもあった。

これが〈第一の断絶〉である。

それ以後、数千年にわたり大きな変化はなかった。もちろん、進歩があり、文明があらわれ、帝国は征服を行った。しかし根本的には、光、エネルギー、熱などの源泉は五〇〇〇年前と五〇〇年前では変わりがなかった。テクノロジーよりもむしろ地理、社会的地位、戦争などが寿命を左右した。ここ数世紀に至るまでほとんどの人々の「労働」は自給農業を含んでいた。

そして、一八世紀のなかごろ、新たな変化が始まった。蒸気機関が——石炭とともに——産業革命と第一機械時代の中軸をなした。人口が一〇億に達するにはそれまでの有史時代のすべてを要したのに対し、さらに二倍になるのにはほんの一世紀しかかからなかった。いまや、新たな潤沢さの展望が開けていった。寿命は伸び、完全に近い識字率が実現し、ありとあらゆるものの生産量が増加した。またしても地殻変動のようなことが起こり、良くも悪くももはや後戻りはできなくなったのだということは、一九世紀なかばまでには歴然としていた。

これが〈第二の断絶〉である。

現在の局面でわれわれは、このふたつと同じくらい重大な断絶に直面している。〈第三の断絶〉と同様に、この断絶はきわめて重要なさまざまな領野——産業革命がもたらした機械の力にとどまらず、エネルギー、認知労働、情報にまでわたる領野——において欠乏からの相対的自由をもたらすだろう。そして〈第一の断絶〉と同様に、この断絶はこれまでのあらゆる歴史との離別を知らせ、終着点ではなく新たな始まりを予示している。

だが、〈第三の断絶〉――現在はその最初の数十年にあたる――はいまだに論議の的であり、それがどこに帰着するかはいまなお不明瞭である。続く数章において強調するように、〈第三の断絶〉を支える諸力はすでに存在するものの、それにふさわしい政治がどのようなものであるかは明らかではない。重要なことに、この断絶が秘める可能性はあまりに広大であるため、われわれの社会経済システムにまつわる基本的な前提をも問いに付してしまう。だからわれわれが迫られているのは、変化か惰性かという選択などではない。現在と劇的に異なる世界は不可避であり、ほとんど目前にあるのだ。肝心な問いは、誰の利得のためにこの世界は創られるのかということだ。

本書で提示するのは、〈第三の断絶〉が展開しはじめた世界の概略である。予想されるさまざまな危機――環境的、経済的、社会的な危機――とともに、潤沢さが可能にする新たな代案《オルタナティブ》を提示したい。それを起点にして、われわれが直面している困難と潜在的には手元にある手段の両方から、ひとつの政治地図を構成することが可能になるだろう。その地図こそ、「完全自動のラグジュアリーコミュニズム《FALC》」に他ならない。

続く数章ではまず思弁的な議論を行い、そのうえで、現在の世界、あるいは現在出現しつつある世界を論じる。そこでわれわれは、自動化《オートメーション》、エネルギー、資源、医療、食料といった各分野における一見たがいに異質な諸テクノロジーを精査し、欠乏や労働から解放された新たな社会を作る素地が形成されつつあると結論づける。こうしたテクノロジーがどこに帰着し誰の利得に資するのかについては、一切が不確実である。しかしながらたしかなのは、こうしたテクノロジーが集団の連帯や個人の幸福へ向けた政治的企図と結びつけられたならば、そこからある素因を導き出すことができるということだ。

「完全《F》自動《A》のラグジュアリー《L》コミュニズム《C》」が避けがたい未来などではなく、ひとつの政治である理由はここにある。この目的に向け、われわれが生きる時代のための戦略を練るのと同時に、ユートピアへ向け新たな航路を見定め、どのような世界が可能となるのか、そしてどこから始めればよいのかを描き出すことが必要となる。

それでは、終わりから始めるとしよう——あるいは、われわれがそう考えるところの——未来の奇怪な死とともに。

第一部

楽園のもとの混沌

第一章 大いなる無秩序

「だいたい、どうして破産したんだ?」ビルが訊いた。

「二つの形態が重なったんだな」マイクは答えた。

「徐々に傾いたところに、決定打をくらったわけさ」

——アーネスト・ヘミングウェイ『日はまた昇る』

アメリカ合衆国とその諸同盟国が冷戦に勝利したのだということが明白になった一九八九年の夏、フランシス・フクヤマは『ナショナル・インタレスト』誌上で「歴史の終わり?」という論文を発表した。

論文でなされた提起は挑発的であると同時に単純でもあった。当時ほとんど無名だったこの学者は、ソ連の崩壊はたんなる軍事的対立の終焉よりも大きな重要性を帯びていると主張したのだ。「私たちがいま目撃しているのは、たんなる冷戦の終結や戦後史のうち特定の時代の終わりではなく、歴史そのものの終わりである。すなわち、人類のイデオロギー的進化は終着点をむかえ、西洋の自由民主主義は統治の最終形態として普遍化されるに至ったのだ」

フクヤマの主張はこうだ――時計の針は回り年月は進み続けるだろうが、すくなくとも現状を変革するような新たな概念は生まれない、というのだ。この奇抜な主張をするにあたり、彼はカール・マルクスやゲオルク・ヴィルヘルム・ヘーゲルといった意外な権威を頼りにした。ふたりの思想家はそれぞれ違った仕方で歴史には終着点があると主張したのである。冷戦が終焉をむかえたいま、彼らは正しかったことが証明されたというわけだ。ただし、イデオロギーの黄昏を告げたのは、プロイセン国家や資本主義の破滅ではなく、ビッグ・マックやコカ・コーラである。

たちまち知的なスーパースターとなったフクヤマは、論文を加筆し初の著書『歴史の終わり――歴史の「終点」に立つ最後の人間』を一九九二年に上梓した。この本のなかでフクヤマは、三年前に提起した中心的仮説にさらなる説明を加え、歴史を駆動するのは元来、たえずたがいに競合する諸観念であると述べた。そうした競合の結果として、一九九〇年代までには、自由民主主義、ひいては市場資本主義こそが至上のイデオロギーとして君臨するようになった。なぜならその代替となりうるイデオロギーは何も残っていなかったからだ。ある意味でこれは正しかったのだが――ソ連は崩壊したばかりだった――フクヤマは次のことをとらえそこねていた。はるかに重大な社会的困難を生じさせるのは、コンセンサスの欠如ではなく、内的な矛盾や外部から来る予測不可能なショックである、ということを。

フクヤマによれば、歴史の終わりが予示しているのは、経済予測や、「技術的諸問題、環境問題の懸念、洗練された消費需要の充足などの、際限のない解決」を特徴とする世界である。ところが、気温の上昇、技術分野の失業、収入の格差、社会の高齢化——ほんの数例にすぎないが——といった現代特有の諸問題は、たんに技術的な対策だけでは解決できないさまざまな課題を提起している。一九九二年の時点でフクヤマの言葉がナイーヴであったとすれば、二〇〇八年の金融危機に続く一〇年間においては、それはまったく馬鹿げたものになった。実際、二〇一八年に刊行したアイデンティティについての著作では、彼自身そのことを認めている。

だがここで問題となっているのは、些末な学術的問題の当否などよりずっと重大なものだ。というのも、無邪気に盲信したりほんのひとときを未来永劫続くものと誤解したりしただけならまだましだが、権力者の多くはいまだにフクヤマの仮説を神聖不可侵なものととらえているのだ。冷戦の終焉から三〇年経ったいま、彼の著作の遺産は政治的な「常識《コモンセンス》」となり、人類が直面している多大な困難に立ち向かうのを積極的にさまたげている。しょせん何も変わらないのだとしたら、決然たる行動など必要となろうはずもない。とくに、それがビジネスや利潤の追求を害するような行動であればなおさらだ。

三〇年前にフクヤマが展開した意気軒昂たる思考は、たとえ現在彼自身がそれを否定しているとしても、いまなお重要である。なぜならそうした思考は、さらに広範な「素朴政治《フォーク・ポリティクス》」〔直接行動を重視し大局的な資本主義批判を欠いた左派運動を揶揄するために、哲学者のニック・スルニチェクとアレックス・ウィリアムズが用いた用語〕を巻き込むに至ったからである。素朴政治は、冷戦の終焉をもって市場資本主義が至高なシステムであるのを証明されたとするばかりか、自治的な国民国家の終焉は避けられないとさえ考えている。

このように平板で過密で相互に連結した世界では、加速を続ける変化に万事がさらされている。ただし万事とは、このゲームのルールを除いたすべてという意味だ。実際、ルールの多くはもはやルールではなく現実そのものとなり、代替の政治システムは不毛であるか理解不可能であると考えられている。自由資本主義は予測できないプロジェクトから現実原則へと成りはてたのだ。ようこそ、資本主義リアリズムの世界へ——ここでは地図はすなわち領土であり、重要なことは何も起こらない。

資本主義リアリズム

資本主義リアリズムを要約するのに最適なのは、次の一文である。「資本主義の終わりより、世界の終わりを想像する方がたやすい*1」

*1　この文句はフレドリック・ジェイムソンとスラヴォイ・ジジェクのものとされるが、ジェイムソン自身は元の出典を明らかにしていない。

この言葉を考案したイギリスの理論家マーク・フィッシャーによれば、資本主義リアリズムという言い回しはわれわれの生きる時代のまさに本質をとらえている。現代にあっては、資本主義が「唯一の存続可能な政治・経済的制度」とみなされているばかりか、「論理一貫した代替物を想像することすら不可能」となっている。結局のところ、現実そのものに対する代案《オルタナティヴ》など、どうやって構想できるというのだろうか。

二〇〇六年の映画『トゥモロー・ワールド』に目を向けながら、フィッシャーはこの映画で常態として描かれる現実離れした様子を、同時代にふさわしいディストピアであると論ずる。この映画が映し出す世界は、「私たちの世界に対置される代替物ではなく、むしろ、それが発展したもの、あるいは悪化したもののように思われる。私たちの世界と同様、その世界でも、ウルトラ権威主義と資本はけっして矛盾するものではない。捕虜収容所とコーヒーチェーン店は併存するのだ」。

こうした見方は、アラン・バディウの思想と合致している。バディウは次のように書いている。

> 私たちは矛盾のうちに生きています。［……］この世界では、あらゆるものは［……］理想的なものとして提示されます。ところが、既成の秩序を擁護する者たちは、みずからの保守主義を正当化するに際して、そうした秩序が理想的だとか素晴らしいとか言うことはできないのです。だからその代わり彼らは、他のものはすべてひどいものだと言うことにしたのです。

［……］なるほど、私たちの民主主義は完璧ではない。けれど、それは残虐な独裁制などよりはましだ。資本主義は不公平だが、スターリン主義のように犯罪的ではない。私たちは何百万ものアフリカ人をエイズで死ぬにまかせているが、ミロシェヴィッチみたいに人種差別的なナショナリズムを喧伝したりはしない、という具合です。

資本主義リアリズムはより良い未来を提示することができない――とりわけこの一〇年はそうだった――ために、反ユートピア主義をその既定の論理としている。ちょうどこんな調子だ――賃金の停滞、住宅所有率の減少、地球温暖化などはたしかに悪いことだ。いかにもその通り。けれど、すくなくともわれわれはiPhoneを持っているじゃないか。なるほど、手ごろな値段で買える住宅や無償の高等教育など、自分たちの親があてにできたものには手が届かないかもしれない。だが、それでもありがたく思うべきなのだ。何と言っても、いまは一六世紀ではないのだから――。

時が経つにつれ、二一世紀の最初の数年間にもてはやされたこうした議論は、明らかに馬鹿げたものであるということが暴かれつつある。一切が変わることのない資本主義リアリズムの世界は、危機を特徴とする歴史の節目に取って代わられつつある。いま一度、未来についての理解を変容させない限り、過去に存在したなかで最悪の悪霊たちがこの世界にはびこることになるだろう。

暴発する危機

現代とは危機の時代だ、などという物言いはほとんど決まり文句《クリシェ》になっている。いよいよ常態化しおなじみになりつつあるこの危機は、ジョージ・オーウェルやオルダス・ハクスリーの描くディストピアや、［ヒエロニムス・］ボスの絵画やヨハネの黙示録にあらわれる地獄などとは異なっている。それはまた、ペストに覆われたかつてのヨーロッパや、急速に拡大する黄金軍団に迫られた中央アジアとも違っている。われわれが住んでいるのは、底なしに悪化しつつあり、しかもみながともに乗り合わせた世界なのだ。

ヨーロッパの難民危機に見られるように、危機のいくつかの側面はさかんにメディアで報じられ周知されている。戦争や社会崩壊などにより追い立てられた人々は移住をし、しばしば敵意をもってむかえられる。以前の数世代の人々にとってはベルリンの壁が分断の象徴だったが、壁を越えようとして死んだのは二三五人にすぎない。それに比べて、ヨーロッパの海岸に達しようとして地中海で死んだか行方不明になった人々の数は、二〇一五年だけで三七七〇人にのぼる。しかも、たとえある人が地中海やアメリカ／メキシコ国境、あるいはハンガリー／ブルガリア間のフェンスや森などを運良く越えおおせたとしても、不法移民である彼の問題はまだ始まったばかりなのだ。

もちろん、それほど明示的ではないものの、世界の崩壊を示す同じくらい深刻な事例を他にも挙げることはできる。ひとつは精神衛生《メンタルヘルス》の危機だ。五〇歳以下のイギリス人男性の死因のトップは自殺である。二〇三〇年までには鬱《うつ》が世界疾病負担の主因になると予想されている。

他にも、擬人化するのがそれほど容易ではなく、人間の尺度では測りがたい危機がある。ひとつは国家の危機である。公的機関は市場に飲み込まれ、激化する経済のグローバル化は国家が決然とふるまう力を弱体化させている。市場と経済によるこうした統合過程――ここでは商品はかつてないほどスムーズに移動する――は、難民や不法移民が壁や監視、そして警備がますます厳重化する国境などとむかい合うとき、彼らにとってもっぱら不利に働くこととなる。

国家が市場に取って代わられると、それにともない漠然とした喪失の感覚が生じる。なぜなら、代表制の危機は民主主義の諸制度の権威を骨抜きにし、市民たちはそうした制度をせいぜい腐敗したエリート層の利益に資する導管《パイプ》にすぎないとみなすようになるからだ。これはグローバル化の傾向を固定化することになる。というのも、欠点があるにせよ以前には説明責任を負っていた中央政府は、それが代弁しようとする当の国民のコンセンサスを失ってしまうからだ。良いと考えられていたはずの時代に、何かがひどく狂ってしまったのだ――ところが、それが何であるかは顕在化することがなかった。

二〇〇八年——歴史の回帰

二〇〇八年の秋、決定的な変化が訪れた。この時期以降、金融恐慌、債務危機、赤字危機などが次々と起こり、これらのいずれもが、ギリシャからカリフォルニアに至るあちこちで、財政緊縮の押しつけに帰結した。その一方、ジョージアでは戦争が起こり、「アラブの春」が開花し、ウクライナでは動乱が生じ、シリアでは反乱に続いて血みどろの内戦が勃発した。また別の地域では、イラクやアフガニスタンにおける以前はそれほど激しくなかった紛争がさらに悪化した。同様にリビアやイエメンの抗争も激化の道をたどった。二〇一四年の初頭には、ロシア連邦は地域住民投票を経てクリミアを併合し、はじめて領土を拡張した。それから数ヶ月後、シリアとイラクにまたがるイギリスと同程度の大きさの地域において、反乱軍はカリフ制——すなわちイスラム国——の樹立を宣言した。

しかし、こうした出来事にも比してもさらに驚くべきことが、資本主義リアリズムの牙城たる西ヨーロッパで起こった。二〇一〇年以降、イングランドではデモや暴動がますます頻発するようになり、その四年後にはスコットランドで独立住民投票が行われた。結局独立は実現しなかったが、結果は驚くほどの僅差だった。だが、これすら色褪せさせてしまったのが二〇一六年のEU離脱投票である。投票によりイギリスはEU加盟国のなかで史上はじめて離脱を決めた国となった。

「ブレグジット」は過去三〇年においてヨーロッパでもっとも重大な政治的事件だったが、大西洋の反対側ではすぐにそれを凌駕する事態が起こった。ほんの数ヶ月後、二〇〇八年のリーマン・ブラザースの破綻から一〇年も経たないうちに、ドナルド・トランプがアメリカ合衆国の四五番目の大統領に選ばれたのだ。ロシアの拡張主義化、イギリスの孤立主義化、そして経済モデルの崩壊といった状況も、リアリティTVのスターが地上最高の権力者になるという事態を前にしては影を潜めてしまった。もはや否定のしようがなかった――歴史が回帰したのだ。

翌年の二月に行われたトランプの就任演説は、前任者バラク・オバマが八年前に就任した際の聡明な演説とは著しい対照をなしていた。体制は平凡なアメリカ国民の期待にそむいてきたと主張し、社会の衰退を嘆き怨嗟に満ちたナショナリズムを煽るトランプの露骨なメッセージは、すぐさま彼の執政の特徴となった。

とはいえ奇妙なことに、その提示の仕方こそ際だって違っていたものの、オバマとトランプはともに解決策を編み出す市場特有の力に信頼を置いていた。結局のところ、資本主義の終わりよりも世界の終わりのほうがもっともらしく思われる資本主義リアリズムの世界では、他のどんなことも異端同然なのだ。

こうした状況は、あらゆる危機のなかでもおそらくもっとも切迫した危機を示している。つまり、集団的な想像力の不在という危機である。あたかも人類みなが強迫観念に苛まれていて、現行の世界はあまりに強大だからそれを作り変えることなど不可能だと資本主義リアリズムによって信じ込まされているかのように――いま目の前に立ちはだかるものを作ったのは、われわれの先祖ではなかったかのように。他ならぬ人間性の本質があるとすれば、それはたえず新しい世界を築き上げる能力だったはずだが、まるでそんな能力などなかったかのように。

資本主義を弁護する者は、すくなくともこれまで資本主義が残してきた功績には堂々たるものがあるではないか、と言うことができるだろう。過去二世紀にわたり、たえず加速を続ける猛烈な変化のなかでほぼ一〇年ごとに危機に直面してきたにもかかわらず、資本主義はいつでも利潤を得る方法を探り出し、結果的には生活水準を向上させてきたのだ、と。産業革命、世界恐慌、保護貿易主義、二度の世界大戦、金本位制の終焉、ブレトン・ウッズ協定の消滅といった出来事のなかで、資本主義は生き延び、進化し、繁栄してきたのだ、と。ほんの三〇年ほど前には世界の多くの地域は旧ソ連の政治的影響力のもとにあり、ソ連と合衆国の核戦争による直接対決は避けられない運命だと思われていた。ところが、それは現実化することはなく、フクヤマがのちに書くように、分断された世界は市場が支配し自由民主主義が君臨する世界に置き換わったのだ、と。

こうした次第で、危機が一目瞭然であるにもかかわらず、現状を擁護する者たちはあれほどまでに自信に満ちているのだ。たしかにわれわれが住む世界は、成長が低迷し、生活水準が悪化し、地政学的緊張が高まる世界であるに違いない。だが、資本主義のもっとも頑強な支持者たちは、同様の問題は過去にも対処されてきたのだという事実を知ればこそ、自信を持つことができるのだ。

しかしこうした問題とは別に、克服するのがより困難に思われるいくつかの危機がある。そうした危機は個別に見てもそれぞれ歴史的に重要であるが、総合して考えれば文明をおびやかすほどの脅威とみなしうるものだ。資本主義は、際限なき成長、利潤目的の生産、賃金労働などにもとづいたシステムとしてみずからを再生産する能力を持つ。しかし、こうした危機により、そうした資本主義の力は弱体化の可能性にさらされている。

そのような危機は五つあり、ときにはたがいに重なり合っている。まず、気候変動と地球温暖化がもたらすさまざまな帰結。そして、資源――とりわけ、エネルギー、鉱物、真水――の欠乏。さらに、寿命が伸びると同時に出生率が低下することによる社会の高齢化。それから、これまでにない規模の「不要階級《アンネセサリアート》」を構成する貧困層の世界的な拡大。そしておそらくもっとも重大なのが、新しい機械時代《マシーン・エイジ》の到来によって起こる未曾有の規模の技術的失業である。肉体労働や認知労働が人間ではなく機械によって漸次担われていくにつれて、この時代が到来する。

こうした危機に立ちむかうこと、それこそが「完全自動《F》の《A》ラグジュアリー《L》コミュニズム《C》」の基礎を成す。すくなくともわれわれが知るところの資本主義は終わろうとしている。問題は、次に何が来るかである。

資本主義リアリアズムからすれば、資本主義が終わるなどという主張は、たとえば三角形には三辺がないとか、りんごが木から落ちるとき重力の法則はもはや適用されないとか言うようなものである。歴史の終わりを生きること——それは、ヴィクトリア朝のイングランドや共和政ローマといった数多ある時代のひとつとして現代を理解することとは一線を画している。それは、現行の社会システムは万物を支配する物理法則と同じくらい永久不変だと思い込むということなのだ。

とはいえ真実を言えば、資本主義リアリズムはすでに崩壊しつつある。あなたがいまこの本を読んでいるという事実自体が、その証拠たるに十分である。

フランシス・フクヤマとその信奉者たちの予測に反して、二〇〇八年九月一五日に世界金融システムが崩壊したとき、歴史は回帰した。それから数週間のうちに、以前まで国家の介入は最小限であるべきだと信じて疑わなかった世界の主要経済大国は、国内の銀行を公的資金によって救済《ベイルアウト》せざるをえなくなり、なかには国有化される銀行まであった。市場の自由化を進める諸国家の熱望は化けの皮を剥がされ、まったくの嘘だったのが暴かれたわけだ。富裕層には社会主義が適用され残りの者たちには市場資本主義があてがわれる、というのが実状だった。国家を批判する者たちはつねづねそう指摘していたのだが、いまや誰もそれを否定できなくなった。

金融危機の影響は、常識として通用していたことが実は政治的謀略だったのを暴いたことにとどまらない。金融危機はまた、グローバルに拡大する経済活動の中心に金融サービスと不動産事業を——とりわけイギリスとアメリカで——据える時代の終焉を告げたのである。過去二〇年のあいだ、経済成長を牽引し、税収入を下支えし、複数の資産所有方式を可能にしたのはまさにこのふたつの分野であり、その恩恵は一定程度は分配されていた。二〇〇八年以降、これは決定的に変わってしまった。結果として、多くの国々で貧困が拡大し、賃金が停滞し、いかなる有意義な成長も消え失せてしまった。

アメリカには連邦政府主導の「補助的栄養支援プログラム」という制度がある。一般に「フードスタンプ」として知られるこの制度は、低収入のアメリカ国民が食料を買うのを補助するものだ。低収入者への援助というこの制度の目的ゆえに、フードスタンプはアメリカ国内でもっとも正確な貧困指標のひとつとなっている。金融危機直前の二〇〇七年にはフードスタンプを受け取るアメリカ人の数は二六〇〇万人だったのに対し、二〇一二年――「大いなる景気後退《グレート・リセッション》」と呼ばれるようにもなった時期の末尾――までには、その数はほぼ倍の四六〇〇万人にまで膨らんだ。それから数年間でアメリカの経済情勢は回復に転じたとされているが、この数値はほとんど変動することがなかった。ドナルド・トランプは二〇一六年の選挙活動のさなか、ことあるごとに四三〇〇万人のアメリカ人がフードスタンプを使っていることをあげつらった。いわゆるフェイクニュースがトランプの勝利を後押ししたのだとよく言われるが、この数値に関して言えばトランプはまったく正確だったわけだ。

アメリカのフードスタンプの利用状況に似ているのが、イギリスにおけるフードバンクの利用者数の急激な上昇である。イギリス国内で最大規模のフードバンクのネットワークを運営するトラッセル・トラストは、二〇一〇年にはおよそ四万一〇〇〇のフードパックを配達したとしている。このサービスへの需要は九年連続で上昇し、二〇一七年までにその数は一二〇万にまでのぼった。イギリスでフードバンク利用が広がりを見せているのは、ある程度は悲惨な福祉制度改革が原因であるが、同時にそれは大西洋の両岸に共通して見られる状況の反映でもある——すなわち、仕事をしているからといって貧困から逃れられる保障はもはやなく、実情はむしろその逆なのだ。

イギリス国内で手に入るもっとも詳細なデータを見ても、過去一〇年のあいだに歴史的変化が起こったということの裏づけが得られるばかりだ。データによれば、非勤労世帯よりも勤労世帯のほうが相対的貧困の割合が高いのである。しかも、この傾向には拍車がかかっている。二〇一六年の終わりには、貧困に苦しむ人々のうち五五パーセントが勤労者のいる世帯に住んでいた——七四〇万人という驚愕の人数である。それからたった半年後には数値は六〇パーセントにまで上がっていた。

こうした負のスパイラルを助長しているのが賃金の低下である。二〇〇八年以来、インフレを加味したイギリスの実質賃金は一〇パーセント以上低下している。これを踏まえれば、イギリスの労働人口のうち一七〇〇万人近くは個人貯蓄が一〇〇ポンドを下回っていると言っても、さして驚くにはあたるまい。アメリカでも事情は似通っていて、六三パーセントのアメリカ人は貯えが五〇〇ドル以下だと答えている。

二〇世紀の資本主義のコンセンサスを支えたもうひとつの柱、すなわち民主主義の補完物としての財産所有権も同様に陰りを見せている。イギリスでは一九二三年に保守党員のノエル・スケルトンが「財産所有制民主主義」という造語を作ったが、同国の住宅保有率の水準は一九八五年以来もっとも低く、まだ下落を続けている。しかしアメリカでは事情はさらに悪い。物価高、低賃金、支払い能力の低下が組み合わさった結果、平均的なアメリカ人の住宅保有率は一九六五年――月面着陸の四年前――以来最低となっている。

停滞の吟味

フードバンクやフードスタンプの利用状況から推しはかれるように、一般庶民は懸命にもがいても購買力は上がらず、住宅を所有する見込みも得られない。他方で、エリートが描く成長や生産性を特徴とした抽象的なビジョンも同じく混乱をきたしている。なにしろ、経済成長を測るうえでおそらくもっとも有効な指標である実働一時間あたりの生産性について言えば、二〇一七年のイギリスの生産性はその一〇年前よりも低いのだ。こんな事態は近代史において先例がない。

似た問題は世界中に見られる。「失われた一〇年」という言葉は、以前はイタリアや日本の例外的な経済情勢を言いあらわすのに使われていたが、現在はますます多くの国々に用いられるようになっている。二〇〇八年の金融危機以降、ギリシャやスペインでは失業率が二五パーセントを越え、若年失業率はその倍に届く勢いである。ハンガリー、オーストリア、ポルトガル、スペインといった国々の現在の経済規模は、ひとりあたりの生産性で測れば二〇〇八年よりも軒なみ縮小している。

こうした傾向はグローバル・サウスの新興国のなかにすら見て取れる。二一世紀初頭の数年間に一〇パーセントを越えていた中国やインドの成長率はいまや過去のものとなった。また、ブラジルやロシアといった国々は景気後退のぬかるみにはまっており、その深刻さはヨーロッパのいくつかの国と同等である。ヨーロッパと唯一異なる点は、景気低迷が始まったのが経済発展のずっと早い段階だったことである。こうした流れは独裁政治の勢いを助長するばかりだった。

つまるところ、われわれの世界は、いよいよ低成長、低生産性、低賃金に特徴づけられるようになっている。金融危機以前にはほとんどの政策立案者はそんなことになりうるとは思いも寄らなかっただろうし、ましてや適切な対策についてなど考えをめぐらさなかっただろう。二〇〇八年にアラン・グリーンスパンがアメリカ合衆国下院に対して述べた所見はそのことを例証している。グリーンスパンは、金融恐慌は連邦準備制度理事会の前議長だった自分を「決定的な不信感」に陥れたと述べ、以前は起こりえないと考えていた出来事に「当惑している」と言ったのだ。

サッチャー政権やレーガン政権のもとにあらわれた新自由主義は、失業率の増加と賃金の低下を引き起こした。ところが、賃金のより安い国々への生産移転による商品やサービスの低価格化や、とりわけ住宅を中心とする資産価格のインフレ、さらに低価格で利用可能な住宅ローンや消費者負債によって、三〇年以上にわたりこの傾向は中和されていた。これにより、人々は物質的な生活水準の向上を実感し、同時に代案《オルタナティヴ》が存在しない世界の経済的な基盤が形成された。クレジットカードが何枚もあり消費者向けの目新しい道具《ガジェット》がどんどん安くなっているとき、何かに対して本当に怒りを感じることなどできるだろうか。それに、たとえ怒りを感じたとしても、ひとたびシステムのなかで自分の家を持ち利害を持ってしまえば、いったいどんな選択肢が残されているだろうか。こうした中和作用をもたらした諸条件は現在失われつつあるが、それでもなおエリートたちは今後のなりゆきに関して前向きなビジョンを提示しようとしている。ただはっきりしているのは、現状はもはや持ちこたえることはできないということだ。ほぼいかなる基準に照らしても、後退していくシステムへの合意などありえるはずもないのである。

　こうした事情により、近年左派と右派の両陣営で急進政治《ラディカル・ポリティクス》が再興しているのだ。二〇〇八年の一連の出来事は、システムの外部者にとってさえたいへんな衝撃であったため、これほどの歴史的好機を利用することのできる者はすぐにはあらわれなかった。だが、以前は考えられもしなかったことがますます当たり前になるにしたがい、徐々に情勢は変わっていった。二〇〇九年の欧州議会議員選挙では、英国独立党（ＵＫＩＰ）、フランスの国民戦線〔二〇一八年に党名を変更し現在は「国民連合」〕、さらには英国国民党（ＢＮＰ）までもが支持を拡大し、極右勢力がヨーロッパ大陸のあちこちでたいへんな数の票を集めた。とりわけ英国国民党が得た結果は衝撃的だった。歴史的にはネオナチの運動とつながりのあるこの政党は、一〇〇万近い票数を集めふたりの欧州議会議員を輩出したのだ。左派陣営も同種の勢いを持っていたものの、数年間は左派の動きは路上の運動——たとえば二〇一〇年のイギリスの学生運動やスペインの「怒れる者たち《インディグナードス》」運動——に限定されていた。しかし、じきにこうした運動も投票箱における成功へと結実していった。そうした成功をもっとも明確に表現したのが、スペインの新政党ポデモスの台頭である。ポデモスは結成からほんの数ヶ月後の二〇一四年に五つの欧州議会議席を獲得し、翌年のスペイン総選挙では第三党となった。

　だが、それ以前の二〇一五年の一月にも、ギリシャではもともと取るに足らない左派グループの連合体だった急進左派連合《シリザ》が総選挙で最大議席を獲得していた。より広範な連立の長となるという合意ののちにシリザは政府を構成し、西洋の民主主義国では第二次大戦以来初の急進左派政権となった。左派政権の樹立により、その年の夏に行われる救済措置の条件をめぐって欧州委員会、欧州中央銀行、国際通貨基金の三者からなる「トロイカ」とのあいだでなされる交渉への期待が高まった。やがてシリザは「トロイカ」から提示された条件を公然と拒む「オクシ」投票を呼びかけた。「オクシ」——ギリシャ語で「ノー」をあらわす——は地滑り的勝利をおさめ、多くの人々を仰天させた。続く交渉で「トロイカ」は姿勢を変えようとはしなかったし、ギリシャ政府も条件を飲んだのだが、ともかくも新たな現実が生まれたのだった。つまり、権力の回廊と路上の抗議運動とのあいだの断絶が消滅したのである。

同じころイギリスでは、右派の英国独立党が四〇〇万近い票数を得る一方、スコットランド国民党（SNP）がスコットランドで五〇議席というめざましい数の議席を労働党から奪った。それにともない、保守党は一九九二年以来はじめて過半数を占めることとなった。数ヶ月後、［労働党の党首になる賭け率が］二〇〇倍オッズという泡沫候補としてスタートしたジェレミー・コービンが労働党の党首となった――支持者たちは、シリザやポデモスをきわめて短期間に躍進させたのと同じ波に彼も乗ることができると確信していた。

しかし、まさに決定的な年となったのは二〇一六年だった。八年前に始まった危機のもっとも強力な政治的表現がこのときあらわれたのだ。六月に行われたブレグジット国民投票には、それまでに国内で行われたあらゆる投票よりも多くの人々が参加し、イギリスはEUからの離脱を決議した。離脱投票はきわめて重要な出来事に思われた。支配的エリートに対して人々が抱く敵意がいよいよ明白になったのを、右派ポピュリズムが捕捉したように見えたからだ。ブレグジット運動の急先鋒だったナイジェル・ファラージはその夜、意気高らかにこう宣言した。「この勝利は平凡で善良でまともな人々の勝利である。［……］金融業者どもにはもううんざりしている人々の勝利なのだ」

だが、ほんの数ヶ月後、ブレグジットの衝撃さえも見劣りさせてしまうことが起こった。名の知れたビジネスマンでリアリティTVのスターであるドナルド・トランプがアメリカ合衆国大統領に当選したのである。同年の早い時期にトランプが共和党の予備選挙を勝っていたことがすでに動揺を引き起こしていた――さらに、民主党の指名をめぐりバーニー・サンダースがヒラリー・クリントンへ僅差で迫っており、番狂わせの兆しはすでにあらわれていた。もともと民主党が優勢だった「ラストベルト」諸州をトランプが押さえたことでまさにその番狂わせが起こり、彼はホワイトハウスへとたどり着いた。次期大統領の勝利演説はファラージのそれを彷彿とさせた。トランプは「この国の忘れられた人々」に語りかけ、彼らは「もはや忘れられることはないだろう」と述べたのだ。

翌年の四月、イギリスの新たな首相テリーザ・メイは、どうやら時代精神が追い風になるようだとの判断から勢いを得て、自党の影響力を固めるために総選挙を行った。議席をさらに増して過半数を得るのはまず間違いないと目され、問題は保守党がどれほどの地滑り的勝利を達成できるかであると考えられていた。ところが、トランプやブレグジットと似た仕方で現状との決別という明快なメッセージを打ち出した労働党は、形勢を逆転させた。労働党は政府を構成しはしなかったものの得票を三五〇万票増やし、保守党に過半数を割らせたのだ。労働党の得票率の増加幅は、一九四五年以来どの党が達成したよりも高いものだった。近年の選挙活動のなかで目立って右に寄っていた保守党も善戦し、一九八七年以来最高の得票率を得た。

現在のイギリスは、新たな政治風土の基調をなすふたつの特徴の両方を示している。ひとつが、ますます激しくなる両極化。そしてもうひとつが、左派政治と右派政治のどちらが最終的に優勢になるかについての不確実性である。

トランプとコービン、ブレグジットとポデモス、そしてバーニー・サンダースとシリザのあいだには、政治的な共通点はあまりないかもしれない。だがこれらのいずれもが、資本主義リアリズムの時代が終焉をむかえたことを告げている。

だが、ほとんど気づかれることはないが、より深い次元で作用している動きがある。つまり、過去数年間の出来事は歴史的に重大かつ予測不可能なものではあったものの、それらはみな二〇〇八年に始まった経済危機への応答であり、その危機自体も長期にわたる世界的な混沌の初期段階でしかない、ということだ。これから数十年間われわれは、生活水準を向上させるのに失敗したこの経済モデルの余波に耐えるだけでなく、先述した五つの危機の甚大な影響をも甘受しなくてはならない。個別に見ても、五つの危機はわれわれの生活様式の存続に関わる脅威となるだろう。組み合わされれば、こうした危機は過去二五〇年間の社会経済的な確実性を吹き飛ばしてしまうかもしれない。

ところが、さらに深い層がある。というのも、われわれが立っているのは断崖であると同時に岐路でもあるのだ。こうした危機の一方で、新しい社会が輪郭を取りつつあるのを見ることができる。それは、二〇世紀の社会が封建制と隔たっているのと同じくらい、あるいは都市文明と狩猟採集生活がかけ離れているのと同じくらい、現存の社会とは異なった社会である。その社会は、過去数十年間にわたり加速を続けてきたテクノロジーの発展を基礎にして成立する。そうしたテクノロジーはまさにいま、欠乏そのものと同じくらい永久不変だと思われていたものすべての重要な特徴を切り崩そうとしている。

「完全自動のラグジュアリーコミュニズム」——これがその社会の名である。

第二章
三つの断絶

テクノロジーは神からの贈りものである。
生の贈与以来、神からの贈り物としては
おそらくもっとも偉大なものだ。
――フリーマン・ダイソン

農業――〈第一の断絶〉

歴史にまつわる不変の法則はただひとつ、変化するということだ。だが、他の変化と比べてより重要な変化がある。事実、いくつかの変化はあまりに強力であるために、人間とは何かの意味まで変えてしまう――そうした変化が残す刻印はたいへん深く、人類はかつてのものごとのあり方に戻ることができなくなってしまうのだ。

この意味において、とくに際だった変化――ここでは〈断絶〉と呼ぶ――がふたつある。〈第一の断絶〉が起こったのはおよそ一万二〇〇〇年前のことだ。このときわれわれの先祖は、遊動的な狩猟採集生活から定住農業生活に移行した。新石器革命と呼ばれるこの変化は、動物の家畜化や植物の栽培化といった技術革新《イノベーション》によって促進され、未曾有の事態を引き起こした。すなわち、相当量の食料やエネルギーの余剰が生まれたのである。人類は誕生以来はじめて、未来のことを考え、現状とは違う世界へ向けて計画を練ることができるようになった。抽象的思考と実践的行動はますます重なり合うようになっていった。

それ以後の時代、自然環境のたえざる改良により定住人口はどんどん増え、より高い人口密度が維持できるようになった。現代のわれわれにも見おぼえのある世界が徐々に出現した。労働はしだいに専門化し、並行して、貿易、芸術の発展、中央政権、書字や数学といった系統立った知のシステム、そしてさまざまな形式の財産がもたらされた。人間という動物が他のあらゆる動物に対する優位を確立したのは、まさにこの時期である。高度な社会制度とともに、複雑なテクノロジーを活用する能力が生のあり方を特徴づけるようになっていった。こうしたことはみな、〈第一の断絶〉の基盤である農業への移行によって生じた。

産業――〈第二の断絶〉

ふたつめの変化が起こったのはもっと最近であり、その時期を特定するのは実にたやすい。およそ二五〇〇年前、「第一機械時代」と呼ばれる時代が始まり、世界中で産業革命が起こった。かつて農耕の発展が人間社会を変容させたのと同じように、産業の出現は破壊と創造の両面でそれまで想像もできなかった偉業を可能にした。

〈第二の断絶〉を支えたのはエネルギーの転換だったが、生産における変化も同程度にそれを後押しした。一六〇〇年代という比較的最近の時期――アイザック・ニュートンやガリレオの世紀――に至っても、主要な動力源は水力、風力、使役動物、人力などであり、古代と変わりがなかった。中世ヨーロッパにも垂直軸風車を中心としたエネルギー革命があったが、そうした技術は不均等にしか行きわたらず、広域的な影響を持つことはなかった。ましてや世界的な影響を及ぼすにはほど遠かった。

しかし、続く一五〇〇年のあいだ、何もかもが変わっていった。化石燃料で動くエンジンはどんどん効率性を増し、人間や動物の労働による経済的生産と不安定な形態の再生可能エネルギーを結合させた。この基礎となった汎用技術が蒸気機関であり、その技術をはじめて商業的に応用したのが一七一二年にトマス・ニューコメンが発明した大気圧機関だった。とはいえ、蒸気動力を手にすれば変容がもたらされるのだとわかったのは、ようやく一八世紀も終盤に差しかかったころだった。蒸気機関は新発明ではなかったが、ジェイムズ・ワットが改良型を設計したことで、ささいな用途しか持たない道具だった蒸気機関は産業革命の大黒柱へと変貌を遂げた。一万二〇〇〇年前の農耕がそうだったように、この変化はあまりに大きかったため、歴史のギアをバックに入れることなどできなくなってしまった。

これらすべてがもたらした影響はとてつもないものだった。蒸気動力と化石燃料の組み合わせにより、工場制度に関連する生産は方向性を改められ、鉄道網や外洋蒸気船を通じた国内および国外の経済基盤《インフラストラクチャー》が創り出された。機関車が設計されてから二〇年も経たない一八三〇年には、リヴァプール―マンチェスター間で世界初の都市間鉄道が開通した。それからさらに二〇年経ったころには、グレート・ブリテン島には七〇〇〇マイルを越える鉄道網が敷設されており、年間の利用者数は四八〇〇万人以上にのぼった。

こうした変化の最前線にいたのはイギリスだったが、産業化の流れはまたたく間に世界中に広まった。ジュール・ヴェルヌの『八〇日間世界一周』の主人公フィリアス・フォッグが三ヶ月足らずで世界を一周することができたのは一八七三年には十分想像しうることだったが、ほんの一世代前には同様の旅程には一年以上かかっていた。こうした未曾有の時空間の収縮は、とりわけ新興の経済超大国であるアメリカにとって大きな意味を持つことになる。一八四七年には、ニューヨークからシカゴに行くのには駅馬車ですくなくとも三週間はかかっていた。一〇年後には同じ行程を行くのに列車で三日しかかからなかった。

グローバルな交通網の登場とともにあらわれたのが、さまざまな方式のリアルタイムの国際通信である。一八六五年にはイギリスとアメリカのあいだに最初の大西洋横断電信ケーブルが敷かれた。一八七〇年代初期までには、同じ技術によりロンドンと世界の反対側にあるアデレードが結ばれていた。一八七一年には、名門競馬のダービーの結果を知らせる速報はロンドンからカルカッタへ五分で送られるようになり、世界を旅するのに八〇日間かけていたヴェルヌの冒険者を圧倒した。以上のことすべて――グローバルな輸送網、電力、高速通信――は、一世紀前にワットがマシュー・ボールトンとともに最初のエンジンの特許権を取得したときには予測することもできなかっただろう。

資本主義の批判者たち

新たな形態の輸送通信技術をともなって台頭したグローバル経済とともに、〈第二の断絶〉が生んだ諸テクノロジーは、分業をますます固定化し、諸種の新しい潤沢さの出現を可能にした。動力が自然から機械へと漸進的に置き換わると、公開市場やグローバルな競争とあいまって、職人的な仕事に従事する人々の数は著しく減少した。結果として、手工業は人間の営みの中心から周辺へと追いやられた。すると、おそらくは逆説的なことだが、以前には想像もつかなかった巧みな発明は日常生活のなかのほとんどありふれた事物になってしまった。この新しいシステムを深い洞察力をもって批判したマルクスさえ、一八四八年に次のように書き、システムに対して畏怖の念を示している。

人間の活動がどれほどのことをやれるかをはじめて証明したのは、ブルジョアジーであった。ブルジョアジーは、エジプトのピラミッド、ローマの水道、ゴティックの大伽藍をはるかにしのぐ驚異的な大事業をなしとげ、民族移動や十字軍をはるかにしのぐ遠征をおこなった。

しかしマルクスによれば、こうした産業上の功績は氷山の一角にすぎない。テクノロジー、生産、社会生活などにおけるこうした変化は、まったく新しい社会の基礎をなすことになるだろうと彼は信じていた。これはマルクスの次のような見方を反映している——テクノロジーだけではなく、政治や、さらには世界や人間同士について人々が抱く諸観念を含むさまざまな領野が組み合わさった結果として歴史は展開する、という見方である。一万二〇〇〇年前の〈第一の断絶〉のときと同じように、テクノロジーは人類を新たなパラダイムへと招き入れたが、この新時代にふさわしい制度や観念を人々は創り出せないでいる。それを達成するというプロジェクトにマルクスは生涯を賭したのだ。

マルクスを批判する者たちによる描出とは対照的に、マルクス自身は資本主義をしばしば称賛していた。資本主義は搾取の可能性を持っているものの、資本主義が秘める技術革新への衝動は、世界市場の創出とならび、社会変容の条件を形作るものだと彼は信じていたのである。

ブルジョアジーは、生産用具を、したがって生産諸関係を、したがって社会的諸関係全体を、たえず変革せずには存立することができない。〔……〕生産のたえまない変革、あらゆる社会状態のたえまない動揺、永遠の不安定と変動、これが、以前のあらゆる時代と区別されるブルジョア時代の特徴である。

その結果として、資本主義は避けがたくも「自分自身の墓堀人を生産する」ことになるとマルクスは結論づけた。

資本の条件は賃労働である。賃労働は、もっぱら労働者相互間の競争のうえにたもたれている。ブルジョアジーをその無意志、無抵抗の担い手とする工業の進歩は、競争による労働者の孤立化のかわりに、結社による労働者の革命的団結をもたらす。

けれども、これが起こることはついになかった。労働者による革命が体制を転覆させたことなど――すくなくともグローバルな次元では――一度もなかった。その理由は、マルクスの予言とは異なり、資本主義はみずから生み出した諸問題を、空間的、技術的のふたつの仕方で「回避《フィックス》する」ことができたからである。「空間的回避」は現代のグローバル化を支えるものであり、グローバルな流通や生産移転をその特徴としている。これは一九六〇年代後半以降にヨーロッパやアメリカで勢いを増した労働者の闘争に対処するためにブルジョアジーが取り入れた解決策のひとつであり、「底辺への競争」を行う世界における「競争力のある」労働市場、といった今日の言説の背景をなしている。かつて自動車産業を牛耳っていたフランス、イタリア、イギリスではなく、いまではメキシコ、タイ、ブラジルといった国々でより多くの自動車が生産されているのも、空間的回避が理由である。むろん、空間的回避はいつも暫定的なものでしかなく、最近では中国における賃金上昇という文脈で再浮上している。労働がさらに安価で利潤を得るのがより容易などこかへ生産移転が起こるのを、われわれは再び目撃しようとしている。

「技術的回避」はそれとはまた違ったものだ。マルクスは、技術革新とは資本主義に内在する特徴であると明言していた。のちにミルトン・フリードマンやヨーゼフ・シュンペーターが述べるのと同じように、技術的回避は資本家同士の競争に駆られて起こるのだとマルクスは説明した。否応なしの競争というこの規則とはつまり、資本家たちはより安価でより効率的な商品生産の方法を――しばしば人間労働を機械に置き換えることで――つねに探し求めつつ、同時に消費者のために商品やサービスの改良を重ねなければならない、というものだ。今日に至るまで、鉄道の爆発的な拡大、工場システムの出現、たえまない技術革新への誘導などを引き起こしてきたのは、この規則である。この規則こそが、〈第二の断絶〉から生まれた経済モデル――すなわち市場資本主義――の金科玉条となったのだ。

解き放たれる情報――〈第三の断絶〉

競争の結果として起こるたえまない技術革新、機械による人間労働の置換、そして生産性の最大化といった傾向は、最終的には〈第三の断絶〉に帰着するだろう。〈第三の断絶〉の効果が十二分に発揮されれば、それは先行するふたつの断絶にも劣らずめざましいものとなるだろう。

この〈第三の断絶〉はすでに始まっており、それが到来したという証拠はわれわれの身の周りのあちこちに見られる。〈第二の断絶〉と同じように、ある汎用技術がその基礎をなしている。トランジスタと集積回路がその技術であり、これは二世紀以上前にワットが発明した蒸気機関の現代における対応物といえる。

〈第二の断絶〉において、車輪、滑車、船舶、人々、商品などを動かすのに人力や風力ではなく石炭や石油が用いられるようになり、原動力の不足からの相対的な解放がもたらされた。これに対し、〈第三の断絶〉の決定的な特徴となるのは情報分野におけるかつてない潤沢さである。これを産業革命の完了を示すもの――肉体労働だけでなく認知労働をもますます機械が担うようになる時代の到来——としてとらえる者もいる。
ポスト欠乏というこの新たな状況は、のちに「極限の供給《エクストリーム・サプライ》」と呼ぶことになる事態を下支えするものだ。この事態は情報分野に限定されてはおらず、その範囲はデジタル化の結果として労働にまで及んでいる。この事態のもと、処理能力の不断の改善が他の一連のテクノロジーと組み合わさることで、いままで人間労働に独自のものだと思われてきたのと同じ仕事を機械が担うようになるだろう。

先行するふたつの断絶と同様に、この転換によって労働に起こる変容と同じくらいの変容が、エネルギーにも起こる。〈第一の断絶〉は家畜動物や人力や自然力に依存し、〈第二の断絶〉は太陽エネルギーが凝縮した化石燃料に支えられていた。それと同じように、〈第三の断絶〉においては炭化水素との決別および太陽光を筆頭とする再生可能エネルギーへの回帰が起こる。この転換は部分的には気候変動という危機への反応ではあるものの、〈第三の断絶〉の他の諸特徴と同じように、それが極限の供給へとむかう傾向は、たんなる持続可能性の追求にとどまらない、より深遠な意味を帯びている。この転換において、有能性をどんどん増す機械と、ますます安価でクリーンになり続けるエネルギーの組み合わせにより、テクノロジーの縦軸とエネルギーの横軸が織りなす新たな基盤《マトリクス》が出現する。それによって、われわれの住む世界の外からの資源抽出までもが可能になり、原材料の極限の供給がもたらされるのだ。こうしてこの転換は、エネルギーの欠乏の完全な終わりを告げてしまうのである。人類が直面する限界をひたすら越えようとするサイクルは、この転換をもって完了をむかえる。

ある意味で、エネルギーが潤沢であることは、自然界や太陽系からすれば当然のことである。労働は必要でありエネルギー資源は希少であると考えるのにわれわれは慣らされているが、この太陽系において太陽の力ほどありあまっているものは文字通り他に一切ない。地球の表面上には、たった九〇分のあいだに潜在的には丸一年のエネルギー需要をまかなうのに十分なほどの太陽エネルギーが注いでいる。一二ヶ月ごとに太陽から得られるエネルギー量は、地球上にある再生不可能なエネルギー源――石炭、石油、天然ガス、採掘ウラン――から得られるエネルギーすべてを合わせた量の二倍にもなる。世界的なエネルギー需要の増大は見通しを暗くさせるように思えるが、約一四九万キロ離れたところにある巨大な原子炉が供給できるエネルギー量と比べれば、その需要も微々たるものだ。

そのような途方もない量の資源に匹敵するのは、地球外の鉱物資源――とくに地球近傍小惑星（NEA）に含まれる資源――のみである。火星と木星のあいだの小惑星帯に位置する小惑星プシケの例を取ってみよう。直径二〇〇キロ以上にもなるこの小惑星は、太陽系のなかでも最大級の小惑星のひとつである。この天体は鉄やニッケル、そして銅、金、プラチナといったさらに希少な金属から構成されており、鉄の含有量だけでもその価値は一〇〇〇京ドルにもなる――地球経済の年間総生産が八〇兆ドルほどであるのを考えれば悪くない数字だ。プシケはまれな例ではあるが、しかしそれは次の重要な点を示している。ひとたび技術上の障壁が克服されたならば、惑星外での採掘がもたらす可能性は――機械がどんな課題でもこなせるようになったり、太陽光が森林や草原を維持するように都市をも維持できるようになったりするのと同じように――とてつもないものとなる、ということだ。

情報としての生態

情報における極限の供給が及ぼす影響は自動化にとどまらない。究極的にはわれわれは、自分たちの身体に栄養を与え治療を施すだけでなく、地球上の生態系を維持するに際しても、新たな可能性を見いだすことになるだろう。そして、それは奨励されるべきことではないだろうか。煎じ詰めれば、有機生命とはそれ自体コード化された情報に他ならないのだ。二本鎖のDNAはC・G・A・Tの四つの核酸塩基から構成されている――0と1からなるデジタル情報の二進コードよりもすこしばかり複雑なだけである。

生態系はどんなデジタルシステムよりもずっと複雑ではあるものの、後者における指数関数的な傾向は、前者に対して人間が持つ優越性を強化させていくだろう――つまり、生態はいよいよ情報財のようなものになっていくのである。このことは、食料、自然、そして他の動物との関係はもちろんのこと、健康や寿命に対する関係をも変容させてしまうだろう。だからといって、これらの事柄が重要性を失うわけではない。反対にわれわれは、基底にある情報の諸規則をついに把握することになり、それによって、ほぼあらゆる形態の病気を克服し、人口が一〇〇億人にもなる世界に食料を供給できるようになるのだ。しかも、地球の生態系から供給される資源の使用量は増大ではなく縮減にむかうのである。

指数関数を増す旅――〈第三の断絶〉を理解する

〈第一の断絶〉と〈第二の断絶〉のあいだには一万二〇〇〇年ほどの期間があったことを考えれば、ワットが蒸気機関を作り市場資本主義が出現した後、これほど早くに〈第三の断絶〉が訪れるのは不可解に思われるかもしれない。その理由は単純で、歴史の変化のペースが加速しているからである。この数十年間の加速のおもな原動力となったのは、デジタル情報の収集、処理、保存、配信にかかるコストといった領野における、直線的ではなく指数関数的な傾向である。この指数関数的な傾向こそが、情報やデジタル分野における極限の供給を支え、〈第三の断絶〉を可能にしているのだ。

デジタル化とは、言葉、写真、映画、音楽といったものに適用されるたんなるプロセスではない。これらはいまや物理的な対象というよりデジタルな対象であるということは重要ではあるが、あまり強調すべきことでもない。より大事なのは、デジタル化によって0と1で行われる認知や記憶の量が漸進的に増大しており、性能に対する価格の比率は数十年にもわたり毎年下がり続けているということだ。現代のカメラ技術がロケットを着陸させ自動運転車を操縦していること、ロボットが人間と同等の繊細な運動協調性や器用さを発揮していること、人工の構築環境がわれわれに関してより多くを（場合によっては人間が知っているよりも多くを）知ることができること――これらはみなデジタル化による変化の産物である。さらにはデジタル化によって、生命の欠かせない構成要素であるDNAを編集し、遺伝子疾患を除去しゲノムを配列しなおすことさえできるようになるだろう。しかも、低コストで定期的な処置が可能になるため、ステージ1に至る前にガンを治癒することができるようになるだろう。

指数関数化する――イブン・ハッリカーンからコダックへ

デジタル化がどのようにわれわれの未来を形作るかをより良く理解するためには、写真がプラスチックフィルムではなく0と1で記録されるようになった話から始めるのが良いだろう。

一九〇〇年、コダックによる最初の量産カメラである「ブラウニー」の登場で写真は一般化したが、同社がデジタルの後継機を発売するまでに世界は一世紀近く待たねばならなかった。一九九一年に発売されたDCS100は最大解像度が一・三メガピクセルで、当初の価格は一万三〇〇〇ドル（現在の約二万三〇〇〇ドル）だった。エリート機関や裕福な個人しか買うことのできないこのとんでもない価格にもかかわらず、デジタルへの移行は決定的だった。いまや情報財となった写真は、コンピューティングにおいてムーアの法則が示した、コストの低下と費用対効果の向上という傾向と相似の傾向を帯びることになる。その結果、市販のデジタルカメラの一ドルあたりのピクセル数は年ごとに二倍になっている。コンピューティングと同じように、デジタル画像処理のもつ指数関数的な傾向は時間の経過とともに著しく強まっており、たとえば第三世代 iPad のカメラのもつ解像度は前世代の iPad2と比較して七倍も優れている。このことの重要性は、手ごろな価格の消費者向けカメラの利便性にとどまらない。安価でどこにでもあるカメラは、自動化とデータにもとづく社会に向けたあらゆる運動の基盤となるテクノロジーである。

指数関数的な成長という概念は自然界ではまれであるため、すぐに理解することはむずかしい。この概念をもっとも明瞭に説明しているのが、一三世紀にイブン・ハッリカーンがはじめて概説した「小麦とチェス盤問題」である。この「問題」は、実際にはグプタ朝の皇帝とチェスの発案者（あるいはその人物に類似する先駆者）との出会いを含む歴史上の出来事だったとも言われる。伝えられるところでは、チェスのゲームを見せられた皇帝はその手の込んだ性質にいたく感服し、発案者に希望の報酬を言うよう命じた。彼の受け取った返事はゲームの複雑さに反して単純なものだった。発案者は「盤の最初のマス目に一粒の米を置き、二番目には二粒を、三番目には四粒を置く」ように言ったのだ。盤の最後のマス目に達するまで、進むごとに米粒の数は二倍になる――一、二、四、八、一六、三二――というわけだ。そのようなつつましい要望に驚いた皇帝は喜んで応じた。

ところが、その報酬は皇帝の予想よりはるかに大きいことがすぐに明らかになった。わずか半分の三二番目のマス目を越えたころには、ゲームの設計者は四〇億粒もの米を得ていた。これは大きな数字ではあったが、いまだ広い田んぼで生産された量に相当するほどであり、発案者の名誉をいっそう高めただけだった――田んぼ一面か二面分の米というのは、これほど魅惑的なゲームの報酬としては十分納得のいくものだった。だが、じきにそうも言ってはいられなくなった。最後のマス目に達したときには米粒の数は一八〇〇京にもなり、エベレストよりも大きな山をなす、歴史上生産されてきた米の総量よりも多い量となった。皇帝は自分が提供できる以上の富を要求した臣民のあつかましさに腹を立て、彼の処刑を命じた。

この寓話がとらえているのは、指数関数的な成長は、とかく人間が期待しがちな直線的な形式の進歩と比べると、急速でしばしば思いがけないほどの恩恵をもたらすということである。では、このような途方もない成長が人間に起こった場合、何が起こるのだろうか。その答えは、過去半世紀のコンピューティングの歴史に見いだすことができる。

一九六五年、のちにインテルの共同設立者となるゴードン・ムーアが『エレクトロニクス』誌に記事を書き、コンピューター・チップの性能が最近向上したことを詳述した。当時、もっとも複雑な回路でもまだ三〇程度の部品しか備えていなかったが、進歩は加速しているようだった。事実、最近の開発速度は非常に速く、回路に接続できるトランジスタの数は一九五九年以来毎年倍増していることをムーアは発見した。そこでムーアは考えをめぐらせた――年に二倍になるという同じ傾向が今後一〇年間も続いたらどうなるだろうか、と。

　ざっと計算したところ、ムーアは解答にショックを受けた。彼の予測では、一九七五年末までに、平均的な集積回路が備えるトランジスタの数は三〇個から六万五〇〇〇個になっていた。ムーアはこのようなめざましい進歩によってどんな類のテクノロジーが可能になるだろうかと思案し、「携帯通信機器」、「ホーム・コンピューティング」、そして「自動車の自動制御」さえも備えた世界の到来を思い描いた。あいにく、ムーアの予測は非常に不正確だった。彼が描き出した傾向が続く期間はその後一〇年にとどまらなかったのだ――それは半世紀続いていて、現在も進行中である。

　ムーアがこの独創的な記事を書いたときには、ひとつのトランジスタの幅は綿の繊維ほどもあり、今日の価格で八ドルもした。対照的にいまでは、爪ほどの大きさのチップに数十億個のトランジスタを詰め込むことができ、人間の髪の毛一本でもインテルの次世代製品の一万倍の太さになる。では一ユニットあたりの単価はどうだろうか。それも急落しており、一セントのほんの何分の一かにまで落ち込んでいる。現代のスマートフォンはＮＡＳＡのアポロ計画に使われたコンピューターよりも有能だという決まり文句《クリシェ》をよく耳にするだろうが、それもここ数十年でトランジスタがどれほど劇的に変化したかを伝えるには至っていない。

スーパーコンピューターの「ASCI Red」とゲーム機のプレイステーション・シリーズをならべてみれば、より有用な比較が得られる。前者は一九九六年にアメリカ政府によって作られたもので、テラフロップ（毎秒一兆回の浮動小数点演算）を処理できる最初の機械だった。五五〇〇万ドルの費用がかかりテニスコート一面分の大きさになるこのコンピューターの目的は、核爆発の予測とモデル化だったが、それをいともたやすくやってのけた。「ASCI Red」はミレニアムの変わり目まで世界最速のコンピューターであり、二〇〇五年というごく最近の時期まで使われ続けていた。ところがそのわずか一年後には、同等の処理能力を持つ「プレイステーション3」がたった六〇〇ドルで消費者に提供された。二〇一三年に発売された「プレイステーション4」は、先行機や「ASCI Red」のほぼ二倍の性能を持っていた。価格は四〇〇ドルで、ほんの二〇年前に世界トップだったスーパーコンピューターの一〇万分の一だった。

これほどの急速な発展が可能となったのは、ひとえに過去六〇年のあいだに処理速度が直線的ではなく指数関数的に向上してきたからである。ムーアがコンピューティングの分野ではじめて発見したこの性質こそ、おおかたの人が可能だと考えたのよりはるかに急速な勢いを〈第三の断絶〉に与えているのだ。それがもたらす結果はビデオゲームを優に越えている。

過去半世紀のあいだの進歩はめまぐるしいものだったが、チェス盤上の米粒の寓話はいまだ示唆的である。このような傾向がさらに六〇年続くとすれば、その帰結は——エベレストよりも大きな米の山のように——ほとんど理解の範疇を越えてしまうだろう。盤の半分の時点で田んぼ一面分の米があり、それが自動運転車、リアルタイムのグローバル通信、そして何百万台もの産業ロボットを指しているとするなら、米の山はいったい何になるのだろう。

ムーアの法則は持続するか？

ムーアの法則が持続している限り、変化をもたらすその力の大きさには議論の余地はない。肝心な問いは、それがどれだけ続くかである。二〇一五年にインテルの研究者たちは、この傾向はすくなくともあと一〇年は続くだろうと予測した。五〇年以上にわたるこれまでの歴史を踏まえればあながち甘い見込みだとも言えない。一年後、同社のＣＥＯのウィリアム・ホルトは自信を失い、この傾向はあと五年しか続かないかもしれないし、良くてもその後大幅に鈍化するだろうと述べた（ただし、エネルギー効率など他の分野では進展が見込まれると彼は信じていた）。より楽観的な展望を持つ者にとってこれは侮りがたい挑戦に思われるだろう。もしもホルトが正しいとすれば、現在の田んぼ一面は今世紀なかばまでに五面か六面にしかならない。これでも大きな増大だが、指数関数的な進展とはとうてい言えない。

とはいえ、ムーアの法則の終焉を予言する悲劇の予言者《カサンドラ》たちは過去数十年ものあいだ存在してきた。これまでのところ、彼らは一貫して間違っていたことが証明されている。さらなる進歩への望みが閉じられようとするまさにそのとき、改善のための新たな道が開かれてきたのだ。二〇〇四年まではチップのクロック速度の増大が性能向上に大きく寄与していたが、その裏では過熱《オーバーヒート》がこの技術革新の持続に限界をもたらした。これに対応して各メーカーは、より多くのプロセッサコアを内蔵するという手段を取り、能率を加速させてきた。現在、各プロセッサはたがいに並行して異なる処理に取り組むようになっている。

ムーアの法則を維持するには、たとえそれが――ホルトが認めたように――すこしずつ減速し続けるとしても、似たような技術革新が必要となるだろう。たんに物理的な限界のために、個々のトランジスタをこれ以上小型化することは一〇年以内に不可能になるだろうが、三次元回路や量子コンピューティングといった応用物――いずれのコンセプトも実証済み――により、指数関数的な成長の継続が可能になるかもしれない。ひょっとすると、チェス盤の最後のマス目すら越えてしまうかもしれない。

コンピューター処理だけではない

デジタル化は汎用的な現象であるため、変革を引き起こすその驚異的な力の対象となるのは、コンピューターチップだけにとどまらない。インターネットの帯域幅にも同様の傾向が見られる。一九八三年以来、ユーザー容量は毎年二五～五〇パーセント増加している。データ・ストレージについても同様であり、容量とコストの比率は指数関数的な相関関係にある。一九八〇年に一ギガバイトのストレージは約二〇万ドルだったが、二〇一四年にはわずか〇・〇三ドルにまで下落している。

しかし、進展が目に見えて遅くなりはじめているのは、他でもないストレージにおいてである。東芝の三次元記録技術――磁気ヘッドがマイクロ波を使って積層にデータの書き込みと読み出しを行う――は、たとえ商業的に大規模であるにしても、ストレージドライブは最大でも数百テラバイトにとどまる。これもまた、素晴らしいものだろうが、やはり指数関数的とは言えない。

ストレージはパラダイムの転換を必要としていて、これは短期的には進歩を遅らせるかもしれない。とはいえ、それでも大局的にはほとんど影響がない。デジタル・ストレージと同じくらいめざましいのは、DNAとしてのデータ保存――これは仮定上の限界と考えられる――であり、これに比べればわれわれはまだ上っ面をなでてすらいない。このようなテクノロジーがラップトップに搭載されるのは当分先のことかもしれないが、それが秘める可能性は驚異的である。人間のDNA一グラムは二一五ペタバイト（二億一五〇〇万ギガバイト）の情報を保存できるのだ。これは抽象的な推測ではない。二〇一二年にハーバード大学の遺伝学者たちが0と1で表されたデジタル・ファイルをDNAの四文字アルファベット――A、G、T、C――を用いてコード化し、五万二〇〇〇単語の本を記録して以来、人類はデータをDNAとして保存できるようになっている。

このような進歩は近い将来には応用できないかもしれない。ただここでも、チェス盤の最後のマス目を——帯域幅、ストレージ、そして処理速度などにおいて——はるかに越えていく可能性を捨て去るのは賢明ではないように感じられる。技術の進歩に対するおもな制約は物理法則であると考えるのがよりいっそう理にかなっているように思われる。いまのところ、まだ道は長く続いている。

経験の力

〈第三の断絶〉の文脈で変革をもたらすのには、変化が指数関数的である必要はない。ゴードン・ムーアがコンピューティングの将来に関する予測を行ったのとほぼ同時期に、ボストン・コンサルティング・グループの創業者ブルース・ヘンダーソンは、のちにヘンダーソン曲線《カーブ》（より最近では経験曲線《エクスペリエンス・カーブ》）と呼ばれることになる概念を考案した。彼が顧客とともに仕事をしていたときの観察にもとづくこのモデルは、生産能力が倍増するたびに生産物のコストは二〇パーセント低下することを示し、すぐに洗練された予測モデルとなった。コスト低下を促す変数は比較的単純で、労働効率の向上から製品設計の改善などに及ぶ。経験曲線はデジタル技術の指数関数的な改良に見られるような急速な変化をもたらすものではないが、そこから生じる利益は極限の供給にとってきわめて重要である——とりわけ再生可能エネルギーにとって、経験曲線の持つ意味は大きい。

なぜなら、太陽光発電のための主たる消費者向けテクノロジーである光起電力（ＰＶ）セルの価格こそ、経験曲線の作用を実際に見ることができるもっとも重要な分野であるからだ。この分野での進歩はヘンダーソンが予測していたのとほぼ完全に相関しており、過去六〇年のあいだ、太陽光発電のコストは発電容量が倍増するたびに二〇パーセント低下している。一九五八年にこのテクノロジーがNASAのヴァンガード一号衛星にはじめて実装されたとき、数千ドルのコストがかかったパネルが生成できるエネルギーは最大〇・五ワットだった。一九七〇年代なかばには、この数字は一ワットあたり一〇〇ドルにまで劇的に低下していた。化石燃料に対する競争力はまだなかったとはいえ、それでも目をみはるものがあった。ところが、二〇一六年までに太陽光発電の価格性能比は一変した。太陽電池から一ワット得るのにかかるコストはわずか五〇セントとなり、太陽光が豊富な国々においては化石燃料に対する真の代替エネルギーとなった。

　この流れが続くことに異議を唱える者はほとんどいまい。世界の太陽光発電容量は二年ごとに倍になっており――二〇〇四年から二〇一四年のあいだには一〇〇倍増加している――容量増加と価格低下の好循環が確立されている。重要な問いは、ムーアの法則と同様、それがどれほど長く続くかだ。

　確実に言えるのは、原理的には、太陽光は拡大し続ける世界のエネルギー需要を満たす以上の能力を持っているということだ。人類全体が一年間に消費するエネルギー量が九〇分のあいだに地球に注いでいることを踏まえれば、今後数十年間で需要が倍増したとしても、太陽光発電は世界に電力を供給するもっとも環境《グリーン》にやさしい手段であるだけでなく、もっとも安価な手段にもなるかもしれない。

幸いなことに、太陽電池に見られる価格性能比の変化は、再生可能エネルギー貯蔵の主流なテクノロジーであるリチウムイオン電池にもあてはまる。最近のコスト低下を鑑みれば、世界が再生可能エネルギーに移行するかどうかではなく、いつ移行するかが問題なのだ、という結論がいっそう強化されるばかりである。

危機からユートピアへ

われわれの世界は制約を課せられた有限の世界である。そうした制約は、次世紀の進路を根本的に形作る五つの危機を大きく決定づけている。

気候変動、資源不足、かつてないほどの過剰人口、高齢化、自動化の結果としての技術的失業などを含むこれらの危機は、たがいに組み合わさって、資本主義がみずからを維持する能力を弱体化させようとしている。なぜならこうした危機は、資本主義の重要な特徴のいくつか——拡大は不断で資源は無尽蔵であるという想定、利潤目的の生産、労働力を売らねばならない労働者の存在——を消滅させてしまう可能性を秘めているからだ。

一九八四年、未来学者のスチュアート・ブランドは、「情報は無料《タダ》になりたがる」という、いまや時代を画するようになった発言をした。のちに彼はそれが何を意味するのかを明確化し、次のように述べている。

一方では、情報は高価になりたがる。なぜならそれは価値があるからだ。然るべき場所に然るべき情報があれば、人生を変えてくれるだろう。他方では、情報はタダになりたがる。なぜならそれを引き出すためのコストはどんどん低くなり続けているからだ。要するに、このふたつの傾向は緊張状態にある。

あとで見るように、近代資本主義において情報は価値の基礎となる――われわれが考えるよりもこの傾向は強い。しかし逆説的にも、同じ経済システムのもとにある諸テクノロジーは、いまや情報の希少性とその価値を破壊しようとしている。

一九八四年にブランドが気づいていたとは思えないが、一世紀以上前にマルクスは、情報が極限の供給にむかう傾向について似たようなことを述べている。

生産諸力と社会的諸連関とは――どちらも社会的個人の発展の異なった側面ではあるが――、資本にとってはたんに手段として現れるにすぎず、また資本にとってはたんにその局限された基礎から発して生産を行なうための手段にすぎない。ところがじつは、それらは、この局限された基礎を爆破するための物質的諸条件なのである。

ブランドがその明快な所見を述べてから三〇年以上が経過したが、いまではその洞察が正しかったことがわかっている——情報の急激なコスト低下は、たしかに情報がタダになりたがっていることを示している。しかし今世紀なかばまでには、この傾向が労働、エネルギー、資源にも及ぶことがいよいよ明白となるだろう。これが基礎となり、すでにわれわれが身の回りで目にしている変化によって支えられるさまざまな社会的変数《パラメーター》が生ずる——仕事、利潤、さらには欠乏さえも超越した世界が出現するのだ。

第三章

「完全《F》自動のラグ《A》ジュアリー《L》コミュニ《C》ズム」とは何か？

未来に目指すべきなのは、完全失業だ。
そうすれば、遊べるようになるからな。
——アーサー・C・クラーク

なぜFALCなのか？

なぜ「完全《F》自動のラグ《A》ジュアリー《L》コミュニ《C》ズム」なのだろうか。どうしてこれらの言葉がこの順番でならぶのだろうか。おおかたの人々は、共産主義《コミュニズム》とは結局のところ失敗に終わった二〇世紀の実験にすぎず、その過ちから学ぶ以外には注目に値しないものと考えている。資本主義には無数の欠点があり、実際にいつかは終わるのかもしれないと認める者もいるが、そのあとに来るのが共産主義であるなら、それは進歩ではないと彼らは言うだろう。

過去一世紀のあいだ、多くの政治プロジェクトが共産主義を標榜してきたことは事実だが、その志は正確ではなく、のちに論ずるように技術的にも可能ではなかった。ここで共産主義という言葉を使うにあたり正確を期さなくてはなるまい。この語を用いる意図は、職業が消え去り、欠乏が潤沢さに置き換わり、労働と余暇《レジャー》がたがいに混じり合う社会を指し示すことにある。〈第三の断絶〉から生じる可能性――情報、労働、エネルギー、資源といった分野における極限の供給の出現――を踏まえれば、共産主義はわれわれの生きる時代に適した観念であるばかりか、むしろいままでは実現不可能だったのだと考えるべきだ。FALCは〈第三の断絶〉の流れを支えるものではなく、その帰結としてあらわれる。

われわれがそれを望みさえすれば。

一八五八年――未来の衝撃

「共産主義」という言葉に対して人々はさまざまな反応をするが、この語はとくにカール・マルクスというひとりの人物に関連している。産業資本主義がもっとも輝かしい炎を放ち燃え立っていたまさにそのときに、彼は新しい世界の輪郭を展望したのである。

とはいえ、資本主義が終わり別の何かに移行するだろうと考えたのはマルクスだけではなかった。事実、この点に関しては、二〇世紀の思想家であるジョン・メイナード・ケインズとピーター・ドラッカーもマルクスに同調している。ふたりはマルクスの考えに批判的でありながらも、資本主義がどのようにしてそれ自体を越えたシステムをもたらすかについて彼と同様の見解を持っていた。マルクスをふたりの思想家とならべて考え、欠乏に対して資本主義とユートピアが持つ関係をそれぞれがどのように見ていたかを検討することによって、マルクスが共産主義という言葉で何を言おうとしたのかをより明確に描き出すことができる。

マルクスの思想のなかで、十分に強調されていない一面がある。資本主義には、労働――動物や人間による労働、そして物理的労働や認知的労働――を漸進的に機械で置き換える傾向がある、という考えである。矛盾に満ちたシステムのなかにあって、システムを潜在的な解放の力へ変換したのはとくにこの矛盾だった。これをもっとも明確に説明しているのが、「機械についての断章」――ずっと長大な『経済学批判要綱』からの抜粋で、短いが重要な意味を持つ――である。よ り有名な『共産党宣言』や『資本論』と違い、ふたつのどちらもあまり知られていないのは、『経済学批判要綱』が一連の未完の草稿にすぎず、ドイツ語でも一九三九年に至るまで出版されていなかったからである。さらに悪いことに、英語には一九七三年になるまで翻訳されていなかった。その結果、同書で示された達見は二〇世紀の共産主義のプロジェクトにほとんど影響を及ぼさなかったのである。

これは嘆かわしいことだ。なぜなら、『経済学批判要綱』には資本主義下での技術発展に関する最初の分析が見られるだけでなく、その発展が生み出す諸々の好機までもが示されているからだ。「断章」でマルクスは忘れがたくも次のように記している。

資本が機械を充用するのは、機械が労働者に、資本のために労働する彼の時間を増大させ、彼の時間のうち、彼が自分には属さない時間にたいする様態で関わる部分を増大させ、彼が他者のために働く時間を延長することができるようにさせるかぎりにおいてでしかない。この過程によって、実際には、ある対象の生産に必要な労働の量が最小限に減少させられるのであるが、しかしそれはただ、最大限の労働が最大限のそうした対象のなかに価値化されるようにするためでしかない。この第一の側面は重要である。なぜなら、資本はここでは――まったく意図しないで――人間の労働を［……］最小限に減少させるのだからである。このことは、解放された労働の役に立つであろうし、また労働の解放の条件なのである。

マルクスはこのうえなく明快だ。競争は生産における技術革新を資本家に迫る。これにより、作業工程《ワークフロー》とテクノロジーにおけるたえまない実験が起こり、すべての作業がさらに効率的な生産の追求にむかう。市場の需要の論理とはつまり、資本家は商品やサービスをできる限り安く生産しなければならないということである。すると、資本家はつねに経費を削減することを強いられる。こうして、課題《タスク》や仕事全体さえも含む自動化——機械による労働者の置換——の無限のサイクルが生じる。資本主義のもとでこれは多大な苦しみと搾取を生み出したが、別のシステムのもとでは重大な好機となる。

一九八七年、米国科学アカデミーは『テクノロジーと雇用』と題した報告書を刊行した。そこでは、資本主義下の技術の変化に対するマルクスの批判が、ほとんど一言一句再現されていた。ただ際だって違ったのは、報告書の筆者たちはそうした変化を完全に肯定的にとらえていたことである。

歴史上そうであったし、また近い将来においても同様だと考えられるが、アウトプット一単位ごとに必要とされる労働量が新たな処理技術によって削減されたとしても、一般にアウトプットの総計は拡大する。労働量の削減よりも、それによって生じる雇用への有益な効果のほうが大きくなる。

つまり、生産はより効率的になり余暇は社会的利益として評価される一方、生産性の向上はさらに多くの自由時間をもたらすのではなく、たんに商品やサービスの生産の増大につながる、というのだ。これを擁護する者に公平を期するなら、こうした見解は経済学的に見て正当であるだけでなく、二世紀にわたる資本主義の変化の観察にもとづくものでもある。『経済学批判要綱』がこの見方と異なるのは、マルクスはオルタネティヴがあると考え、それを追求することによってのみ人類は自由を獲得できると考えたことである。

共産主義――欠乏を越えた世界

月なみな政治評論家は好んでマルクスを理想主義的な夢想家と表現するが、マルクス自身は共産主義が実際にどのようなものになるかを描写することを忌避していた――マルクス曰く、それは「未来の料理店のレシピ」を書くようなものなのだ。その謙虚さはいくぶんかは称賛に値するが、同時にいらだたしくもある。というのも、新たに台頭しつつあるシステムの欠点を説明するのにもっとも優れた頭脳の持ち主のひとりであれば、すくなくともシステムを置き換えるものが何なのかを示唆するのには適した立場にいたはずだからだ。しかしマルクスは、闘争のさなかにある労働者たちが唯一、具体的な解決策に到達する立場にあると考えていた。

とはいえマルクスは、新たな社会の特徴をなすいくつかの要素については確信を持っていた。ひとつは、共産主義の到来により労働と余暇《レジャー》の区別はなくなるだろうということだ。より根本的に言えば、共産主義によって人類はマルクスが「必然性の国」と呼んだものから脱し、「自由の国」へと参入するのである。

だが実際、それが意味するところは何なのだろう。マルクスによると、必然性の国とは、人々が「自分の欲望を満たすために、自分の生活を維持し再生産するために、自然と格闘しなければならない」領域である――言いかえれば、それは欠乏を特徴とする世界である。ヒト科の先祖の時代以来、人類は欠乏に直面してきた。マルクスの時代には欠乏の問題は古典派経済学の中心的な課題だった。すなわち、資源が限られた世界において、いかにして効率的かつ公平に資源を配分するかという課題である。

　マルクスによれば、必然性の国は非常に広範囲に及んでおり、社会主義すらそれに含まれる。なぜなら、資本主義と同様、社会主義も労働や欠乏といった特徴を持っているからである――とはいえ民主主義的な統治システムのもとでは、これらは合理化され、より社会的に公正なものとなっている。もちろん社会主義は資本主義より望ましく、それを求める闘争は積極的に展開されるべきである。ただマルクスにとっては、社会主義はまた別のもの――すなわち共産主義と自由の国――に至るための踏み石にすぎなかった。

　資本主義や社会主義とは対照的に、共産主義の世界では、経済的抗争や労働が不在であるだけでなく、ヘシオドスやテレクレイデスの描いた「黄金時代」、あるいは聖書の楽園《エデン》に似た自然発生的な潤沢さが出現する。だが、古代ギリシャの詩や宗教的な経典と違い、マルクスにとってこれは崇められるべき伝説的な過去ではなく、目指すべきプロジェクトだった。想像を越えた潤沢さの王国は回顧したり死後の世界で楽しんだりするものではなく、いまここで目指されるべき政治的なプロジェクトである。それこそが共産主義なのだ。

マルクスは暴力革命を支持していたという主張があるが、実際には彼は、資本主義の超克が政治的プロセスに限定されるとはけっして考えてはいなかった——それは、ある支配者のグループを別のグループに置き換えれば達成されるような単純なものではないのだ。たしかに共産主義は、階級闘争や労働者階級による政治権力の獲得をともなうだろう。しかし同時に、新たな観念、テクノロジー、社会関係なども必要とするのである。マルクスは労働者階級を未来の社会に至るのに必須の存在と考えていたが、それは労働者による革命が労働を消滅させ、そうしてあらゆる階級区分をなくしてしまう可能性を秘めている限りにおいてであった。

このようにマルクスは、労働者階級に対し自己解放を繰り返し呼びかけていたにもかかわらず、労働がわれわれを自由にするとは考えておらず、労働の社会が人間の可能性の範囲を広げるとも信じていなかった。反対にマルクスは、労働——認知的、肉体的活動を世界と結びつける営為——が生存の手段ではなく自己発展に至る方途へと変容したとき、はじめて共産主義は可能になるのだと考えていた。これを左右するのがテクノロジーの発展である。生産の諸力が発展すればするほど、労働と余暇がたがいに交じり合いになる新たな社会が生み出される可能性が高まるのである。

共産主義社会のより高度の段階で、すなわち個人が分業に奴隷的に従属することがなくなり、それとともに精神労働と肉体労働との対立がなくなったのち、労働がたんに生活のための手段であるだけでなく、労働そのものが第一の生命欲求となったのち、[……]協同的富のあらゆる泉がいっそう豊かに湧きでるようになったのち——そのときはじめてブルジョア的権利の狭い視界を完全に踏みこえることができ、社会はその旗の上にこう書くことができる——各人はその能力に応じて、各人はその必要に応じて！

共産主義が到来すると、頭脳労働と肉体労働の区別がなくなり、労働はいよいよ遊びに近いものになるだろう。かつてないほど多大な協同的富を備えたこの社会では、生存に不可欠なあらゆる欲望に加え、創造的な欲望までもが満たされる。ここで贅沢《ラグジュアリー》の概念があらわれる。欠乏状況にあっては、この概念は有用性を越えたものを指している。贅沢の本質とは、必要性を超過しているということだ。だから、情報、労働、エネルギー、資源などがたえず安価になり続け、労働や古い世界が抱えていた限界が乗り越えられると、人々のあらゆる需要《ニーズ》が満たされるだけでなく、有用なものと美しいものの境界が霧散するのである。共産主義とは贅沢なものだ——でなければ、それは共産主義ではない。

共産主義なしのポスト資本主義——J・M・ケインズ

資本主義はそれ自体を越えた社会を生み出すだろうと主張したのは、けっしてマルクスだけではなかった。実際、この点に関しては、二〇世紀にもっとも大きな影響力をもった経済学者、ジョン・メイナード・ケインズもマルクスに同調している。

ケインズは急進主義者《ラディカル》ではなく、ましてや革命家でもなかった。しかし彼は、ウォール街の暴落が余波を広げ世界恐慌が幕を開けた一九三〇年、この時代ではもっとも楽観的な論文「わが孫たちの経済的可能性」を著した。

自信に満ちたこの小論のなかでケインズは、新しい社会の概要を描き出した。そうした社会は望ましいだけでなく不可避でもあるとケインズは考えていた。『経済学批判要綱』でマルクスが述べたのと同じように、ケインズはそのような転換は当時の世界とはまったく異なる世界を予示するものと考えていたが、同時に彼はそれが最大限に発展したときの可能性をも表現していた。

> 私の結論は次のようなものである。すなわち、重大な戦争と顕著な人口の増加がないものと仮定すれば、経済問題は、一〇〇年以内に解決されるか、あるいは少なくとも解決のめどがつくであろうということである。これは、経済問題が——将来を見通すかぎり——人類の恒久的な問題ではないことを意味する。[……]かくて人間の創造以来はじめて、人間は真に

恒久的な問題――経済上の切迫した心配からの解放をいかに利用するのか、科学と指数的成長によって獲得される余暇を賢明で快適で裕福な生活のためにどのように使えばよいのか、という問題に直面するであろう。

ケインズは、自分はマルクスを読んだことがないとしながらも、マルクスを公然と批判していた。しかしここでは、ふたりの主張のあいだに驚くべき類似が見られる。マルクスにとって共産主義とは、潤沢さが作る状態であり、労働と余暇がたがいに混じり合い、人々の気質が遊びと調和した仕方で発展する社会である。この世界では欠乏――あるいはケインズが言うところの「経済問題」――がついに克服される。一九三〇年にケインズが想定していた世界はそれと非常によく似ている。しかも驚くべきことに、ケインズはその世界があらわれる時期を記すほどに自信を持っていた――彼は二〇三〇年にポスト欠乏社会が到来すると予測したのだ。

ケインズはマルクスの階級政治を「魚より泥を好む」ものとして批判していたが、ふたりを分かつものは正確には何だったのだろうか。その答えは進歩と政治の関係にある。マルクスと違いケインズは、資本主義は労働需要を減らしながらしだいに生産性をさらに高める力の結果として、必然的にさらなる潤沢さへと移行していくだろうと考えた。「わが孫たちの経済的可能性」では、技術の進歩による生産性の向上は労働者を利することになり、労働時間は短縮にむかうと主張した。つまり、余暇時間は増え、仕事の必要性は徐々に薄れていく運命にあると考えたのである。

マルクスも同様に、資本主義には生産性を高める能力があると主張していた。しかし現状のもとでは、これは富裕層以外に利益をもたらすことはないとマルクスは信じていた。潤沢さに至る同様の傾向を見出してはいたものの、この傾向は政治的抗争のなかにあるとマルクスは考えていた――つまり、社会の多数派がその利得を得られるのは、彼らが階級間の闘争に成功した場合のみである、と。

二〇世紀の歴史はケインズが正しかったことを証明しているように思われた。一九二七年以降の五〇年間、大恐慌の発生にもかかわらず、アメリカの製造業における非熟練労働者の実質賃金は三五〇パーセント上がり、熟練労働者の賃金は四倍に上昇した。現在われわれが知っているように、この時代は生産性の向上と高度成長が賃金の上昇と労働時間の短縮に結びつく資本主義の黄金時代だった。従業員であろうと実業家であろうと、システムを擁護することは理にかなった選択だった。

これが突如として終わりをむかえたのは、一九七〇年代初頭、賃金が生産性の向上から切り離されたときである――いまや、生産性が上がってもたいへんな高所得者層の収入を潤すだけだ。この現象はアメリカだけにとどまらない。二〇一四年のある報告書によれば、イギリスにおける実質賃金の成長率は過去四〇年にわたりずっと下降傾向にあり、一九七〇年代と八〇年代には賃金の年間上昇率は二・九パーセント、九〇年代には一・五パーセント、二〇〇〇年代には一・二パーセントだった。二〇〇八年の危機以降、この漸進的な下降は自由落下《フリーフォール》状態と化し、イギリスの世帯ごとの実質賃金は二〇〇七年から二〇一五年にかけて一〇・四パーセントも落ち込んだ。これはまったく先例のない事態である。

こうしたすでに恐ろしい状況はさらなる悪化の一途をたどっている。二〇一七年度秋予算の発表後、ロンドンを拠点とするシンクタンクのレゾリューション・ファンデーションは、二〇一〇年代は英国の賃金上昇にとって一八世紀後半以来最悪の一〇年になると予測した。言い換えれば、イギリスは現在、〈第二の断絶〉が興隆して以来類を見ない生活水準の停滞に直面しているのだ。ケインズは、資本主義は多大な潤沢さを生み出し、結果としてそれ自体を越えたシステムをもたらす潜在性を持つと述べた点において正しかったが、こうしたことのどれも予想してはいなかった。

どうして予想できなかったのか。その理由は、ケインズは資本主義を越えた社会――高い生産性、自動化、余暇――の展望が内的矛盾をはらんでいるとは考えなかったからだ。つまり、マルクスが労働と市場の分配にもとづくシステムと潤沢さにもとづくシステムのあいだに解消しがたい相克を見たのに対し、ケインズはある世界から別の世界への移行は容易に行われるだろうと考えたのだ。

とりわけ二〇〇八年の危機以降、日々が過ぎるごとにマルクスが正しかったことがひときわ明白になっているように思われる。今世紀の五つの危機は、人類の存続に関する脅威になるか、より良い何かに向けた産みの苦しみになるかのどちらかである。
ケインズの予測に反し、どちらも不可避ではない。

ポスト資本主義と情報――ピーター・ドラッカー

マルクスやケインズと異なり、ピーター・ドラッカーは政治経済学者ではなくマネジメントの理論家であった。しかし、ふたりと同じようにドラッカーは、資本主義は明確な終着点を持つ偶発的で有限なシステムであると信じており、その終着点を彼は「ポスト資本主義」と呼んだ。マルクスやケインズが考えたのと同じように、それは近代《モダニティ》の完全な発展状態を指している。

HTMLが公表されたのとちょうど同じころ、ドラッカーは情報が――労働、土地、資本の三者《トリオ》に代わり――生産の主要な要素になることを突き止めた。一九九三年にドラッカーは次のように書いている。「知識が、単なるいくつかの資源のうちの一つではなく、資源の中核になったという事実が、われわれの社会を『ポスト資本主義社会』とする。この事実が、［……］新しい社会の力学を生み出し、新しい経済の力学を生み出す。そして新しい政治を生み出す」

ドラッカーの考えでは、社会はこうした再編成を定期的に経ており、西洋の歴史は数百年ごとに「際だった転換」を見せている。つまり、数十年という短い期間のうちに社会は、「次の新しい時代のために身繕いする。世界観を変え、価値観を変える。社会構造を変え、政治構造を変える。技術や芸術を変え、機関を変える。やがて五〇年後には、新しい世界が生まれる」。ポスト資本主義への移行はそのような転換のひとつであるとドラッカーは考えていた。

ドラッカーによる時代区分にしたがうなら、断絶は本書で述べてきたよりも頻繁に起こっており、それぞれの断絶の影響はそれほど広範囲に及んではいないことになる。にもかかわらず、歴史的変化は社会の物質的諸関係が思想や社会的現実を変容させることによって起こるとした彼の見解が、マルクスのそれに似ていることは否定しがたい。以下の言葉は一九世紀なかばにマルクスが書いたものだが、同じ言葉を一九九〇年代初頭にドラッカーが口にしていたとしてもおかしくはないだろう。

社会の物質的生産諸力は、その発展のある段階で、それらがそれまでその内部で運動してきた既存の生産諸関係と、〔……〕矛盾するようになる。〔……〕そのときに社会革命の時期が始まる。経済的基礎の変化とともに、巨大な上部構造全体が、あるいは徐々に、あるいは急激にくつがえる。

テイラー主義と生産性革命

ドラッカーによれば、知識やその応用の仕方は、産業革命と資本主義の到来によって大きく変化した。産業革命後、知識は私有財から公共財へと変容し、あること（being）ではなくなすこと（doing）に適用されるようになった。ワットの蒸気機関とそれが生んだ新たな社会によって、知識の意味と目的は根本的に変化した。知識が道具《ツール》、処理、製品に適用されるようになると、テクノロジーは独立したひとつの分野であるという考え方があらわれはじめた。一八七〇年代までには、知識とテクノロジーの関係が、ドラッカーが「生産性革命」と呼んだものを牽引するようになっていた。

生産性革命の父と呼ばれたのが、アメリカの機械技師で科学的管理法のパイオニアであったフレデリック・テイラーである。テイラーが仕事を始めた一八八〇年代以前には、生産量を最大化するための研究に科学的方法が用いられたことはなかった。しかし、科学的管理法はわずか数十年のうちに定説となり、生産性の大幅な拡大と平均的な労働者の生活水準の向上をもたらした。「テイラー主義」の台頭以後、価値は（すくなくともドラッカーにしたがえば）労働や土地や資本ではなく、情報の継続的な改良や応用から生み出されるようになった。

この問題に関しても、ドラッカーの思考は先行する思想家たち――とくにマルクス――の考えと明らかに類似している。マルクスは『経済学批判要綱』でこう書いている。

ところが、大工業が発展するのにつれて、現実的富の創造は、労働時間と充用された労働の量とに依存することがますます少なくなり、むしろ労働時間のあいだに運動させられる諸作用因の力に依存するようになる。そして、これらの作用因――それらの強力な効果――それ自体がこれまた、〔……〕むしろ科学の一般的状態と技術学の進歩とに、あるいはこの科学の生産への応用に依存している。

注目すべきことに、マルクスはこれにより労働が生産の中心的な要素ではなくなってしまうことも付け加えている。

もはや労働者は、変形された自然対象を、客体と自分とのあいだに媒介項として割り込ませるのではなく、彼は、彼が産業的な過程に変換する自然過程を、自分と自分が思うままに操る非有機的自然とのあいだに手段として押し込むのである。労働者は、生産過程の主作用因であることをやめ、生産過程と並んで現れる。

ドラッカーと同じようにマルクスは、知識が生産の中心的要素になっていくにもかかわらず経済システムがいまだ労働にもとづいていることから緊張が生じ、この緊張が不可避的に移行をもたらすのだと信じていた。ただマルクスが違ったのは、その結果として苛烈な闘争が起きると考えたことである。新しいものが古いものに置き換わることができるのは、階級闘争の結果としてのみである、と。マルクスによると、もっとも発達した機械を使ったとしても、労働者は「未開人よりも長く、すなわち労働者自身が最も簡単で最も粗野な道具をもってやっていたのよりも長く労働する」ことを強いられる可能性がある。テクノロジーは労働を変えたし、人々の生活を改善することもできるが、そのためには適切な政治がテクノロジーと結びつかねばならないのである。

ところがドラッカーによれば、この変化はテイラー主義の登場をもってお仕舞いになるわけではない。二〇世紀に資本主義が変容するにつれ、知識がますます中心的な役割を担うようになることをドラッカーは指摘した。つまり、一八八〇年代以後の時代には「生産性革命」が起こり、一九四五年以後の数十年には「マネジメント革命」が起こったのだが、その次には「情報革命」が起き、生産が「知識に対する知識の応用」にもとづくようになる、と。知識はいつの時代でも重要ではあったが――〈第一の断絶〉の本質も、突き詰めれば品種改良を通じた作物や動物に関する情報の把握にあった――、デジタル化と情報テクノロジーの台頭とともに、このプロセスはある種の終着点に達するのだとドラッカーは考えた。そして、生産の要素としての労働や土地や資本は、ついに脇に追いやられる、と。

マルクス、ケインズ、ドラッカーは、それぞれ三つの異なる未来を提示している。いずれの思想家も、資本主義が十全に発展することによってのみ資本主義を越えた社会が実現するのだと考えた。前世紀の大半の時期にはそうは思えなかっただろうが、生産性の向上に関係なく生活水準が低下している現状からすれば、マルクスが正しくケインズが間違っていたように思われる。一九三〇年にケインズが大胆にも予言したように、テクノロジーの発展は潜在的には人類を潤沢さへと導くことができる。ただしこれは、相応の政治がともなった場合においてのみである。ではドラッカーについてはどうだろうか。彼が正しく把握していたのは、価値の所在が情報に移っていくということである。

しかし、この三つの未来のどれもが、新たな生産様式がどのように現在の構造に組み入れられるかを明確に描き出してはいない。驚くべきことに、本人もほとんど気づかぬうちにこれを描き出したのは、のちに世界銀行チーフエコノミストとなる人物であった。彼の名はポール・ローマーである。

情報財はタダになりたがる――本当に

一九九〇年、まだ三五歳のときに、ローマーはいまや有名になった学術論文「内生的技術変化」を執筆した。そのなかでローマーは、ほんの数年後にドラッカーが書くようになることを事実上具体化させ、経済成長にとって知識が決定的に重要になることを強調した。

それまで経済学者たちは、成長と相関関係にあるのは何なのかを理解することに腐心していた。それはおもに、成長の余因子――貯蓄率、人口増加、賃金上昇など――を検討することで成長の要因を推測し、経済的繁栄のための秘策を逆行的に導き出すためであった。ローマーの論文以前には、テクノロジーの発展は「外生的」であると考えられていた。「外生的」とはつまり、それが背景のノイズに似た外的な定数変数であり、したがって重要ではないという意味だ。だがローマーはこれに異議を唱え、市場原理そのものが技術革新を促進するのだから、テクノロジーの発展は資本主義の発展の主要な原動力として理解されるべきだと主張した。そして問題は、これがどのように機能しどのような結果をもたらすかである、と。

ローマーの定義によれば、テクノロジーの発展は「原材料を混合する際の指示《インストラクション》の改善」である。だから、おそらくは直観に反することだが、テクノロジーの発展は非物質的な過程である――それはすなわち、もとからある情報をアップグレードして再編成する過程なのだ。「原材料の加工法の指示は、他の経済財とは内的に異なっている」とローマーは結論づけた。要するに、時が経つにつれ技術が発展すると、価値は原材料自体ではなく原材料への指示から生じるようになる、と。

ひとつだけ問題がある。現在、商品のなかでもっとも価値があるとされる側面は、すくなくとも技術的には、ゼロに近いコストで無限に複製できる。「一連の指示を生み出すコストを一度だけ負担すれば、後は追加のコストなしで指示を何度でも繰り返し使うことができる。新しくより優れた指示を開発することは固定的なコストを負担することに等しくなる」。ローマーはハッキングには一切ふれていないが、これはスチュアート・ブランドがその六年ほど前に言った「情報はタダになりたがる」という結論と驚くほど似ている。

この矛盾は市場資本主義に対してとくに重要な意味を持つ。ファイル共有サービスのナップスターが破産してから一ヶ月後の二〇〇一年八月、ローレンス・サマーズとJ・ブラッドフォード・デロングは次のように書いている。「経済効率のもっとも基本的な条件は［……］価格が限界費用と等しくなることである」。彼らは続けてこう述べる。「情報財に関しては、流通にかかる社会的費用と限界費用はゼロに近づく」。これは、映画、音楽、書籍、学術論文だけでなく、産業用ロボットの設計や医薬品にも言えることだ。実際これは、続く数章で明らかにするように、経済のより広範な領域にあてはまる。そこで資本主義にとっての矛盾が生じる。資本主義のもとでは交換と利潤のためにモノが作られるからだ。

もしも情報財がその限界費用――すなわちゼロ――で流通するとすれば、消費者への販売から得られた売上でコストをまかなう営利企業は情報財を生産することはできなくなる。情報財を生産し製品化するならば［……］企業は製品を売って利益を得ることを見込めなければならない。

驚くべきことに、世界でもっとも尊敬を集めているふたりの経済学者が、きわめて瞠目すべき事実を認めている。つまり、価格メカニズムは解体し、商品のうちもっとも価値ある部分――商品への指示――にまで収斂してしまったというのだ。長いあいだ経済学は、欠乏の問題への対処に執心していたが、いまや断片的にあらわれつつある欠乏を超越した潤沢さに目を向けるようになっている。唯一の問題は、資本主義のもとで人々がモノを生み出す動機、すなわち利潤のシステムが崩壊してしまったことだ。

ふたりの経済学者が提案する解決策――排除と人為的な欠乏の創出――はおおまかで不完全だが、示唆に富んでいる。閉鎖的で自主的なアーキテクチャーの創出（のちにアップルが自社製品に関してこの方策を採った）、著作権法の改定、市場独占の積極的な促進などである。以前までは、これらのいずれもうまく機能している健全な市場とは相容れないものと考えられていた。サマーズとデロングは次のように書き、その点を認めてさえいる。

一時的な独占がもたらす力および利潤は、民間企業を刺激するために必要な報酬である。[……] 複雑に絡み合ったこの一連の問題についてどう考えるのが正しいかは不明だが、競争のパラダイムが最適ではないことは明らかだ。[……] どのような代替パラダイムがふさわしいのかは依然として不明である。

彼らがこう書いてからほぼ二〇年が経ったが、いまのところ誰もこの問いに答えてはいない。

そう、いまのところは。

第二部

新たな旅人たち

もし道具のそれぞれが、命令されたり、自分で事前に察知したりして、自分自身の働きを成し遂げることができるなら、たとえば人々がダイダロス作の像やヘパイストスの鼎《かなえ》について言うように——かの詩人はその鼎が「神々の集うところにひとりでにやってくる」と語っている——杼《ひ》が自分自身で機を織ったり、撥《ばち》が自分で竪琴を弾いたりしたら、棟梁には下働きの者はいっさい要らないし、主人にも奴隷はいっさい要らないことになるだろう。

——アリストテレス

第四章

完全な自動化《オートメーション》――労働におけるポスト欠乏

生産性というのは、
ロボット向けのものだ。

――ケビン・ケリー

資本が労働となるとき

一八四三年以来流通している『エコノミスト』誌は、二〇一一年に次の問いを読者に投げかけた。「機械が労働者になるほど賢くなったとき、何が起こるだろうか？　つまり、資本が労働となったらどうなるだろうか？」

アダム・スミスやデヴィッド・リカードといった古典派経済学の巨人たちは、階級闘争が資本主義社会の特徴をなすとは考えなかったものの、「資本金」と労働はつねに別個のものであり、機械、道具、建物といった生産に用いられる人工の財と労働者が同等になることなどありえないと考えていた。

ところが、スミスが『国富論』を書いてから二五〇年近く経ち、彼の遺産を守ることに尽力してきた出版物である『エコノミスト』は、彼の思考の中心的な前提のひとつがもっと長く続くのかどうか、はっきりとはわからなくなってしまったのだ。このような疑問は〈第三の断絶〉の意味の核心に関わるものだ。もしも資本が労働となってしまえば——もしも人間の作った道具が人間自身が行っていたどんなタスクもこなせるようになれば——市場システムのなかで労働時間に応じて労働者が要求できた報酬の相場は崩壊してしまう。

そうなれば無数の問題が起こるだろう。もっとも喫緊の問題は過少消費である。この問題と自動化との関係は、先述の『エコノミスト』誌に掲載された記事がもっとも鮮やかに表現している。記事によれば、一九五〇年代、ヘンリー・フォード二世が全米自動車労働組合の会長だったウォルター・ルーサーと会合を持った。フォードはルーサーを招いて自社の新設工場を見学させた。ふたりが工場現場を歩いていると、フォードは新たに導入された産業用ロボットを指さして、ああいった機械がいったいどうやって組合の会費を払うのかとたずねたという。ルーサーはすぐさま返事を返したと言われている。「ヘンリー、ああいった機械にどうやって車を買わせる気なんだ?」

フォードとルーサーのこの対話は、それが実際に行われたかどうかに関係なく、資本主義の未来が抱える中心的な矛盾を示している。フォードはコスト節減のために労働者をほとんど全員削減しようとする一方で、かつてなく効率的に生産された自社製品の需要を維持したいとも考えていた。簡単に言えば、フォードは安価な労働力と裕福な消費者の両方を求めていたのだ——控えめにいってもこれは無理な要求だ。

彼の祖父、ヘンリー・フォード一世にはもっと分別があった。一九一四年、彼は自社の従業員の給料を倍の一日五ドルにすると発表し、業界に衝撃を与えた。この決定の背後には、従業員の離職率の高さという差し迫った問題があった。フォードは新規従業員の訓練にかかる多額のコストを憂慮し、思い切った措置が必要だと考えていた。当時、多くの人々は五ドルという他に類を見ないこの数字はたんに宣伝行為にすぎないと主張したが、一方で他の人々は、これはフォード社自身のための独自の施策なのだと考えた。つまり、賃上げは従業員をつなぎとめるためだけではなく、自動車を製造する人々が自動車を買う余裕を持てるようにするためにも必要なのだ、と。

時が経つにつれ、ふたつめの解釈がより正しいことが明らかになっていった。初期の自動車産業のような大量消費にもとづく産業は、仕事に耐えるのと同じくらい余暇《レジャー》を楽しむことを一般庶民に求めていた——これをフォードが直観的に見抜いていたことは、今日では否定しがたいように思われる。だからこそフォードは、一日八時間、週五日労働の制度を支持していたのだ。週五日制について一九二六年にフォードはこう書いている。「工員が余暇を得ることは時間の無駄か階級特権だという考えは、もはや捨て去るべきときに来ている」

この言葉は、二〇世紀の資本主義において趨勢が変化したことをあらわしている。つまり、システムが適切に機能しさえすれば、従業員は自分たちの労働が作り出したモノやサービスを購入できるようになったのだ。これが基礎となり、生産性の向上、富裕層へ流れる利潤、他のすべての人々の生活水準の漸進的な改善を背景とした階級間の歩み寄りが生じた。

長いあいだ、生産性の向上は賃金の上昇や豊かさの拡充に直結しており、ものごとは計画通りに進んでいるように見えた。いきおい、ルーサーの応答は過度に悲観的なものに思われた――それはテクノロジーの発展の帰結に対して政治的な偏見を持った人物の出した結論にすぎない、という具合に。しかし今日、『エコノミスト』誌の修辞疑問文が明らかにしているように、ルーサーの抱いた憂慮は私たちの未来を形作る重要な問題のひとつとなっている。すくなくともいまのところは、この問題への答えを誰も出していない。

馬の臨界点

〈第一の断絶〉が始まったのは紀元前一万年ごろ、地中海とペルシャ湾のあいだのどこかでホモ・サピエンスが農業、定住、余剰からなる世界を築きだしたときである。人間は自分の身体の力ではなく家畜動物に頼るようになり、社会が複雑になるにつれて、奴隷制や階級制度、そして初期のエネルギー技術があらわれた。しかし、このプロメテウス的な変化のもとで〈断絶〉のもっとも決定的な要素となったのは、生命に対して人間が新たに得た支配力だった。この支配力は、特定の形質を得るために動植物を品種改良し、自然環境の基本要素を編成しなおす知識から生じた。その根底にあるメカニズムは一九世紀なかばに至るまで不明ではあったものの、ともかくこれはひとつの情報革命だった。

〈第一の断絶〉以後、人間労働、使役動物、自然力の新たな組み合わせにより、物理労働が担われるようになった。一二世紀までには、ヨーロッパ中の地域で水路と水車小屋の風景が一般的になっていた。この世界での推進力はもっぱら有機体頼みだった。畑では牛が、移動には馬が、糸車を回すには人力が用いられ、さらには肉を回転させながら火であぶるのにも特別な犬種——ターンスピット・ドッグ——が使われていた。

集中的なエネルギーや大きな機械力がない世界では、変化は緩慢であり、政治の混乱や経済の低迷はしばしば技術の退行を引き起こした。二〇世紀に至るまで、ほとんどのヨーロッパ人は古代ローマにあったようなきれいな水を飲むことができなかった。それほどの規模と傑出を達成した都市は、一八〇〇年代初頭のロンドンに至るまであらわれなかったのだ。

これが続いたのは、〈第二の断絶〉の出現までであった。〈第二の断絶〉は労働や生産だけでなくエネルギーの新しいパラダイムをもたらした。豊富で強力で安定した化石燃料が人間や動物の筋力に取って代わり、ほんの数十年のうちに世界を変えていった。他の大きな変化と同様、この変化もまた、ターンスピット・ドッグの消滅にとどまらないさまざまな犠牲をもたらした。さらに、危機と好機の区分はかならずしも明確ではなかったし、新たな世界が古い世界と摩擦を起こすとき、進歩と後退はしばしば混同された。

その顕著な例が一九世紀末のロンドンに見られる。一八九四年、当時世界でもっとも大きな都市だったイギリスの首都ロンドンは、大規模な危機に直面していた。スペインの無敵艦隊にしろナポレオンの革命軍にしろ、ほぼ一〇〇〇年にわたり侵攻の脅威を切り抜けてきたロンドンは、このとき予想外の敵に見舞われていた――馬糞である。この「馬糞危機」――その年の『タイムズ』誌による命名――にロンドン市民は恐怖をおぼえ、街路はいずれヴェニスの運河のように糞で覆われてしまうだろうと予想した。

こうした脅威は長い時間をかけて形作られたものだった。それまでの一〇〇年間でロンドンの人口は四倍になっており、産業、社会の複雑さ、地理的広がりの面で匹敵する都市は存在しなかった。ニューヨークがそれぞれの面でロンドンを追い抜いたのは、ようやく一九二〇年代になってからだった。

この成功が一八九四年の危機を引き起こした。ロンドンは〈第二の断絶〉から生じる流れの最先端におり、とりわけ人口増加が著しい早さで起こっていた――乳幼児や子供の死亡率が減少し、一世代後には平均寿命が伸びはじめた。このことは、急速な都市化とあいまって、住宅、交通、衛生といったインフラ分野で多大な問題を生み出した。

しかし、〈第二の断絶〉が人口、貿易、仕事などの増加を引き起こした一方で、テクノロジーのもっとも重要な部分は蒸気機関以前の時代と変わらなかった――つまり、馬であった。街路に電灯が設置されはじめた一八九〇年代になっても、ロンドンには約一万一〇〇〇台のハンサム馬車があり、一台あたり一二頭の馬が引くバスは数千台あった。つまり、五万頭という驚くべき数の馬が日々街中で人々を輸送していたのだ。もちろん、これに加えてもっと多くの荷馬車が物資を運んでいた。馬は、その大きさはもとより数があまりに多かったため、ロンドンの街路はすくなく見積もっても一日あたり一五〇万ポンドの量の馬糞に覆われていた。

だからこそ『タイムズ』誌は、一八九四年、それから半世紀後の都市の様子を予想し、「五〇年後にはロンドンのあらゆる通りは九フィートもの高さの馬糞の下に埋もれてしまうだろう」と結論づけたのだ。こうした予想は妥当なように思われた——なにしろこれほどの大きさの都市はそれまで存在したことがなく、都市は持続不可能に思われたのだ。四年後、この問題を議論するために都市研究の会議が特別に開かれたが、なんら解決策を見つけることはできなかった。

しかし、そうした予言が現実化しなかったのをわれわれは知っている。『タイムズ』誌が世界最先端の都市生活の試みの死亡記事を書いたとき、内燃機関や電力といったテクノロジーはすでに存在していた。これらが自動車、バス、電車などを生み出し、馬車を駆逐していった。克服しがたいように思われた問題は一九一二年までには解決してしまった。世界の主要都市では、エンジンつき車両が馬に置き換わった。永続するように見えた問題は、たんに〈第一の断絶〉の余波と〈第二の断絶〉の生みの苦しみのぶつかりあいの産物にすぎなかったのだ。

人の臨界点

すでに一八世紀の終わりの数十年間には〈第二の断絶〉は展開しはじめていたものの、ようやく一八九四年になって『タイムズ』誌による予言がなされたことは、〈第二の断絶〉の生んだ技術革新の多くが社会に浸透するのには多大な時間を要したことを示している。

動力としての動物――この場合では馬――は、はるか以前の時代のテクノロジーとエネルギー・モデルの特徴だったものの、もっとも先進的な経済体制でさえ二〇世紀初頭に至るまで「馬の臨界点」に達することはなかった。この時期までに世界でもっとも巨大で先進的な経済国となっていたアメリカ合衆国も、一九一五年に至るまでその臨界点に達することはなかった。当時アメリカでは、二六〇〇万頭もの馬が人間とともに暮らし、働いていた。ところが、わずか数十年のあいだに馬は労働の世界から消え去り、代わりに広範なタスクを機械が担うようになった。機械はずっと安定していて、病気にならず、そして一番重要なことにはるかに高い生産性をもたらした。逆説的に思えるだろうが、馬が御役御免になろうとするまさにそのとき、人々はかつてないほどたくさんの馬を働かせていたのだ。

一九八三年、この問題に立ち返ったのが、ノーベル賞受賞者の経済学者ワシリー・レオンチェフだった。レオンチェフによれば、現代の経済は二〇世紀に転換するころの馬と似たものになりつつあった。当時と同じように、現在、価値創造と富の主たる源泉がすたれつつあるというのだ。

物理的な作業を担うのが人間から機械の力に置き換わったのと同じように、コンピューターやロボットは、知的な仕事の遂行においても人間に取って変わってしまうだろう。時が経つにつれ、ますます多くの複雑な知的作業が機械によって遂行されるようになる。[……]すると、生産の主要な要素としての人間の役目は、間違いなく縮小していくはずだ――トラクターの導入によって、農業生産における馬の役目がまず縮小し、じきに消滅してしまったのと同様である。

もしもレオンチェフが正しいとすれば、現在手に負えないと考えられている問題の多くは、ほんの数十年後を生きる次の世代にとっては、馬糞に沈むロンドンと同じくらい奇天烈に映るようになるかもしれない。

レオンチェフの出した結論について、すくなくともいくらかは説得力を持たせる裏づけがある。とりわけ製造業でこれは顕著である。一九七〇年には、世界中にある産業用ロボットの数はあわせておよそ一〇〇〇台だった。この台数は二〇一六年初頭までに一八〇万にまで増えており、二〇二〇年には三〇〇万台にもなると予想されている。二〇一〇年以降、世界の産業用ロボットの在庫数は年に一〇パーセント以上増加している。複合成長が意味するのは、この傾向が続けば製造業は雇用を創出しなくなる――生産量の大幅な増加にもかかわらず、製造業ではすでにこれが起こっている――だけではなく、雇用者数自体も大きく減少するということだ。

産業用ロボットのかつてない増加は、製造業の雇用と生産量の両方に見られる事態と、完全な相関関係にある。レオンチェフの予言に続く二〇年間のうちに、情報テクノロジーとロボット工学によってアメリカの鉄鋼業の生産量は七五〇〇万トンから一億二五〇〇万トンまで増加したが、その一方で労働者の数は二八万九〇〇〇人から七万四〇〇〇人にまで減少した。より広く見ると、この間アメリカは自動化により製造業の雇用を二〇〇〇万人失っている――実にこの産業部門の一一パーセントにも及ぶ人数だ。

一九九七年から二〇〇五年のあいだ、この傾向はさらに加速を続けるばかりだった。この時期、アメリカの製造業の生産量はさらに六〇パーセント増加し、四〇〇万人近くの雇用が消え去った。その理由は単純である。生産性の大幅な向上により、ずっとすくない人件費でより多くを生産できるようになったのだ。二〇〇七年までにアメリカの製造業では、従業員の仕事に使う一時間あたり資本の量は二倍になったが、コンピューターやソフトウェアを含む設備の使用量は二〇年前に比べ六倍以上にもなっていた。アメリカでは、数百万もの製造業の職がより賃金の安い外国の労働者に流れたという誤解が広がっているが、実際はこうした仕事のほとんどはたんに自動化されたにすぎない――向上し続ける効率性の法則にしたがっただけだ。

驚くべきことに、アメリカより経済が発展途上にある国々では事情はさらに悪い。同じ期間に、工業分野の雇用はブラジルでは二〇パーセント、日本では一六パーセント減少している。この傾向がもっともめざましいのはおそらく中国で、世界トップの製造国になる過程で工業分野の雇用を一六〇〇万人も失っている。ある専門誌はこう指摘している。「中国のような重要な輸出国に限らず、工業生産の多くは依然として行われていくだろう。しかし世界的に見ると、実際に製造業に従事する労働者の割合はほぼ二〇年にわたり減少し続けている」

　こうした変化は、最初に産業化を果たした国々でもっとも顕著に見られる。今日、イギリスやアメリカでは、製造業の労働力人口の割合は産業革命の初期よりも低くなっている。製造業において生産性の向上が雇用喪失につながるこの過程は世界中に広がっており、機械による労働の置換が現在のペースで続けば、二〇〇三年には一億六三〇〇万あった工場労働の被雇用者数は、二〇四〇年までにはほんの数万にまで減ってしまうと予測されている。

　製造業の仕事は一般に考えられているよりは複雑ではあるものの、反復的であり、したがって自動化されやすい。人類が「人の臨界点」に近づくにつれ、二〇世紀初頭の馬に起こったのと同じように、製造業においては古い世界から新しい世界への移行が、一般に想定されているより急速に起こるだろう。

　自動化が生産性と雇用に及ぼすめざましい変化の一例が、照明の製造で世界トップ企業のひとつであるオランダの巨大テクノロジー企業、フィリップスに見られる。同社は複数の大陸に一〇

○以上の施設を持っているが、オランダのドラフテンにある工場には世界でもっとも洗練された産業テクノロジーのいくつかが集約されている。中国の珠海《しゅかい》にある同社の工場で数百人の労働者が行うのと同じ仕事を、ここでは一二八台のロボット・アームがこなしている。フィリップスによればドラフテン工場では生産性は一〇倍も高いという。ロボット・アームの動きは非常に速いため、残る数人の従業員の安全を確保するためにロボットはガラス窓で仕切られている。

そうした生産性の水準の大きな開きを、ここ二〇年連続で上昇している中国の労働賃金とあわせて考えると、一九七〇年代以降にグローバル・サウスに移転した産業の多くに自動化が圧力をかけはじめているということがわかる。製造業の職の多くは当面は残るだろうが、相対的発展の水準が低下していてはそれもほとんど意味がない。事実、中国は二〇二〇年まで毎年六〇〇億ドル近くをロボット工学に投じると見込まれている。

二〇一二年、鴻海《ホンハイ》のCEO郭台銘《かくたいめい》は、自社の抱える一〇〇万人の従業員を動物にたとえ、彼らの管理は「頭痛の種である」と不満を述べた。わずか三年後、中国の崑山《こんざん》にある同社の工場が六万人もの従業員をロボットに置き換えたのは、いくぶんかはそうした不満が理由だろう。ヨーロッパや北米と同様に、いずれはグローバル・サウスの国々も工業や製造業の自動化の圧力から自由ではいられなくなるはずだ。一九七〇年代以降、中国や韓国といった国々はグローバルな生産移転の恩恵を受けていたが、今後同じことがバングラデシュやインドネシアといったGDPがより低い国々にも起こるとは言えない。今度は、資本の「回避」は主として空間的ではなく技術的なものとなるだろう。より貧しい国々の今後の発展の進め方に対して、このことが持つ含意は実に深い。

大規模農業の終焉

テクノロジー分野の失業のせいで、製造業は未知の海域のただなかにあるかのように感じられるが、実はわれわれはすでに同じ場所に来たことがある。現在、〈第三の断絶〉が製造業に対してなしていることは、人類がかつて手にした画期的なテクノロジー——すなわち農業——に〈第二の断絶〉が及ぼしたのと似たものなのだ。

すでに概説したように、農業は〈第一の断絶〉の核心をなす技術革新だった。農業は余剰を生み、ますます複雑化する協働作業は人間とは何たるかの意味まで変えてしまった。ピーター・ドラッカーやジェレミー・リフキンが考えたように、この断絶を技術の変化に応じてさらにいくつもの段階に分けることもできる。一九世紀というごく最近の時期にも、イタリアやフランスといった国々では人口の六〇パーセントは農業に従事していた。紀元一世紀のローマ帝国、カール大帝時代のヨーロッパ、宋王朝時代の中国東部——そのいずれにおいても、平均的な人は農耕にたずさわっており、自分のものではない土地を耕作していた。

今日、事態は違っている。イタリアの労働市場のうち農業に従事しているのはほんの四パーセントだ。フランスでは三パーセント以下、イギリスでは二パーセント以下、そして、牛乳、とうもろこし、鶏肉、牛肉などの生産で世界トップのアメリカでは一パーセント以下である。

要するに、人類はかつてないほど多くの人々に多くの食料を供給できるようになっているが、それと同時に食料生産に従事する人はどんどん減っているのだ。大したことではないように思えるかもしれないが、もし同じことを一世紀前というごく最近の時期に言ったとしたら、おおかたの人には完全な夢物語のように聞こえただろう。

同様に、二一世紀が幕を開けるころには、〈第二の断絶〉の主要な産業――鉄鋼生産や、自動車や電気製品といった耐久消費財の製造など――においては、生産量を拡大するのに必要な労働者はどんどん減っていくことが明白になっていた。生産性の向上の結果として生じたこの傾向は、いまや世界中で見ることができる。世界最大の輸出国である中国でさえ、工業に従事しているのは労働市場のうち四分の一以下にすぎない。

すくなくとも最近までは、かつて多くの人々の仕事が農業から工業へ移行したように、サービス業でも同じようなことが起こるだろうというのが経済学者のあいだでは定説だった。製造業中心の経済はサービス業中心のポスト工業経済に置き換わるだろうと考えられていたのだ。この見方にはある程度は裏づけがある。中国においてさえ、世界最大の工業国となっていく過程で、サービス業は製造業の発展と比例して成長していた。フランス、イギリス、アメリカといった国々では、経済生産や雇用の八〇パーセントをサービス業が占めている。

工業や農業がなくなった後の空洞を高技能または低技能のサービス業が埋めるという定説には、ひとつだけ問題がある。どの産業であろうとも、反復的な作業はデジタル化が進むなかで自動化されていくからだ。一世紀前、ひとつのパラダイムが別のパラダイムと摩擦を起こしたときに人類が「馬の臨界点」に達したのと同じように、ことによると今後一世代以内に人類は「人の臨界点」に達してしまうかもしれないのだ。

ロボットの台頭

一九九七年、チェスの連続試合でＩＢＭの「ディープ・ブルー」が、コンピューターとしてははじめてグランドマスターのガルリ・カスパロフを破った。これは人間と機械の歴史のなかでは画期的な出来事だったが、のちに同じくＩＢＭが作った「ワトソン」がケン・ジェニングスとブラッド・ラッター――クイズ番組『ジェパディ！』の歴史のなかでもっとも偉大なふたりの選手――を破ったのと比べると見劣りしてしまう。チェスは独特のむずかしさを持ったゲームだが、リアルタイムのパターン認識や創造的思考を必要とする『ジェパディ！』は、人間独自の知性により密接に関連した特徴を持っている。

ほどなくしてケン・ジェニングスは、パターン認識や創造的思考に重きを置くホワイトカラーの仕事に対してこの敗北が今後数十年間にわたり持ちうる含意を簡潔にまとめてこう述べた。

ブラッドと私は新たな世代の「考える」機械がお払い箱にしてしまった最初の知識産業労働者でした。二〇世紀に新たな組み立てラインのロボットによって工場の仕事がなくなったのとちょうど同じです。「ワトソン」によって不要の烙印を押された最初の職業、それが「クイズ番組出場者」だったのです。といっても、烙印を押されるのが私たちで最後になるとはけっして思いません。

ジェニングスが出したこの結論は深い洞察を帯びている。チェスや数学問題の解答――われわれは通常、これらを特別な才能のなせる業《わざ》と考えている――で機械は人間を負かしたのだが、それは考えられないほどの数の計算をこなす総当たり攻撃によるものだった。「ディープ・ブルー」は一秒間に二億ものチェスの位置パターンを検討することができる――ムーアの法則と指数関数的な進歩の波に乗ったことで可能となったとてつもない数字だ。こうした流れは進展を続けるばかりであり、今日では誰でもチェス・エンジンのプログラム「フーディーニ6」を家庭用のコンピューターにダウンロードすることができる。「フーディーニ6」が「ディープ・ブルー」とチェスで対決すれば、ほぼ毎回勝ってしまうだろう。

ところが、ここで矛盾があらわれる。モーターとセンサーの連結、空間認識、予想外の反応など歴史的には低次元のものだと考えられてきたタスクの管理には、むしろより多くの「処理能力」

が必要となるということが明らかになったのだ。言いかえれば、複雑な数学の問題を解く機械を作るよりも、皿洗いをする機械を作るほうがむずかしいのだ。この矛盾は、それを定義した技術者にちなんで「モラベックのパラドックス」として知られている。技術的失業の観点からすると、これはたいへん重要な指摘である。なぜならそれは、建設作業から果物摘みに至るまでの「高い技術を必要としない」仕事さえ自動化の影響をまぬがれる可能性を示しているからだ。機械がチェスのグランドマスターを破り、四〇〇ドルのゲーム機がかつてのスーパーコンピューターに匹敵するようになったとしても、そうした機械は階段をひとつ上がることもできないのだ。

しばらくのあいだ、この矛盾は乗り越えがたいように見えた。〈第三の断絶〉が始まって五〇年ほど経った二一世紀への転換期においてすら、小さな子どもが持っているほどのバランス感覚や協調運動を備えた機械を生み出せる可能性は薄いように思われた。

だが、不可能に思われたことは、あるとき突如として不可避のように感じられるようになってしまった。宙返りをおぼえたロボット「アトラス」が登場したのである。

「アトラス」の宙返り

ユーチューブで「PETMAN prototype」と検索すると、二〇〇九年一〇月に投稿された映像が最初にあらわれる。これはマサチューセッツに拠点を置くボストン・ダイナミクス社が開発した二足歩行ロボットのデモンストレーション映像である。複数のケーブルにつながれ、ぎこちない様子で歩く「ペットマン」は、サブウーファーと氷上に立つバンビのあいのこのように見える。

　次に、「What's new, Atlas?」と検索してみよう。スクリーン上には同じ会社が作った別のロボットの映像があらわれる。ただしこちらの映像は二〇一七年の末に公開されたもので、ロボットはケーブルなしで歩くばかりか、ボックスジャンプやうしろ宙返りまでやってのけている。それだけではない。同社のユーチューブチャンネルでは、「アトラス」が外でジョギングをする映像や、足取りを乱さずに三連続で四〇センチの高さをジャンプする「パルクール」の映像も見ることができる。こうした映像は「モラベックのパラドックス」が近いうちに克服されてしまうことを示しているように思える。機械は器用さや空間認識で予想よりも早く人間に追いついてしまうかもしれないのだ。いまから九年後、「アトラス」に続く後継機は、アイススケート選手、体操選手、彫刻家などに匹敵する協調運動を備えているかもしれない。

　その理由は単純なものだ。第二章で概説しためざましい進歩が、「ペットマン」から「アトラス」に至る改良を下支えしていたのだ。カメラからセンサーやチップに至るまでのデジタル技術の価格性能比の指数関数的向上や、エネルギーの貯蔵といった分野における経験曲線をすでに指摘したが、「アトラス」はまさにその好例といえる。二〇一五年までは「アトラス」はつねに壁プラグにつながれていなければならなかった。しかしいまでは、三・七キロワット時のリチウムイオンのバッテリー・パックを備えており、およそ一時間にわたり歩きまわることができる。こうした流れは今後も続いていくだろう。

人間と完全に似た動きをするロボットはまだ存在していないが、デジタル化や指数関数的な進歩の恩恵を受けている別のあるカテゴリーの機械は、いくつかの産業全体を変革しようとしている。その機械が先導する変革は、数えきれないほどの仕事を喪失させるだけでなく、いくつかの専門職を完全に消滅させてしまうかもしれない。「アトラス」の曲芸と同じように、目前にあらわれるまで誰しもこれが起こることを予期していなかった。

自動運転車

二〇〇二年、アメリカの防衛機関である国防高等研究計画局（DARPA）は、モハーヴェ砂漠で運転手なしの自動車のレース「グランド・チャレンジ」を二〇〇四年の春に開催することを発表した。全行程二四〇キロ、最初にゴールした自動車が得る賞金額は一〇〇万ドルに設定されていた。

アメリカで最高の頭脳を持つ人々がレースに参加したにもかかわらず、スタートラインに立った一五チームのなかでコースを完走できたチームはひとつもなかった。カーネギーメロン大学が作った「勝者」は、全行程のうちわずか五パーセントを走行したにすぎなかった。そもそもこの挑戦自体が野心的なものだった──結局のところ、レースの目的は参加者の技量を伸張させることにあった――とはいえ、これほどの茶番に終わるとはほとんど誰も予想していなかった。この顛末を「砂漠の大失敗」と呼ぶ者さえいた。分別のあるどんな者にも、自動運転車の誕生にはまだ数十年はかかるだろうと思われた。

ところが、それからほんの六年後の二〇一〇年、グーグルは自社の開発した自動運転車が総計で「一四万マイルを走行した」と発表した。七台の試験車がそれぞれ一〇〇〇マイル以上の行程を人間の介在なしで完走したのである。その行程には、急坂で有名なサンフランシスコのロンバード・ストリートのような運転のむずかしい区域も含まれていた。それ以降、アップル、テスラ、ウーバーといった企業が次々とこの分野に参入し、自動車産業の旧勢力もこれに追随した。二〇一六年までには、当時ウーバーのCEOだったトラビス・カラニックは、あらゆる運輸会社にとって自動運転車が重要になると確信を持つようになっていた。「とにかく、世界の潮流は自動運転にむかっていることを理解しなくてはいけない。［……］私たちがその未来の一部になれなければ、どうなってしまうだろう？　自動運転の波に乗り遅れてしまえば、未来は私たちの前を素通りしてしまうだろう」。たった一一年のあいだに自動運転車を支えるテクノロジーは劇的に向上した。その結果、世間の嘲りの的だったものが、世界でもっとも有益ないくつかの企業のビジネスモデルに影響を与えるようにまでなったのだ。

テクノロジーの指数関数的な進歩はこのように作用する――はじめは緩慢だが、あるとき突然に変化が起こるのだ。この傾向は、パーソナルコンピューター、スマートフォン、インターネット、そして「アトラス」の後継機などの歴史に見いだすことができる。だが現時点では、自動運転車を技術的な可能性から日常生活の背景に変えてしまうテクノロジーはまだ完成を見ていない。

重要なのは、自動化がいかにして他の経済部門にも浸透し仕事をなくしてしまうかについて洞察を得るには、グーグルやウーバーといった企業がこの挑戦にアプローチする方法を見ればよい、ということだ。自動化の戦略は次のようなものである。まず、膨大な量のデータを取得することで、アルゴリズムが結果をモデル化して再現し反復性の非常に高いタスクを処理できるようにする。次いで機械学習を導入し、典型的なデータ以外から生ずる予期せぬ事態に対応できるようにする。こうした手順を組み合わせることで、複雑な外科手術から果物摘み、さらには新聞雑誌の執筆に至るまで、広範な仕事をこなすことができる機械が生み出される。

こうしたアプローチが可能となったのは、プロセッサの処理能力がたえず向上しており、データセットが秒ごとに拡大しているからである。さらに資本主義のもとでは、職人的な労働に見られるようなゼネラリスト的なアプローチとは違って仕事はタスクごとに分かれているが、この性質もまた自動化に一役買っている。とくに一八八〇年代以降に起こった産業の変化により、それぞれの仕事は可能な限り科学的に測定され管理された一連の構成部分にまで縮減されている。フレデリック・テイラーのプロジェクト〔=科学的管理法〕と彼の起こした生産性革命——ドラッカーはこれを、情報が生産の主要な要素へと変貌する過程のうちの最初の段階と考えた——は、「人の臨界点」に対してデジタル技術の指数関数的な進歩が持った意義と同じくらい重要であったのだ。

自動運転車はその好例である。ウーバー、テスラ、グーグルといった企業は、自動運転車を作るに際して、人間の運転の仕方をモデル化し再現したわけではなかった——現行のテクノロジーではこれは手に負えない。代わりに、問題を一連のコンポーネント・オペレーションに分解し、データ処理システムを自動車のハンドルに組み込むことでこの問題を解決したのだ。結果としてこうした自動車は、精確なGPSデータや膨大な地図情報を用い、他の自動車、潜在的な障害物、歩行者、その他運転手が考慮しなくてはならないあらゆる不確定要素についてたえず更新されるリアルタイムの情報に依拠することで、道路や高速道路を走行できるようになった。こうしたことはみな、情報を1と0に変換して処理する無数のセンサー、レーザー、カメラによって実現されている。

自動運転車を単独で考えてみても、その登場によっていくつかの職種は完全に消滅してしまう可能性が高い。二〇一四年の時点では自動車の運転はアメリカだけでも約四〇〇万の職を占めていたが、ゴールドマン・サックスの報告によると、自動運転車が現代社会の一部として統合されればアメリカでは年間三〇万の割合で職が失われる可能性がある。ビジネスの観点からすればこれは至極当然である。一日二四時間、週七日走行する物流車両は、長期的に見れば大幅な経費節減に寄与するはずだ。機械は事故の責任を取ることはできないと言われるかもしれないが、交通事故の死亡者数は世界で年間一三〇万人にものぼり、アメリカだけでも四万人にもなることを考えれば、テクノロジーが十分に進歩すればこうした議論が覆る日もそう遠くはないように思える。タクシー、バス、電車、飛行機、倉庫保管といった業界も、ペースは違えど似たような影響を受け、一世代足らずのうちにほぼ完全に自動化されてしまうだろう。

技術的失業がやってくる

イングランド銀行の二〇一五年の研究によれば、とりわけ機械学習の台頭といったテクノロジーの変革により、今後数十年間のうちにイギリスでは一五〇〇万もの職が失われるという──これは労働市場のうち四〇パーセントにもなる。これは人間にしかできない仕事の範囲が縮小しているためで、労働者はスキルアップして対応することもできなくなっている。その一年後、イングランド銀行の総裁マーク・カーニーはこうした予測を繰り返したうえでこう述べた。多くの生計手段はテクノロジーの変革により「容赦なく滅ぼされ」、そのひとつの結果としてかつてない所得格差の拡大が生じるかもしれない、と。

こうした見解は、オックスフォード大学のふたりの研究者、カール・ベネディクトとマイケル・オズボーンが発表した報告書の結論を追認するものだ。二〇一三年にふたりは、合衆国にある職のうち四七パーセントが自動化される「高い危機」にあり、さらに一九パーセントが中程度の危機にあると主張した。また、コンサルタント会社ガートナーのリサーチ部門最高責任者のピーター・ソンダーガードは、最高クラスのテクノロジーの出現の結果、二〇二五年までには三つにひとつの職が自動化され、汎用ロボットと機械学習がそれを先導することになると予言した。さらに、ホワイトハウスの経済学者たちが国会に提出した報告書は、中期的には時給二〇ドル以下の労働者がロボットに職を奪われる可能性が八三パーセントになると予測している。

イングランド銀行、オックスフォード大学、テクノロジー専門の世界的なコンサルタント会社、合衆国議会——これらの機関が鳴らす警鐘は、いずれも容易に無視できるようなものではない。どれも経済学やビジネス支配層の中核をなす機関だ。テクノロジーが短期的に生み出す失業の度合いについては異同があるだろうが、もっと保守的な考えを持った者でさえ、不可避の変化はそう遠くなく訪れると考えている。

「ミレニアム・プロジェクト」の例を取ってみよう。一九九〇年代にいくつかの国連機関が発足させたこのプロジェクトによれば、世界の失業率は二〇三〇年には一六パーセント、二一世紀のなかばには二四パーセントになるという。イングランド銀行やピーター・ソンダーガードの予測よりは慎重な数字だが、こうした変化は通常のビジネス上の試練とは性質を異にしている。一〇〇億人の人口を抱え、気候変動、高齢化、資源の不足といった難題に迫られた世界は、今日ギリシャが直面しているのと同じレベルの失業率に苦しむことになる——若年失業率が五〇パーセントを越えるギリシャは、ヨーロッパでもっとも両極化が進んだ社会となっている。そうした筋書きが現実となれば、政治的・社会的混乱が世界的な規模で生じるばかりか、ギリシャとは異なり、どれほど遠く離れた未来にも明るい将来を約束することができなくなってしまう。

こうした問題に対するもっともありふれた反論は、現在ある職種は消滅するだろうが代わりに別の職種があらわれるはずだ——実際、過去にはいつもこれが起こってきたではないか、というものだ。ところが、この見方もかならずしも真実ではない。今日の職種の八〇パーセントはすでに一世紀前に存在しており、残りの二〇パーセントの新たな職種に従事している人の数は一〇人にひとりにすぎない。むろん、世界経済の規模は一九〇〇年よりずっと大きくなっているし、雇用者数は増えひとりあたりの生産性もはるかに高くなっている。それでも、運転手、看護師、教師、レジ係など、ほぼすべての人々が携わっている職種はとくに目新しいものではない。

現存する自動化

二〇一七年の三月、アマゾンは「アマゾン・ゴー」の店舗をシアトルのダウンタウンにオープンした。客が選択した商品を識別するために、コンピューター・ビジョン、深層学習《ディープ・ラーニング》アルゴリズム、センサー・フュージョンなどを用いることで、アマゾンはほぼ完全に自動化されたレジなし店舗を構築した。この店舗では、客は入り口でスマートフォンを読み取らせ、好きな商品を選び、そのまま店舗を出るだけで買い物が済む。購入した商品はアマゾンのアカウントで自動的に引き落としが行われる。

その数ヶ月後、アマゾンはホールフーズ・マーケットを一三七億ドルで買収した。オンライン通販を中核事業とする企業が行う買収にしては一見奇妙に思われるが、この買収によって「アマゾン・ゴー」を支えるサプライチェーンの展開が可能になり、八〇〇〇億ドルにもなる世界の食料品市場にねらいを定めることができるようになったのだ。

平均的なアメリカのスーパーマーケットでは七二人の従業員が働いているが、アマゾンの経営陣は「アマゾン・ゴー」の店舗ではシフトごとに用いる人員を六人にする計画を立てている。それにかかる労働コストの安さや、同社が高度に自動化された倉庫保管で抜群に長けていること——この分野でもアマゾンは「ＫＩＶＡ」ロボット〔棚ごと商品を運ぶロボット〕で世界をリードしている——を鑑みれば、オンラインの分野と同じくらいオフライン小売の分野にも勢力を拡大できることは一目瞭然である。ただし、中国を除いてではある。中国では二〇一七年末、地元の小売業者京東商城《ジンドンしょうじょう》が他のどの会社にも先んじて数百の「無人店舗」をオープンすることを発表した。

機先を制するのがアマゾンなのかそのライバルなのかに関係なく、流れは明らかだ。物流や倉庫保管と同様、小売業もやがて自動化されるだろう。もちろんいくつかの職種は残るかもしれない。しかし、販売員とレジ係がアメリカでは——そして実は他の国でも——二大職業であることを考えれば、見通しは怖ろしいものだ。客は買い物をするとき感情的なつながりを欲しているはずだという声もあるかもしれないし、特定の文脈ではたしかにその通りだ。しかし、ほとんどの場合でいちばんの関心事となるのは、もっとも安い価格で最良の品物を得るということだろう。突き詰めれば、それはぎりぎりまで労働コストを切りつめることにつながる。

これは遠い未来に待つ困難などではない。小売業は大規模な解雇を目前に控えている。「アマゾン・ゴー」の発表以前、すでに英国小売業協会は、企業が従業員の代わりにテクノロジーに頼ることで、二〇二五年までに三〇〇万あるイギリスの小売業の職のうち三分の一近くが消滅し、九〇万の職が失われると予測している。

自動運転車や「アトラス」と同じように、これらすべてを可能にしているのは、画像センサーや距離センサー、ステレオカメラ、深層学習アルゴリズム、スマートフォンやオンライン・アカウントの普及といった、情報分野における極限の供給である。同様のことはサプライチェーンにもあてはまる。中央サーバーで制御されたセンサーやバーコードを使った倉庫ロボット、さらには自動運転車やドローンといった自律型の乗り物が流通や配達を担うことになるのだ。

しかし、倉庫保管、小売、物流、タクシーの運転といった一般的な職はテクノロジーの進歩によって消失するということを認める人々のあいだにも、「価値の高い」サービスを担う職種はなんらかの形で淘汰をまぬがれるだろうという主張がある。だがこの点に関しても、真相はだいぶ異なっていることを示す証拠がある。

二〇一七年、ダラス・マーベリックスを所有する億万長者のマーク・キューバンはテクノロジーに関するイベントで講演し、人工知能《AI》の商業利用を成し遂げた者が世界初の一兆ドル保持者《トリリオネア》となるだろうと予言した。その理由は、保険、ソフトウェア開発、会計といった伝統的に「ホワイトカラー」の産業にＡＩが応用できれば、得られる利潤は莫大なものになるからだという。キューバンは、今日こうした職種に就くための訓練を受ける人々について語り、「自分だったら哲学でも専攻する」と述べた。

彼は目立ちたがり屋だろうか――たぶんそうだろう。おおげさだろうか――まったくその通り。的外れだろうか――おそらくそうではない。心臓手術から税金の計算に至るまで、歴史上高給だった職種も他の職種と同様に反復的であり、分業や自動化の対象になる可能性があるのだ。

医療用ロボット「ダ・ヴィンチ」の例を見てみよう。ユニヴァーシティ・カレッジ・ロンドンは二〇一七年、この比較的低コストの機械によりこれまでに前立腺がん患者の男性五〇〇人の命が救われたと発表した。ロボット自体は自動化されたものではないものの――代わりにそれは、段違いに高い器用さと精確さを人間の外科医に与えている――一連の通常の手術の自動化に向けた道筋は、自動運転車の持つ展望と似ている。つまり、データ処理装置に膨大な量の情報を読み取らせ、機械学習をさせ、最後に外科用メスを与えるのだ。ひとつめの手順では、アルゴリズムが結果をモデル化して再現し、反復性の高いタスクを行えるようにする。その次に、予期せぬ事態に対して迅速かつ機敏に反応できるようにする。

医療においては、自動化はおよそあらゆること——眼科検査から前立腺がんの治療、採血に至るまで——に応用可能だ。放射線医学のようにパターン認識に大きく依存している分野では、機械にはさらに利点がある。放射線科医は、レントゲン写真、CTスキャン、PET検査、MRI検査、超音波検査などで医療用の画像を用いて患者の診断と治療を行う。放射線医学は過去数十年のあいだ患者の治療を大きく改善させてきたが、一方でコストの上昇も引き起こしており、多くの人手が必要となっている——ただし、それもこれまでだ。

「アーテリーズ」は心臓のMRI画像を読み取り、弁を通る血流を測定する医療用画像システムである。通常なら訓練を積んだ専門家が四五分かけてこの作業を行うが、アーテリーズは同じ作業を一五秒ほどでこなすことができる。驚くべきことにアーテリーズは自己学習型のニューラルネットワークを備えており、新しい事例をひとつ調べるごとに心臓の動き方について知識を増やしていく。まずこうした分野で自動化が医療に進出し、既存の労働者を置き換えるのではなく、彼らに加わることで生産性を向上させていくのだ。だがこうしたシステムは年々改良されており、「深層学習のゴッドファーザー」として知られるジェフリー・ヒントンのように、医学部は放射線科医の養成を完全に止めてしまうだろうと考える人すらいる。

そこまで言うのはさすがに傲慢かもしれない。人々はある程度の質の保証を求めるだろうし、最終的な診断には人間が携わってほしいと願うだろう。とはいえ、現在数十人を必要とするこのプロセスが大幅に性能と早さを増していけば、ひとりの専門家で事足りるようになってしまうかもしれない。結果、より迅速かつ優れた処置が可能となり、時間と費用の両方を節減することができる。高齢化社会においてはこうした利点は歓迎されるばかりか、積極的に求められるようになるだろう。

同様の現象は法曹界――サービス経済のなかでは歴史的には中産階級が担ってきた部門――でも起こっている。コンサルタント会社デロイトが行った二〇一六年の研究によれば、イギリスの法曹職のうち約四〇パーセントを占める一一万四〇〇〇もの雇用が今後二〇年間のうちに自動化されるという。同研究は、この産業では三万一〇〇〇の雇用がすでにテクノロジーによって削減されたことを明らかにしている。こうした削減の対象になりやすいのは比較的低レベルの職であり、反復的な調査や非常に大量の情報処理といった多くの分野で、若手の弁護士や弁護士見習いよりも知的調査システムが重宝されるようになっている。

デロイトの研究が正しいとすれば、法曹界のなかでもより反復的な要素はこれから広く自動化されることになるだろう。医療と同様、すくなくとも三〇年ほどはいくらかの雇用は残ることに疑いの余地はない。しかし、二つの例から明らかなのは、歴史的にホワイトカラーのものだった職も、すでに製造業においてよりあからさまな影響を与えてきた流れにさらされているということだ。

たとえ楽観的な見方をしても、網目状に雇用を創出する部門はごくわずかしかない。老人介護

——高レベルの微細運動協調と情動労働およびリスク管理などの組み合わせが求められる——はそのひとつだろう。二一世紀を通じて、世界のあらゆる社会は高齢化の影響をこうむることになるからだ。すくなくとも、医療や教育など労働集約型の産業は消滅するのにより長い時間がかかるだろう。しかし、これらの成長分野を考慮しても、自動化による雇用喪失の全体像を見れば、現状維持という見通しが甘すぎることがわかる。

仕事の未来

〈第二の断絶〉において蒸気機関や化石燃料が「馬の臨界点」をもたらしたのと同じように、〈第三の断絶〉でも進歩が「人の臨界点」につながるという見方には、かならずしも誰もが同意しているわけではない。事実、労働とテクノロジーの変革についての研究を先導するふたりの人物——エリック・ブリニョルフソンとアンドリュー・マカフィー——は、価値はむしろ新たなアイデアの創出から生まれると考えている。つまり、反復的な仕事は自動化されもっぱら機械によって担われるようになるにしても、創造性や感情的なつながりといった人間特有の技能が未来の仕事を担うようになるだろうというのだ。

ふたりの見解はいくつかの分野には該当するかもしれないが、人口が一〇〇億人に達しようかという世界にはあてはまらないだろう。ソーラー発電のエンジニアや風力タービンの技術者など、新たに生まれるいくつかの職種は拡大し、シェフやインテリアデザイナーといった独自の創造性を有する職業は他の職業より長く残るに違いない。しかしこれらは、生み出す仕事の量という点では、運転手、レジ係、建設作業員などとは比べものにならない。前世紀に起こったことを鑑みれば、そのような見通しが現実となる可能性は薄いように思える。

ワットの蒸気機関の登場から「馬の臨界点」に達するまで一世紀以上がかかったのと同じように、それと似た変化が不均等かつ断続的ながらも現在進行していると考えるのがより順当に思える。いまわれわれは、歴史の藻屑と消えつつあるテクノロジーや社会慣習に固執するのではなく、一八九四年のロンドンに起こったのと同じように、新たな世界に生じる好機をつかまなければならない。

第五章

無限の動力——エネルギーにおけるポスト欠乏

太陽電池のコストが下落する一方であることには、いつになっても驚かされる。エネルギー源がとにかく安くなり続け、年ごとに一桁どころか二桁も利益が増すなんて、エネルギー使用の歴史のなかでは前代未聞だ。

——ダニー・ケネディ（カリフォルニア・クリーン・エネルギー・ファンドの理事）

エネルギーと〈断絶〉

〈第一の断絶〉と〈第二の断絶〉を大きく形作ったのは、エネルギーとそのさまざまな供給源だった。狩猟採集民にとって生存の手段はみずからの身体であり、彼らは身体を使って道具を作り食料を調達していた。あまり多くのテクノロジーはなく、大きな脳はおもに複雑な口頭コミュニケーションのために用いられていた。大量の余剰を生み出すことのできる社会の基礎となる集中的なエネルギーは最小限にとどまっていた。

だが一万二〇〇〇年前、農業の出現とともに変化が訪れた。このとき人類は他の動物を家畜化し、食肉、革、毛皮などを得るためだけでなく労役に用いるためにも動物を飼育しはじめた。その結果、生産性が大幅に向上し、定住性ではるかに洗練された社会が可能となった。そうした複雑さのひとつの帰結として奴隷制が生まれ、古代にはこれが社会階層や経済生産を支える重要な基盤となった。人間にしろ非人間にしろ、生物に由来するこうしたエネルギー源は、のちに自然力を中心に構築されたテクノロジーと結合し、一〇〇〇年前には水路や風車がヨーロッパ中でよく見られる光景となっていた。

だが、こうした社会的または技術的な革新は、自然への依存という点で制約を課されていた。風車を建てる場所やその数は水力や風力の有無によって左右されたし、動物や人間はしばしば頼りにならず、それ自体維持するのがむずかしかった。ルネッサンス初期までには、印刷技術、天文学、航海術などの分野で大きな進歩が見られたが、交通手段や人為的に光熱を生み出す方法は、それより一〇〇〇年前とおおかた変わりがなかった。ヨーロッパのルネッサンスのゆりかごであった一六世紀のフィレンツェは、文化の洗練を体現する都市として一般に想像されるが、ニッコロ・マキアヴェッリがリウィウスの書いた歴史についての著作『ディスコルシ――ローマ史論』を著したとき、マキアヴェッリが住んでいた世界は彼の英雄が生きた紀元一世紀の世界と大差なかった。

一八世紀の終わりにかけて、劇的な変容が起こった。ワットの蒸気機関の出現により、効率的で安定した動力が豊富に供給されるようになり、それに続いて新たな産業の実践や消費の様式が生まれた。この変容は技術的ないしは経済的な変容であるとさんざん言われてきたし、実際にその通りだが、同時にそれはエネルギーにおける革新でもあった。これ以後、産業経済は化石燃料に依拠するようになった。

これらすべてが文化、科学、政治などにおいて巻き起こした影響の大部分は、それを経験した者の目には明らかだっただろう。とはいえ、そのもっとも重大な余波は、続く二世紀のあいだは顕在化しなかった。化石燃料の採掘と燃焼によって産業資本主義は多大な力を得たが、同時にそれは地球の生態系を変えていくことにもなった。数十億年の歴史のなかではじめて、ただひとつの種の活動が地球の生命維持能力を左右する主要因となったのだ。

人新世の到来

〈第二の断絶〉が環境にもたらした影響はどれほどのものか正確にはわかっていないが、温室効果ガス――とくに二酸化炭素――が世界で気温上昇を引き起こしていることは科学者のあいだのコンセンサスになっている。結果として、今日の世界の気温は一八八〇年代よりも摂氏〇・八度高くなっている。

大気組成と気候変動のあいだには時間のずれがあるため、過去の活動による未来の温暖化は不可避である。さらに、こうした温室ガスの排出量はかつてないほど増加しており、これは世界の温暖化がさらに進行することを示している——重要な問いは、それがどの程度、そしてどのくらいの早さで進行するかである。

そしてここにこそ、気候変動に関する政治の問題がある。気候変動が起こっていること自体は間違いないが、それ以外のほとんどに関しては推測する他ないのだ。識者たちの見方では、現状への遅れた反応として、世界の気温はすくなくともさらに二度は上がるだろうとされている。しかし、それが展開するのにどれほどの期間がかかるのか、そしてそのような変化によって正確にはどのような影響があるのか——異常気象、海面上昇、砂漠化のいずれにしろ——は、依然として不明である。

つまり、世界の気温が二度上昇するのにかかるのが数十年なのか、はたまた数世紀なのか、予測としてはそのどちらも同じくらい妥当なのだ。四〇億年以上にもわたる地球の歴史からすれば、このような差異はあまりに小さく、誤差の範囲内である。だが、人間の精神にとって、ひいては地球温暖化をめぐる政治にとっては、それがすべてである。「不正確」とみなされるいかなる予測も、既得権益者が地球温暖化を真っ向から否定するための武器として用いられてしまう。

気候変動が政治的問題のみならず人類の存亡に関わる脅威でもあることを考えれば、これは馬鹿げた事態である。たとえ温暖化の度合いが二度を下回るとしても——これはさらに見込みが薄い事態である——筆舌に尽くしがたい災害が起こるだろう。さらにそれを越えたものは何であれ壊滅的な大惨事となり、次々と起こるフィードバックにより、世界はわれわれ人間を含むいくつもの種を維持できなくなってしまうかもしれない。

気候大災害を生き延びることはできるか？

そうした一連の事態は実際どのようなものになるのだろうか。妥当な参照枠として考えられるのは、気温が今日より三度高かった一〇〇〇万年前の地球である。当時、海面は現在より二五メートル高く、大陸氷河は北半球にはまったく存在しなかった。

そうした世界では、アマゾン流域の多くは砂漠になり、中国やインド亜大陸の大部分に飲み水を供給していた氷河はほとんど姿を消してしまう。アメリカ合衆国の南部地帯、地中海沿岸諸国、さらには中東、オーストラリア、アフリカの大部分は、暑すぎて現在の人口を維持することもできなくなってしまう。それだけではない。異常気象の大幅な増加や水循環の深刻な乱れが起こるだろう。その意味で、ハリケーン・イルマやハリケーン・ハービーをもたらした二〇一七年の大西洋のハリケーンシーズン——そして翌年の夏のうだるような猛暑——は、こうした未来の世界を垣間見せるものだった。

しかし、これすら最悪のシナリオというわけではない。地球の気温が今日より六度高くなれば、海面は現在より二〇〇メートルも高くなり、海洋の水温自体が高すぎて多くの生物は生息できなくなる。この世界では地表のほとんどが砂漠に覆われていて、現在の北極地帯と南極地帯だけが粗放栽培を維持することができる。だがこうした困難すべてでも、大気中のメタン濃度の大幅な上昇に比べれば取るに足らないものだ。この事態のもとでは、肺を持つあらゆる生き物は呼吸困難になる。

朗報は、われわれはいまだこうした事態の多くを回避できるということだ。実のところ、すでに引き起こしたダメージのいくらかを回復し、そうすることで現時点では不可避に見える変動を帳消しにすることすらできるかもしれない。しかし、簡単にはいかない。続く二〇年のうちに、化石燃料からの世界的な転換が必要となるだろう。だが、もし人類が二〇五〇年までに二酸化炭素排出量をすくなくとも八五パーセント削減することができれば、大気中の二酸化炭素量を四〇〇ppmほどに安定させることができる——今日の値よりわずかに高いほどだが、手に負えない大災害を避けるには十分である。

悲報は、何をすべきかわかってはいるものの、それはすでに二五年前から自明であり、この間、人類はただ逆行するばかりだったということだ。一九九二年にリオ・デ・ジャネイロで行われた「環境と開発に関する国際連合会議」(地球サミット)を契機として気候変動は世界的に重要な問題となった。しかし、二〇一三年の二酸化炭素濃度は一九九〇年と比べると六一パーセントも高くなっており、二〇〇八年の危機に続く数年には史上最高の年間増加率を記録した。ありていに言えば、われわれは現在、怠惰の道を歩んでいるのではなく、最高速度で忘却へと突き進んでいるのだ。

エネルギーはタダになりたがる

現在、世界の人口が消費するエネルギーは毎時一七〜一八テラワットにのぼり、これは年間ではおよそ一五万テラワット時に相当する。エネルギーは均等に配分されているわけではまったくないが、平均すればひとりあたり二キロワットのエネルギーをつねに使っていることになる。電気ケトルのスイッチを常時オンにしているのとほぼ同じである。

今後三〇年間でこの数字は大幅に増加するだろう。国連の予測では、二〇五〇年までに世界人口は現在より二〇億人多い九七億人に達するという。この増加のほとんどはグローバル・サウスの比較的貧しい国々で起こる。加えて、こうした人々は、暖房、輸送、家電、休暇のために、グローバル・ノースの人々と同程度のエネルギーを消費するようになる。現行の世界経済に再生可能エネルギーへと舵を切らせることは、それだけでも非常に大きな課題に思われるが、現実はもっと過酷である。つまり、われわれはエネルギー使用量が現在の二倍にもなる惑星を脱炭素化させなければならなくなるのだ。

だが、悪い知らせばかりではない。過去二世紀のあいだ、エネルギー消費は経済成長と相関して増加してきたが、世界でもっとも豊かな国々のエネルギー需要はここ数年で下落に転じている。たとえばイギリスでは、エネルギー消費は二一世紀に転換するころにピークに達し、それ以来毎年二パーセント下降している。つまり、生活水準が向上し人口が増大しているにもかかわらず、二〇一八年のエネルギー消費は一九七〇年より低くなっている——エネルギー不足とはほど遠い国でこれが起こっているのだ。現在、イギリスではひとりあたりおよそ三キロワットのエネルギーをつねに使っている計算になる。世界平均よりも五〇パーセント多い数字だ。

イギリスで起こっている下落は他のどの国より劇的なものだが、これは例外的というより、むしろ大局を反映したものだ。二〇〇五年から二〇一三年のあいだにヨーロッパの国々のエネルギー消費量は八パーセントの下落を記録した。アメリカでは、二〇一二年までの八年間に六パーセント下落している。こうした変化は、ある程度まではここ四〇年間の製造業の世界的な移転で説明がつくが、エネルギーの効率性の上昇によってもたらされた結果でもあることは明らかだ。人口増加と同様、先進国ではエネルギー消費にも上限があるようだ。

この二つの事実——まず消費量が大幅に増加し、そして発展が一定のレベルに達すると上限をむかえるという事実——を考慮すると、現在のイギリスのひとりあたりのエネルギー需要を今後二〇年間の世界の他の国々へのモデルとして用いることは、理にかなっているように思われる。どちらかと言えば、これはむしろ過度に保守的なモデルである——そもそもイギリスは比較的裕福な国で、生活水準は高く、気候も相対的には寒冷だからだ。

いまから二〇年後の九〇億人の人口を抱えた世界では、平均的なイギリス人が現在使っているのと同程度のエネルギーを各人が消費するようになるだろう。すると、世界中でつねに約三〇テラワットのエネルギーが使われることになる――年間では二九万テラワット時になり、これは現在の二倍をわずかに下回る程度である。

この予測は他の予測よりも高いものだが――ブリティッシュ・ペトロリアム（BP）は世界のエネルギー需要は二〇三五年までに二三テラワットになると予測している――見積もりを多めに取っておくことは理にかなっている。破滅的な温暖化をふせぐために、十分な迅速さで移行を成し遂げようと真剣に考えるのであれば、大きな誤差を見越しておくことには意味があるだろう。

もっとも重大なのは、脱炭素化はすぐにでも始めなくてはいけないということだ。二〇一七年、国際エネルギー機関（IEA）は「ゼロの一〇年」の開始を発表し、続く一〇年のうちに脱炭素化が始まらなければ、二度以上の気温上昇はほぼ確実になるだろうと述べた。翌年、気候変動に関する政府間パネル（IPCC）は同様の見解を述べ、気温上昇が一・五度を上回る「破滅的な」気候変動を避けるには、二〇三〇年までに大規模な脱炭素化に着手しなければならないと結論づけた。

つまるところ、二〇二〇年以降、グローバル・ノースの裕福な国々は再生可能エネルギーへの移行に乗り出さなければならない。二酸化炭素の排出量を毎年八パーセントずつ削り、二〇三〇年までに脱炭素化することを目指さなければならない。そしてこの時点から、今度はグローバル・サウスの国々が同じペースで同じ道を歩むことになる。二〇四〇年までには、そうした国々の住人も再生可能エネルギーへの移行を遂げていなくてはならない。すると、二〇年あまりのうちに、電力だけでなくエネルギー需要のすべてを満たすにあたり、世界は化石燃料から完全に脱することができるというわけだ。

これでも温暖化の進行を一度下げるにも至らないが、さらなる大惨事を避けるには十分だとあらゆるデータが裏づけている。さらに、脱炭素化は、たえず安価になり続ける事実上無限のエネルギーに至る道へと人類を導くことになる。なぜなら、木、石炭、石油などと異なり、太陽は想像可能な範囲をはるかに越えた量のエネルギーを産出しているからだ。

太陽光エネルギー――無限、クリーン、無料

地球の大気につねに照射している太陽光エネルギーの量はおよそ一七四ペタワット（1.740×10^17 watts）で、このうちおよそ半分が地表に到達している。人間が現在消費しているのは年間二〇テラワット未満であるから、この惑星には必要量の数千倍ものエネルギーが供給されていることになる。事実、太陽が生み出すエネルギーの量は莫大であり、数百万マイル離れているにもかかわ

らず、ほんの九〇分のあいだに人類全体の年間消費量に匹敵するエネルギーが地球に注いでいる。

　このことは深い意味を持っている。自然は事実上無料で無限のエネルギーを与えてくれるのだ。太陽とは太陽系の中心に据えられた原子炉のようなもので、人間が目にするあらゆる有機体の根源である。バクテリアから木々、植物、それからもちろんあなた自身に至るまで、実質的には地球上のあらゆる生物は、太陽光エネルギーを起源とする一連の化学反応から生じたのである。

　人類はここ数十年にわたり、このエネルギーを吸収し貯蔵するテクノロジーを保有してきたが、近年に至るまでそれは化学燃料に比べると非経済的で不便だった。ところが、二一世紀の最初の数十年のあいだに変化が始まった。情報と労働における極限の供給が〈第三の断絶〉の原動力となったのだが、エネルギーにも同様のことが起きているのだ。

静かな革命

〈第三の断絶〉の黎明期以来から人類は太陽光エネルギーを使い続けてきたという事実は、さして意外なことでもあるまい。ヴァンガード一号衛星で光起電力セルが用いられたのは一九五八年だった。これは工学技術としてはめざましい偉業だったものの、個々のパネルが一度に生成できるのは最大で〇・五ワットにすぎなかった。一ユニットごとのエネルギーコストは何千万ドルにもなり、化石燃料よりもはるかに高価だった。しかし一九七〇年代なかばまでには、経験曲線の結果としてこの数字は一ワットあたりおよそ一〇〇ドルまで劇的に低下していた――いまだ競争力はないが、目をみはる進歩ではある。

しかし、より最近になり、太陽光発電のコストは見まがうほどに変わってしまった。価格性能比の複合的な改良により、太陽光の多い国々では一ワットの太陽光エネルギーにはほんの五〇セントしかかからなくなった。この流れがさらに継続していくことに異を唱える者はほとんどいない。世界の太陽光発電容量は二年ごとに倍になっており、二〇〇四年から二〇一五年では増加率は一〇〇倍にもなった。経験曲線がもたらす恩恵はこれからも続いていくだろう。ここ数十年で光起電力セルの設置数は毎年四〇パーセントも伸びている。そしてイギリスでは、太陽光発電容量の実に九九パーセントは二〇一〇年以降に導入されたものだ。

だから、二〇一六年までに太陽光エネルギーが他のエネルギーを凌いで世界でもっとも急速に成長するエネルギー源となったのは、さほど不思議なことではない。この年に世界の送電網に加わった新たな電力のうち、再生可能エネルギーは三分の二を占めていたが、IEAによればそのなかで太陽光発電こそがもっともまぶしく輝くテクノロジーだった。

太陽光エネルギーの見通しはいつもこれほどまでに明るかったわけではない。二〇一四年という最近の時期にも、IEAは、仮に現在の流れが二〇五〇年まで継続すれば、「最良の場合で一キロワットの生成にかかるコストは五セント以下になるだろう」と結論づけている。ところが、発表から数ヶ月のうちに、この予測は著しく悲観的だということが明らかになった。二〇一七年までには、アメリカで助成金を受けていない太陽光発電の契約でもっとも安いものは、一キロワットあたり六セントを下回っていた。ＩＥＡの見立てより三〇年早い二〇二〇年までには、アメリカでもっとも安い太陽光エネルギーは一キロワットあたり五セントどころか三セント以下になることは、いまでは間違いないように思われる。これが現実になれば、家屋に光起電力セルを設置することが地球上のあらゆる場所で——たとえ曇天の多い北欧でさえ——経済的に合理的な選択になるはずだ。

事実、この一年後、ドイツ銀行は分析対象とした六〇カ国の半数で太陽光発電が「グリッドパリティ」〔再生可能エネルギーによる発電コストが既存の電力コストの同等以下になる点〕に達したと発表し、今後一〇年のあいだに価格はさらに三〇パーセントから四〇パーセント下落するだろうと予測した。平たく言えば、二〇二〇年までには、新規に設置される太陽電池は——世界のほぼどんな場所でも——化石燃料を燃焼する発電所よりも安価に電力を生成できるようになるということだ。二〇一八年には、国際再生可能エネルギー機関（ＩＲＥＮＡ）はこの予測を繰り返し、二〇二〇年までにはあらゆる再生可能エネルギーが化石燃料に対して競争力を持つだろうと断言した。同機関は、再生可能エネルギーへの転換は「環境に配慮した決断であるだけでなく、いまや経済的にも圧倒的に賢明な選択である」と結論づけている。

太陽光発電が供給しているのは世界の電力の二パーセントあまりにすぎないが、過去一〇年以上にわたり観察されてきた傾向を踏まえれば、とくに今後一〇年のうちに化石燃料と同等の水準に達することが予測される地域において、劇的な変化が起こることがわかる。過去半世紀にわたり持続してきた年間四〇パーセントの成長率が二〇三五年まで続くとすれば、世界の太陽光発電容量は一五〇テラワットになり、すでに概説した予測にもとづいて考えると、世界の電力需要のすべてどころか人類全体のエネルギー需要を満たすことすらできるようになる。どんな経験曲線の進展にも見られるように、今後数年間でこの成長は鈍化するかもしれない。だが、たとえそうなったとしても、二〇四〇年代のどこかまでに再生可能エネルギーへの世界的な転換が完了すると無理なく予測できる。その兆しはすでにはっきりと見えている。二〇一〇年には、イギリスでは再生可能エネルギーからまかなわれていた電力は二パーセントだったが、二〇一八年末までにはこの数字は二五パーセントにまで上昇した。もっとめざましいのはスコットランドであり、同地は現在、電力源の再生可能エネルギーへの完全な転換を二〇二〇年までに完了させる途上にある。

　この予測だけでも十分に目をみはるものがあるが、さらに驚くべきなのは、太陽光エネルギーへの転換は支出の純増をまったく必要としないということだ。クリーンでありあまるエネルギーへの移行は、費用中立なのだ。そればかりか、今後、太陽光エネルギーはたえず安くなり続けるのである。

　それは次のような仕方で可能となる。世界では現在、毎年約二兆二〇〇〇億ドルが化石燃料に費やされている。一五～一七テラワットにのぼる今日の電力需要が今後二倍になれば、二〇四〇年代初頭までにおよそ八〇兆ドルのエネルギーコストが複合的に発生することになる。国連の算出によれば、再生可能エネルギーへの完全な移行にかかるコストは、四〇年間にわたり毎年一兆九〇〇〇億ドルになるという――世界を動かすのに石油、石炭、ガスなどを燃料とした場合よりもわずかばかりすくない数字だ。

しかし、こうした数字ですら、化石燃料に対して寛容にすぎるのかもしれない。この算出には、今後数十年にわたり石油やガスが現在の低価格にとどまるという仮定がある――これは歴史上前例のない事態である。たとえ気候変動を抜きに考えても、ビジネスの観点からすれば、太陽光や風力を選択することは現状よりも理にかなっている。

自動化や労働と同じように、〈第二の断絶〉と〈第三の断絶〉が交差する爆心地は、輸送の分野になるだろう。馬が自動車に置き換わったときと同じように、自動運転の電気自動車が多くの問題を解決することになる。数十年後には、今日では手の施しようもないように思われる問題は、一八九四年のロンドンの馬糞危機と同じくらい滑稽に見えるようになるだろう。

未来に向けた競争

二〇一七年の夏、イギリス政府はガソリンや軽油で走行する自動車の販売を二〇四〇年までに禁止することを発表した。善意のこもったこの高邁な野心は、しかし根本的な論点を説明しそこねていた——現在の流れが続けば、そうした自動車を買おうと思ってもそもそも残ってもいないだろうということを。

その理由は、エネルギー貯蔵のテクノロジー、とりわけリチウムイオン電池にかかるコストが、太陽電池よりも早いスピードで下落しているからである。二〇〇九年、ドイツ銀行はリチウムイオン電池のコストは一キロワット時あたり六五〇ドルであると報告し、この数字は二〇二〇年までに半減すると予想した。ところが、二〇一四年のIEAによる予測と同様、こうした予測は大きく外れることになる。その後一八ヶ月のうちにリチウムイオン電池の価格は七〇パーセントも急落したのだ。それゆえ現在テスラは、二〇二〇年代初頭までに一キロワット時あたり一〇〇ドルで電池を生産できるようになると見込んでいる。もっとも株主たちは、早くも二〇一九年までにはそうなるだろうと内密に知らされている。他方で、ゼネラルモーターズは二〇二二年までにこれが実現すると予想している。過去一五年間でリチウムイオン電池のエネルギー容量は三倍になり、貯蔵エネルギーの一ユニットごとのコストは一〇分の一にまで低下している。

こうした変化がもたらす帰結は、いくら強調してもしたりない。テスラやゼネラルモーターズの予測が正しいとすれば、二〇二〇年代初頭までに、新型の電気自動車を二〇〇マイル走らせることのできるバッテリーパックの価格は五〇〇〇ポンドほどにまで下落することになる。すると、電気自動車はガソリン自動車と直接の競合相手となり、同時にその価格は下降のカーブをたどっていく。しかもこの予測は、電気自動車の走行、保険、維持にかかるコストが安くなっていくことを勘案してはいない。これから一世代後には、所有する自動車を動かすためのエネルギーを購入することは常識外れだと感じられるようになるだろう。さらに一世代後には、ほとんど馬鹿げたことになるだろう。

エネルギーの貯蔵テクノロジーが再生エネルギーの生産と同じように経験曲線にしたがって向上しているということは重要である。なぜなら、化石燃料を克服し、エネルギーコストがたえず安価になり続ける極限の供給に向け転換を図るには、ふたつのどちらもが必要になるからだ。両方の分野で経験曲線がほんの一〇年か二〇年ほどでも持続すれば、それが引き起こすパラダイムシフトの及ぼす変化は、一八〇〇年代初頭に化石燃料が勃興し普及したときと同じくらいすさまじいものとなるだろう。

太陽光とグローバル・サウス

再生可能エネルギーが二一世紀のテクノロジーであることを踏まえれば、携帯電話やインターネットと同様、すくなくとも当面は、その影響はグローバル・ノースにおいてもっとも深く感じられるようになるとおおかたの人が考えるに違いない。だが、再生可能エネルギー、とりわけ太陽光がもっとも強い変化をもたらすのは、グローバル・サウスの貧しい国々においてなのである。

再生可能エネルギーが適切な政治的枠組みのなかで運用されれば、植民地主義以来存在し〈第二の断絶〉によって深刻化した最貧の国々と裕福な国々とのあいだの歴史的な不均衡に終止符を打つことさえできるかもしれない。

ナイジェリアを例に取ろう。アフリカでもっとも多くの人口を抱える同国では、現在、一億八〇〇〇万人の市民のうち半数が電力へのアクセスを欠いている。アフリカ大陸のあちこちで見られるように、ナイジェリアは貧しいだけでなく人口の急激な増加を経ている。いくつかの予測によれば、今世紀のなかばまでには人口が四億人を越える可能性があるという。当然のことながら、未来のナイジェリア人は今日のナイジェリア人よりも高い生活水準を望むだろう。それをすべて化石燃料で補おうとすれば、破滅的な結果がもたらされるだろうし、そもそも実現可能でもあるまい。

つまり、いまから三〇年後の二〇五〇年、アメリカ合衆国を上回る人口を抱えるナイジェリアで全市民に電力を供給しようとすれば、取りうる方策は太陽光発電しかない。そのような転換のなかで、広域的な送電網から生じる埋没費用をほとんど負わずに安価なエネルギーを享受し、世界の最富裕国を一気に追い抜くチャンスが生じるだろう。人口が急速に増加しエネルギー需要が上昇する他の発展途上国についても同じことが言える。

現状では歳入が乏しくエネルギー不足にあえぐ国々に、いかにして再生可能エネルギーが普及するのだろうか。先例として参考になるのが携帯電話である。今世紀に転換するころ、ナイジェリアでの携帯電話の契約数は二五万件だった。六〇万件の固定電話の契約に比べるとはるかにすくない数字だ。もしこの時期に、コストのかかるインフラが不在で電力の拡充が不均等なままでも、二〇年以内にみなが電話を使えるようになるだろうと言ったなら、おそらく笑い者になっただろう。

だが、今日ではナイジェリアでの携帯電話の加入件数は一億五〇〇〇万件にものぼり、日常的に使われている二〇万の固定電話回線をはるかに凌いでいる。また、国民の半分はインターネットへのアクセスを得ている。重要なのは、こうした高いレベルの通信性の発展は、ヨーロッパや北米のより裕福な国々とは違った仕方で起こっているということだ。ナイジェリアは、裕福な国々のインフラ整備の手順――まず固定回線を導入し、次いで携帯電話を普及させる――を模倣したのではなく、以前のテクノロジーを跳び越え、モバイル・インターネットを一挙に導入したのだ。

携帯電話ほど急速に普及した技術は他に類を見ない。携帯電話の普及により、何百万もの人々が、ケニアやタンザニアでは銀行口座を開き、リビアでは有権者登録をし、トルコでは農業に関する情報にアクセスできるようになった。調査によれば、ナイジェリアや南アフリカではアメリカと同じくらい携帯電話が普及しており、成人のおよそ九〇パーセントが携帯電話を所有している。歴史上、これほどの早さで行きわたったテクノロジーは他にない。二〇〇二年という最近の時期には、アメリカ人の携帯電話の所有率は六四パーセントだったが、現在、タンザニア、ウガンダ、セネガルなどでの所有率はそれを上回っている。こうした国々のＧＤＰは依然として低いものの、ほんの一五年前には富裕国が独占していたテクノロジーがこれほどの急速な広がりを見せたことは、重大な進展と言える。

今後二五年のうちに世界を脱炭素化させようとするならば、似たようなことが太陽光発電と貯蔵テクノロジーにも起こらなければならないだろう。二〇〇〇年以降の携帯電話と同じように、貧しい国々では再生可能エネルギーはモジュール式、かつ分散型で導入されるだろう。モジュール式であるのは、太陽電池やリチウムイオン電池は増設やアップグレードが容易であるからだ。分散型なのは、再生可能エネルギーの生成と貯蔵は、しばしば、遠く離れた発電所やエネルギーハブで行われるのではなく、世帯ごとや街路ごとといった次元で起こるからだ。これらすべてが可能となるのは、地理的な利点のおかげである。赤道に近いアフリカ、中央アメリカ、アジアの国々は、世界中でもっとも貧しい部類に入るにもかかわらず、他のどこよりも多くの太陽光を享受している。現在、さまざまな再生可能エネルギー技術が経験曲線に沿って進歩しており、自然の恵みがそのまま経済的恩恵となる転換点にわれわれは近づいている。

数字がすべてを物語っている。二〇〇九年には、一日に四時間分の明かりとテレビを供給するのに必要な無線通信機、携帯電話の充電器、太陽光システムには、一〇〇〇ケニアドルかかっていた。今日では、その価格は三五〇ドルであり、まだ下落を続けている。年を経るごとに、エネルギーが世界の貧困層のもとに近づいていく。そればかりか、そのエネルギーは化石燃料よりもはるかにクリーンで、価格は恒久的に下落していくのだ。

したがって、新世代の企業が上昇する電力需要と下落する太陽光発電のコストの融合から利益を得ようとしているのは、驚くにあたらない。そうした企業のひとつが、二〇一一年にケニアで創業したエムコパである。エムコパは今日、プリペイド方式の顧客を五〇万人抱えており、顧客たちはみずから太陽光エネルギーを生成している。予想に違わず、同社の単純明快なモデルは携帯電話関連の契約に似ている。顧客は三五〇〇ケニア・シリング（約三五ドル）の保証金を支払い、発電システムを自宅に持ち帰る。そして、さらに一日五〇ケニア・シリング（約〇・五ドル）を一年間支払うことで、システムを完全に所有することになる。日々の支払いはモバイル決済システムのエムペサを通してなされる。消費者向けの再生可能エネルギーが、キャッシュレスのデジタル決済を通じてまかなわれるのだ。これが二一世紀初頭におけるアフリカのエネルギーの実態である。

エムコパは認可を受けた販売業者のネットワークを通じて、ケニア、タンザニア、ウガンダで製品を提供しているが、同社の最新パッケージ「エムコパ4」には、USBポート経由で電化製品を充電する八ワットの太陽光パネル、スイッチつきの二つのLED電球、再充電可能なLED懐中電灯、そしてラジオなどが含まれる。

エムコパの競争相手のひとつが、カリフォルニア、ケニア、中国、インドにオフィスを持つディライトである。同社は、六二の国々で一二〇〇万もの太陽光発電製品を販売したとしている。目標は、太陽光由来の安価な電力を二〇二〇年までに一億人の人々に提供することだ。

この分野で活動するもうひとつの企業がオフグリッドだ。エムコパと類似のモデルを持ち、顧客にインフラと融資の両方を提供している。タンザニアでは、顧客は一三ドルほどの補償金を支払い、オフグリッドのもっとも安いスターターキット（パネル、バッテリー、数個のLEDライト、携帯電話充電器、ラジオ）を購入する。月におよそ八ドルを支払うことで、顧客は三年後に製品を所有することになる。オフグリッドで一番人気の高いパッケージ——月額が約二倍で、頭金はさらに高くなる——には、さらに多くのライトと薄型テレビが含まれている。エムコパと同様、顧客はモバイル決済で支払いをする。ここ二〇年間の携帯電話と同じように、これらすべてを可能にしているのが、太陽電池やリチウムイオン技術における経験曲線である。しかもこれは、エネルギーにおける極限の供給のほんの始まりにすぎない。

太陽光テクノロジーは価格が安くなってきたが、その一方で性能も向上を続けてきた。オフグリッドは、自社製品が近い将来のうちに灌漑用水の汲み上げやカカオの製粉といった産業用途で用いるのに十分な性能を獲得することを目指している。これが可能なのは、部分的には太陽光発電はモジュール式である——時の経過とともに容量を増やすことができる——からであり、また価格性能比が長期的にめざましい向上を続けているからでもある。過去一〇年続いた急速な変化が今後一〇年も続くとすれば、ケニアやナイジェリアで太陽光エネルギーを動力源とするのはテレビや家電製品にとどまらない。工場、学校、レストラン、診療所なども、安価でクリーンなエネルギーで運営されることになる。

このような驚嘆すべき変化が起こっているのはアフリカだけではない。コンサルタント会社のKPMGの予測では、似たような消費者モデルの評判が高まりテクノロジーが安価になり続ければ、二〇二五年にもインドの住宅の二〇パーセントはなんらかの形で太陽光の機器を備えるようになるという。さらに、大規模な太陽光発電所とまばらなエネルギー網との統合といった障害が克服されれば、インドの再生可能エネルギーの容量は二〇二二年までに二倍になり、成長率ではEUを追い越すとさえ予想されている。

もし電力が相対的にあまり重要ではないと思えるなら、次のことを考えてみよう。二〇世紀初頭には、何百万人もの女性が出産の際に死亡するリスクを抱えていた。運悪く夜間に産気づいてしまうと、暗闇に囲まれ医療から数マイルも隔たれた環境で出産せざるをえなかったからだ。さらに悪いことに、現在でも三〇億人もの人々が、調理し光熱を得るのに木材や糞、作物残渣といったバイオマスの燃焼を利用している。世界保健機関によれば、これにより二〇〇二年には世界の上気道感染の三六パーセント、慢性閉塞性肺疾患の二二パーセント、そしてすべてのガンのうちほぼ二パーセントが引き起こされている。言い換えれば、クリーンで再生可能なエネルギーへの転換は、たとえほんの短い期間で見ても、年に何百万もの命を救うことになる――そしてその後には、世界の最貧層の生活水準をかつてないほど向上させるに際して決定的な役割を果たすことになるのだ。

風力

世界人口のうち八〇パーセントもの人々が、完全に太陽光のみに依拠して生活するのに十分な太陽光のある地域に住んでいることを鑑みれば、今後の化石燃料からの脱却に際しては、太陽光という特定のエネルギー形態が焦点化されるのは明らかである。だが、ロシア、カナダ、そして北欧の多くの地域のように、比較的人口が多く寒冷な地域についてはどうだろうか。太陽光がはるかにすくない一方で、とりわけ暖房に用いるためのエネルギー需要が非常に高いという二重の問題に直面したとき、こうした国々はこれまで概説してきたような方向転換をどうやって成し遂げることができるのだろうか。

その答えのいくらかは省エネルギーに求められる。そしてこれは、太陽光の照射量に関係なく、すべての場所にあてはまる。現時点では、人々は省エネルギーの考え方を倹約や配給と結びつけて考えているが、そうすべきではない。今後ほんの数年のうちに、家屋、自動車、そして職場における省エネルギーは完全に自動化されることになるからだ。

自動化を引き起こすおもな理由、それはモノのインターネット（IoT）の登場である。自動車を含む電化製品は、たがいに通信しあうだけではなく、リアルタイムでエネルギーを分配し貯蔵するようになるだろう。インターネットに似ているように聞こえるかもしれないが、実際そうなのだ。エネルギーのインターネットはじきに、家屋内、家屋間、そしてさらには日常の事物間で機能するようになるだろう。

モノのインターネットは自動車を中心にして起こる。自動車は再生可能エネルギーへの転換の最初期の段階を支え、クリーンで自律的な経済の最先端となる存在である。自動車はたんに車輪を備えたデータ処理装置となるだけではなく、巨大なポータブル・バッテリーにもなるだろう。また、平均的な電気自動車のバッテリー消費量は一日につき容量の六分の一ほどであるため、たとえ冬のあいだは太陽光がほとんどない国々であっても、エネルギーの大部分を太陽光でまかなうことのできるほどの大量の蓄電容量が生まれるだろう。同じことは、家屋、学校、職場などはもちろん、ますます多くの機器についてあてはまるようになる。さらに、イギリスのように太陽光の照射量がすくないために これが困難な場所では、効率性をいっそう高めている風力発電所がその差異を補うことになるだろう。

実のところ、それはすでに始まっている。二〇一六年、イギリス中にある風力発電所は、はじめて石炭発電所よりも多くの電力を生成した。一九九〇年というごく最近の時期には、イギリスの電力の三分の二以上は石炭発電から得られていたということを考えれば、この変化の大きさがわかるだろう。翌年の一〇月には、スコットランドでは需要の二倍もの電力が風力発電から供給されていた。

こうした方向転換の背景にあるのは、太陽光発電の台頭を駆動したのと同じもの、すなわち経験曲線である。太陽電池の進歩と同様、風力タービン技術の発展も衰えの兆しを見せていない。二〇一七年にイギリス政府は、洋上風力発電から得られるエネルギーは、早ければ二〇二〇年代にも原子力発電よりも安くなると発表している。この発表の持つ含意はいくら強調してもしすぎることはない。二〇一四年には、イギリスにおける洋上風力の価格は一メガワット時あたり一五〇ポンドに設定されていた。ところが、今後一〇年もしないうちにその価格は半分以下になる見込みだ。イギリスではヒンクリーポイントC原子力発電所の建設が提案されているが、その基礎工事が完了する前に、価格では洋上風力が下回ってしまうのである。

しかも、話はここで終わりではない。二〇二〇年代のどこかの時点で、イギリスの洋上風力は原子力どころか他のどんな発電方式よりも安くなるのだ。あるCEOは、近いうちにイギリスは電力の半分を再生可能エネルギーからまかなうようになるだろうと予測している。加えて彼は次のように述べている。「いまから一〇年後に過去を振り返ると、二〇一六年から一七年にかけてのこの時期が変曲点だったことがわかるだろう。洋上風力、さらには太陽光や陸上風力のコストは、誰しも予測できなかった早さで下落しているのだ」

保温

恒久的に安くなり続けるエネルギー——太陽光にしろ風力にしろ——やコストが劇的に下落し続ける貯蔵技術などと同じくらい重要なものがある。それもまた、エネルギー断熱に関係するものだ。とりわけ寒冷な国々では、家庭のエネルギーの大半はたんに保温することに費やされている。イギリスの平均的な家庭用暖房システムは、光と電気を合わせた量の四倍ものエネルギーを消費している。再生可能エネルギーの観点から見れば、エネルギー需要のピークは太陽光エネルギーの力がもっとも弱い瞬間と重なるため、このことはとくに懸念される。

だが、ここでも解決法は比較的単純である。内部でのエネルギーの断熱を適切に行えば、暖房にエネルギーを費やす必要がほとんどまったくなくなるのだ。実を言えば、驚くべきことに人類はそのような水準の建物を建てる方法を四〇年以上前から知っていた。

一九七七年、カナダの研究者のグループがサスカチュワン州政府から連絡を受け、その地域の気候に適した「ソーラーホーム」を建設することになった。三重窓、分厚い壁、断熱屋根、世界初の熱回収換気装置などによりほぼ完全に気密となったこの住宅は、夏には涼しく、冬にはほとんどエネルギーを使わずとも暖かい――パッシブハウスの誕生である。

現在、パッシブハウスは建設におけるエネルギー効率の自主基準となっており、建物の環境フットプリントを可能な限り削減することを目的としている。より最近になってドイツやスカンジナビアで開発されたパッシブデザインは、住宅建設を補助する細部にとどまらない、美学、機能性、効率性などの統合を目的とした包括的なアプローチである。パッシブハウスは一九八〇年代のドイツの革新的な環境運動に端を発するもので、エンジニアや建築家たちは、その一〇年前の石油危機に対応するために奮闘した北米のデザイナーたちからインスピレーションを得ていた。

今後も、照明、ガジェット、輸送、産業にはかならずエネルギーが必要だが、同じことは暖房には該当しない――すくなくとも、現在の規模のエネルギーは必要なくなるだろう。再生可能エネルギーへの転換がかつてないほどクリーンで豊富なエネルギーに通ずるからといって、それはエネルギー効率の改善の可能性を無視する口実にはならない。言うまでもなく、住民の健康を保証するという大きな誘因がある。イングランドからウェールズにかけて毎年冬になると数万人もの「超過死亡」が発生するが、そのおもな原因は寒冷な天候にある。こうした死のほとんどは住宅や職場に単純な変化をもたらすだけで回避することができる。再生可能エネルギーの生成や貯蔵と違い、その実行をさまたげているのはテクノロジーではなく政治的な優先事項である。

イノベーションがエネルギーの生成と貯蔵に限定されるものではないことを示すいまひとつの分野、それが照明である。現在のところ、照明はイギリスの電力消費の五分の一を占めている。太陽電池、風力タービン、リチウムイオン技術の改良と同じように、LEDの登場によって経験曲線の作用が生み出す恩恵をわれわれは再び目にしている。二〇一〇年から二〇一六年のあいだだけで、一ルーメン（目に見える光の明るさを示す標準的な単位）あたりのコストは九〇パーセント低下している。もしもイギリスのすべての照明がLEDに切り替えられれば、照明が電力消費量の全体に占める割合は現在の二〇パーセントから三～四パーセントにまで下がることになる。

気候変動の解決法はここにある

人為性の気候変動は人類史上類例のない規模の危機である――このことに疑いの余地はない。しかし、同様にたしかなのは、われわれはエネルギー革命の瀬戸際に立っており、それにより地球を急速に温暖化させてきた化石燃料を克服することができるかもしれないということだ。

度を越した最悪の気候変動を軽減するためには、この革命を加速させなくてはならない。人類のさらなる生存のみならず、地球が生命を維持する能力そのものが危機にさらされている。さらに、この革命の持つ可能性は単なる破局の回避にとどまらない。潜在的には、エネルギーの極限の供給は、長きにわたりグローバル・サウスの成長を阻んできた低開発の鎖を断ち切るに際して決定的に重要となる。太陽電池、リチウムイオン電池、風力タービン、LEDといったテクノロジーが経験曲線に乗ることで、エネルギーは恒久的に安くなり続ける。最終的には化石燃料をお払い箱にしてしまうだけではなく、情報や労働において起こるのと同じように、欠乏からの完全な脱却をもたらすかもしれない。ちなみにこれは、新世代の再生可能エネルギーの技術の開発を考慮する前の話だ。

だが、すでに見たように、これは資本主義的な社会関係とは相容れないものだ。資本主義においては、「経済効率のもっとも基本的な条件は［……］価格が限界費用と等しくなること」である。つまり、モノが生産されるのであればそれはかならず利益のためでなければならない。ゆえに、再生可能エネルギーの極限の供給に対して生じうる反応は次のようなものになるだろう――企業は適切なテクノロジーを人為的に欠乏させようとし、市場の合理性はコモディティチェーンのどこかの時点で配給制限（排除可能性と呼ばれるもの）を導入することを要求する。奇妙に聞こえるかもしれないが、実はそうではない。突き詰めればこれは、他でもない元財務長官のローレンス・サマーズが二〇〇一年に書いていた問題なのだ。エンターテイメント産業はピア・トゥー・ピア配信やファイル共有などで極限の供給の問題に適応し、スポティファイやネットフリックスといった新たなビジネスモデルを探求したが、サマーズの勧告はそれを予示するものだった。労働や情報と同じようにエネルギーの価格が限りなくゼロに近づくにつれ、われわれは商品そのものの購入ではなくレンタル料を通じて支払いをするようになるだろう。

再生可能エネルギーへの転換が近づいていることを示す証拠は増えている。それを踏まえたとき、次に中心となる問いは、それがどれほどの速さで起こるのか、そしてどのような所有モデルがあらわれるのか、ということになるだろう。なぜなら、〈第三の断絶〉のもとでは、情報や労働だけではなくエネルギーもタダになりたがるからだ。

第六章

天空の掘削——資源におけるポスト欠乏

地球というのは、
いろんな資源であふれたスーパーマーケットのなかでは、
パン粉みたいなものだ。

——ピーター・ディアマンディス

有限の世界

資源の欠乏や枯渇という問題は、気候変動とならんで現代が抱える主要な課題のひとつである。太陽はわれわれが利用できる以上のエネルギーを供給してくれるかもしれないが、脱炭素化したシステムのなかで太陽光エネルギーを貯蔵するのに必要となるリチウムやコバルトといった鉱物は、究極的に見れば有限な資源である。つまり、再生可能エネルギーは比較的優位にあるものの、最終的には化石燃料と同じ問題に直面することになるのだ。世界は有限であり、その限界にわれわれは急速に近づいている。太陽電池、ＬＥＤ、リチウムイオン電池が経験曲線をたどっていったとしても、それらを作るための鉱物がなければ、未来は依然として欠乏に特徴づけられることとなるのだ。

エネルギーがどこからやってくるのかに関係なく、資源の減少という問題はかつてないほど切迫している。世界の資源の限界を調査する機関であるローマクラブの報告書の不穏な指摘によれば、「多くの鉱産物の生産はいまにも減退しようとしているように思われる［……］われわれはいま、やがて採掘という営みの消滅に行きつく一〇〇年にわたる長いサイクルを経験しているのかもしれない」。

このシナリオでは、石炭の産出は二〇五〇年までにピークをむかえると見られており、「銅のピーク」はそのさらに一〇年前に現実になるという。再生可能エネルギーの貯蔵のための主要なテクノロジーにおいて重要な鉱物であるリチウムは、大規模な脱炭素化が起これば急速に需要が高まるだろう。たとえ世界的に需要が上昇したとしても、地球には化石燃料からの完全な転換に十分な量のリチウムがある可能性が高いが、それには継続的なリサイクルが必要となる。現時点ではリサイクル処理されている電池は全体の一パーセントにすぎないが、リサイクル自体は可能であるし、それは疑いなく前進でもある。だが、ポスト欠乏や恒久的に安くなり続けるエネルギーには依然としてほど遠い。

同報告書では、電力の貯蔵に幅広く用いられているニッケルや亜鉛などが、ほんの「数十年」のうちに似たような産出のピークに直面する可能性があることが述べられている。ニッケル採掘の寿命は一〇〇年ほど延長できるかもしれないが、「投資と開発はますます高コストで困難になる」という。

資源枯渇の流れのなかでもっとも危惧される資源はおそらく、現代農業に不可欠な肥料であるリンである。この化学物質の埋蔵量はけっして低いとは言えないが、採掘できるのはほんのわずかである。世界の耕作可能な土地の四〇パーセントの穀物生産高は、リンの利用可能性が限られていることによりすでに制約を受けている。

資源の不足がとくに問題となるのは、工業型農業に起因する土地生産性の低下というより広い文脈においてである。工業型農業によっていくつかの場所では土壌肥沃度が五〇パーセントも低下している。二〇一四年にシェフィールド大学の研究者たちは、過耕作の結果としてイギリスの土壌には一〇〇種類の作物しか残されていないと述べている。世界の人口が資源需要のピークに達しようとするまさにその瞬間、地球は枯渇しようとしているように見える。

化石燃料を世界中で使い続ければいずれは枯渇するが、たとえ再生可能エネルギーへの完全な転換を果たしたとしても、複数の鉱物資源をたえずリサイクルしなくてはならなくなるだろう。これは良いことのように聞こえるかもしれないし、実際そうなのだが、資本主義や利潤追求の持つ強欲さとは相容れないものだ。九〇億人以上の人口を抱える世界では、現在のように資源を採取し続けること――その過程で人々を殺し動植物の生息環境を破壊することにもなる――は、端的に言って不可能になるだろう。さらに、鉱物資源の不足により協調やリサイクルが生じるかもしれないが、一方では資源をめぐる紛争を引き起こす可能性もある。だから、情報、労働、エネルギーが恒常的に安価になっていったとしても、地球の持つ限界によりポスト資本主義は永続する欠乏の制約を受け、自由の国への到達は果たされないだろう。

ただし、地球の持つ限界がもはや問題とならなければ、話は別である――なぜなら人類は、地球の代わりに天空を掘削することになるからだ。

小惑星採掘

二〇一七年、スペースXのCEOイーロン・マスクは、最後のフロンティアを征服する自社の新たな計画を明らかにした。国際宇宙会議でのスピーチのなかで彼は、惑星間輸送システム（ITS）の着工を発表したのだ。それは、巨大な第一段ブースターロケット、宇宙船、燃料補給タンカーからなる新しい建造物で、同社の現行のシステムに置き代わることになるという。商業用衛星や国際宇宙ステーションへの旅行から軸足を移し、他惑星への有人飛行こそが同社の次なる主要な野望となるとマスクは述べたのだ。

宇宙空間における輸送など最先端のテクノロジーのように聞こえるかもしれないが、一九六七年にはじめて打ち上げられたＮＡＳＡのサターンⅤに勝るロケットはいまだ存在しない。今日に至るまで、サターンⅤは史上建造されたなかで最長かつ最重量、そしてもっとも強力な乗り物であり続けている。その設計と建造を担ったのは、ナチスドイツのＶ２ロケット――宇宙空間に到達した最初の人工物――の背後にいた技術者、ヴェルナー・フォン・ブラウンであった。以来五〇年が経ったが、飛行機がはじめて大西洋を横断するより以前に生まれたこの男が建造を指揮した機械を上回るロケットは依然として生まれていない。

火星に人間を送るためにスペースＸが達成しなくてはならないのは、まさしくそうしたロケットを生み出すことである。ＢＦＲ――big fucking rocket の略――と検索してみよう。これはスペースＸのファルコン９とファルコンヘビーブースターの後継機とされるロケットである。史上建造されたなかでもっとも優れたロケットはサターンⅤだったが、新世代のラプターロケットエンジンを用いるＢＦＲがこの座をついに奪うことになるだろう。一方ＮＡＳＡも、スペース・ローンチ・システムの開発に取り組んでおり、完成すればサターンⅤを越えるカテゴリーの宇宙船としてＢＦＲと肩をならべることになる。

民間宇宙産業の誕生

マスクはＩＴＳを用いた火星への最初の貨物輸送を二〇二二年にも実現すると見込んでいる。火星へ人類がはじめて足を踏み入れることに二年先立つ計画だ。マスクの予測は正しいことが多いが、実行が遅れることで有名でもある。ひとつにはこれは、再生可能エネルギー、電動自動車、ロケットといった彼の事業の関心が、産業革新の最先端にあることが原因である。だが実際には、遅れはむしろ実現不可能と思われることを約束し関心を集めようとするこの南アフリカ人の気質の副産物である。メディアの脚光を浴びるには良いだろうが、締め切りに間に合わせるのに適した性格ではない。

しかし、スペースＸの歴史を見れば、マスクが失敗するほうに賭けるのが愚かだということにすぐに気づくだろう。彼はミレニアムの転換期に会社を設立したが、当時スペースシャトル計画の衰退期にあったＮＡＳＡは指針が定まらず、これ以前の数十年のあいだ存在していた宇宙産業へのロマンスは尽きはてていた。ゆえに、商業的な宇宙輸送という考えはおおかた突飛なものとされていたし、マスクは奇特な浪費家だと思われていた。

だがそれ以来、スペースＸは成功に成功を重ね、史上初の所業を数々成し遂げた。二〇〇八年には、民間資本では最初の液体燃料ロケットの軌道への打ち上げを果たした――たった一〇年前にはＳＦの類と考えられていたことだ。二〇一五年、同社のファルコン9ブースターは打ち上げ後に自動操縦で地球に帰還した。軌道上に乗せることのできるロケットとしては先例のない功績だった。この功績がとりわけ重要なのは、再利用可能な第一段ロケットは積載物《ペイロード》を宇宙空間に送り出すためのコストを大幅に下げることになると広く信じられているからだ。地球外輸送の民間市場が登場する準備がいよいよ整ったように思われる。

その後、宇宙輸送の価格をさらに下げようとする新規参入者が山ほどあらわれた。彼らは独自の有人飛行を行う手段こそ持たないが、地球低軌道への安価な打ち上げを毎週のように実施することで、スペースX、ボーイング、そしてジェフ・ベゾスによるブルーオリジンといった大企業の後を追うことになるだろう。

そうした企業のひとつにロケットラボがある。二〇〇九年に設立されたこの会社は、ブースターロケットを宇宙空間に送り出した南半球ではじめての民間企業となった。現在はアメリカ合衆国に拠点を置く同社は、ブースターロケットのエレクトロンを用いて低コストで頻繁な打ち上げの機会を提供することで、一般向けの宇宙事業への障壁を取り除くという使命を公に掲げている。より規模の大きい企業は別の惑星への有人飛行に目を向けているが、この分野では——たとえ積載量がすくなくても——小さな企業もイノベーションを起こすことができるという事実は注目に値する。宇宙事業の分野が成長するにつれ、ロケットラボのような企業は新たな産業のバックボーンとなるだろう。

下落するコスト、高まる野心

月面着陸へ向けた競争のコストは安くはなかった。サターンVは一〇年にわたり一三回の打ち上げを行ったが、コストは総計で四七〇〇万ドルにのぼった――つまり、一回ごとに三五〇万ドルかかっていたことになる。アポロ計画の打ち上げはピーク時には年に二回実施され、インフレを計算に入れると一億五〇〇〇万ドルが費やされた。

アポロ計画以後、間接費を削減しより頻繁な打ち上げを可能にするために、NASAはスペースシャトル計画を発足させた。それでも一回の打ち上げごとに五億ドルもの金額の負担がアメリカの納税者にのしかかった。ピーク時でも年間の打ち上げ回数は五回ほどが関の山だった。ところが、二〇〇〇年以降に民間宇宙産業が登場するとコストは急激に下落した。現在、ファルコン9ロケット（サターンVよりはるかに小さい）の一回の打ち上げ費用は六一〇〇万ドルで、それよりも大きいファルコンヘビーは一億ドル以下である。とはいえ、こうした数字が示しているのは、多くの企業や個人は宇宙に達する可能性をほとんど持たないということだ。たとえその手段を持っていたとしても、現在は二年にわたる打ち上げ待ちのリストがある。

ロケットラボは一回のコストを四九〇万ドルにまで抑えたフライトを週ごとに打ち上げる取り組みをしており、これは前述の事情をひっくり返してしまうかもしれない。ロケットの建造と打ち上げを効率よく行う独自の方法によってこれが可能となる。ロサンゼルスからサンフランシスコに行くのに必要なのと同じ量のジェット燃料で、エレクトロンは宇宙に積載物を飛ばすことができるのだ。

このロケットの秘密はラザフォードエンジンにある。このエンジンは、最初スペースXによってなされた設計上のイノベーションをさらに発展させ、より小規模に配置したものだ。もっとも注目すべきなのは、ラザフォードは完全に電動の推進サイクルを備えており、電動モーターを使ってターボポンプを駆動しているということである。しかもそれは、主要な部品のすべてを3Dプリンティングを用いて製作した最初の酸素・炭化水素エンジンであり、これにより、従来の技術では達成できなかった、複雑でありながら軽量な構造が可能となっている。そのおかげで、ロケットラボはコストを削減するだけでなく建造期間を数ヶ月から数日にまで縮減することができた。

こうしたことすべてが、迅速な拡張性をもたらしている。同社のCEOピーター・ベックはこう述べている。「このロケットははじめから大量生産向けに設計されています。エンジンは3Dプリンターで作られており、六つのプリンターがあればひとつを二四時間で作ることができます。だから規模を拡大するにはたんにもっとプリンターを買えばいいのです。ロケット全体が、製造の容易さを中心にして設計されています」

高性能な電気モーターやリチウムポリマー電池、そして建造に使われる3Dプリンターに至るまで、ロケットの主要なテクノロジーは前章で概説したテクノロジーと同じ経験曲線に乗っている。したがって、他の多くのものと同様、こうしたロケットは今後安くなっていくばかりである。

依然として法外に費用のかかるこの事業に対し、3Dプリンティングを使って間接費を節減しようとしている新興企業は、ロケットラボ以外にも存在する。スペースXと同じくカリフォルニア州のホーソーンに拠点を置くレラティビティ・スペースは、ロケットの打ち上げコストを六〇〇〇万ドル台からその数分の一にまで削減したいと考えており、そのために生産を単純化し、いまだ総コストの九〇パーセントを占めている人間労働をロケットの建造から排除しようとしている。

同社の3Dプリンターは、一八フィートもの長さのロボットアームを備えている。これまでに製造されたなかでも最大級のものだ。レーザーを搭載しているため、アルミニウムのワイヤーを溶融し成形に適した液体金属に変えることができる。こうしたプリンターの出現からわかるのは、中規模の企業が利用できるツールの品質が飛躍的改善を遂げたことである。同社の設立者たちの主張では、こうしたアームがいくつかあれば、高さ九〇フィート、幅七フィートで、二〇〇〇ポンドの積載物を軌道上に届けられるロケットの全体を建造することが二〇二〇年代の中盤までに可能になるという。彼らの予測では、建造期間は一ヶ月以下になるという――そしてその期間はすべて、比較的小型ながら二〇〇八年に打ち上げられたスペースXの初号機ファルコン1ロケットよりは大きいブースターの建造に費やされる。

レラティビティ・スペースは二〇二一年までにテラン1ロケットを実用化することを目指しているが、これまでに同社がプリンターで生み出したのは、幅七フィートで高さ一四フィートの燃料タンク（製造に数日かかる）と、エンジン（一週間半かかる）のみである。だが、たとえ進捗が計画よりも遅れたとしても、設計の方法にはパラダイムシフトが起こっている。NASAのスペースシャトルには二五〇万個の可動部品があり、スペースXのロケットは一〇万個ほどだが、レラティビティ・スペースは可動部品の数を一〇〇〇個かそれ以下――おおかたの自動車よりすくない――に抑えたいと考えている。さらに、グローバルなサプライチェーンから調達する代わりに、アメリカ国内だけでロケット全体が建造できるようになると予測している。

近い将来、こうしたアプローチが業界標準となるのはほぼ確実だろう。ブルーオリジンのニューシェパードロケットの部品のうち、3Dプリンターで作られたものは数百個にのぼり、その数はなお増え続けている。とりわけ新設計の試作を重ねたいと考えている新規参入者にとって、これは急速なコスト削減につながるだろう。ムーン・エクスプレスのボブ・リチャーズは二〇一七年の八月にこう述べている。「二〇一〇年にある無名の航空宇宙企業が私たちの推進システムに対して提示した見積もりは、二四ヶ月で二四〇〇万ドルだった。現在私たちは、二週間で二〇〇〇ドルの価格でエンジンをプリントすることができる」

以上のことからわかるのは、二〇二〇年代の中盤までには、さまざまな機関のために軽量の積載物を宇宙へ輸送する、驚くほど安価でたえず改良を続けるロケットがあらわれるだろうということだ。貨物の大半は超小型の人口衛星になるだろうが、なかには地球に帰還可能な着陸探査機も含まれるだろう。進歩は断続的だが、こうした流れは二一世紀を特徴づける産業の出現を支えることになるはずだ――地球外採掘こそがその産業である。

ムーン・エクスプレス

ムーン・エクスプレスは二〇一七年末、三年のうちに月の南極に月面基地を建設するという目標を概説した。同社はまず、小型のMX1から大型のMX9に至るまで多数のロボット探査機を配備するという。こうした探査機は「環境にやさしい」PECOエンジンを原動力としており、その燃料は太陽系のあちこちに存在する水素と酸素といった基本的な元素から得られる。このことが重要なのは、地球外での燃料補給こそ、宇宙産業が存続するうえで最大の障壁だからだ。PECOエンジンをはじめとする同様のエンジンは、宇宙空間で稼働するためにどこでも産出可能な燃料を使う必要がある。

ムーン・エクスプレスの野心とは、こうした自律型で無人のロケットを着陸機あるいは人工衛星として配備することだ。MX9はMX1を月面に送り届けることを目的としている。月にたどり着いたMX1は、月の氷から燃料を生成しそれを使って地球へと帰還することになる。とはいえ、ムーン・エクスプレスという名をもって同社の野望の射程を見誤ってはならない。彼らの最初のターゲットは地球の唯一の自然衛星だが、より広範には、太陽系のあらゆる惑星、月、小惑星にある資源を探査するための自給型の建築物を建てることを目的としている。資源とはもちろんおもに鉱物だが、ＰＥＣＯエンジンが酸素と水素で稼働することを踏まえれば、氷もまた資源に含まれる。コバルトやプラチナといった金属の採掘が第一の目標だが、一方で同社は、火星や月——そして凍った水が堆積しているその他あらゆる場所——を巨大な燃料補給所に変えたいとも考えている。

おおかたのＳＦ作品には、われわれの子孫が星から星へと旅行するのは、他の誰も行ったことのない場所を探検したいという欲望からであるという前提がある。こうした欲望をかきたてる衝動は利他感情とはほど遠い。二〇〇七年——世界金融危機が起こる数ヶ月前——にＮＡＳＡや他の一三の宇宙機関が刊行した「グローバル探査戦略」（ＧＥＳ）は、何よりも鮮やかにこのことを示している。この文書には、世界の最有力国のあいだでの協調体制の枠組みや、遠くない将来に民間企業が宇宙空間で利益をあげるための基盤作りが詳細に記されている。

刊行から一〇年経ち、文書が見込んでいた事態の多くはすでに現実化している。文書によれば、宇宙探査は「宇宙空間での資源の抽出と処理といった新しいテクノロジーやサービスへの需要を創出することで、多大な事業の機会を生み出してくれる」。文書はさらに詳しくこう述べている。「月の岩石は酸素を豊富に含んでおり、月面での活動のための生命維持装置に利用できるかもしれない。液体酸素をロケットの推進燃料として用いることも可能だ。燃料は地球から輸送するより宇宙空間で製造するほうが経済的かもしれない」。二〇一九年にはNASAは月に大量の水があることを確認しており、ムーン・エクスプレスのような企業はこの化合物を「太陽系の石油」と呼んでいる。

文書で示された枠組みでは、宇宙空間における国際協調は民間企業の利潤追求と相反するものではなく、むしろそれを助長するものだということが明確に述べられている。「企業が自信を持って投資をするためには、宇宙探査への長期的な取り組みを確実にし、政府の施策に宇宙探査の考えを導入し、そして法の支配を確保することが必要となる。つまり、所有権や技術移転といったやっかいな問題について共通の理解を築かなくてはならない」

要するにGESが示しているのは、新たな宇宙競争に向けたルールに各国民国家が合意するべきだということである。そうしたルールのもとでは、国ではなく企業同士が競争し、世界のエリートたちがいっそう裕福になっていくのだ。

全人類に認められる活動分野

しかし、テクノロジーや市場イデオロギーが宇宙探査に迎合的であったとしても、法律の面ではいくぶんか苦戦するかもしれない。一九六七年に起草され合衆国を含む一〇〇以上の国々が批準した宇宙条約は、人類が地球の限界を越えたところで何ができるかに関して、いまだ国際標準であり続けている。同条約は、宇宙を「全人類に認められる活動分野」と定めており、月その他の天体を含む宇宙空間の「国家による取得」や主権の主張は、「占拠又はその他いかなる手段によっても」してはならないと明確に述べている。

とはいえ、この条約はその時代に作られた文書でしかない。当時、宇宙探査に従事できる能力を持っていたのは国家――なかでも超大国――だけであり、条約は民間企業の権利と責任については一切ふれていない。企業が建造物を作ったり権利を主張したりすることを明確に禁止してはいないため、宇宙での採掘は公海上の漁業を定めたのと同様の法的条件に該当する可能性がある。ゆえに、さして意外でもないことだが、ムーン・エクスプレスの共同設立者ナヴィーン・ジェインは法的問題については楽観的に構えている。二〇一一年に彼はこう述べている。「民間投資が解放した資源については強力な判例がある。『発見者が所有者』となることについてはコンセンサスがあり、月面でも同様だ」

もちろん、ジェイン氏の考えにはひとつ問題がある。ロケット、ロボット工学、3Dプリンティング、その他宇宙探査に不可欠ないかなるテクノロジーであれ、現在の技術レベルをもたらしたのは「民間投資」などではないということだ。現在でも、業界でもっとも革新的な民間企業であるスペースXは、研究と開発の資金を得るのにNASAとの契約に依存している。ジェイン氏が求めているのは、公的資金による研究の損失を社会に押しつけ、得られた利益については私物化することである。権力を持つ者がそうするのをわれわれはいくども目撃してきた。「民間投資が解放した資源」といった言い方すら、公的資金に便乗している億万長者がまるで社会全体の公益のために活動しているかのようで、不快に響く。しかし、マルクスが書いているように、こうした態度は市場原理主義と相反するものではない。ジェインのような人々は、数世紀にわたり自然の恵みを資本主義の結果であるかのように考えてきたのだ。

費用を要しないで能因として生産に参加する自然要素は、［……］資本の成分として生産に参加するのではなく、資本の無償自然力として、すなわち労働の無償自然力として生産に参加するのである。といっても、この労働の生産力も資本主義的生産様式の基礎の上では、すべての生産力がそうであるように、資本の生産力として現れるのであるが。

資本主義リアリズムの文句を言い換えるなら、莫大な富の彼方にある公的所有を実現するより、世界の終わりを想像するほうがたやすいのだろうか。だとすれば、どうしてそうなのだろう。

宇宙探査が始まってから六〇年のあいだ、重要な進歩を達成してきたのはいつも国民国家だった。フォン・ブラウンのV2ロケットからソビエト連邦のスプートニク、そして時代を画したNASAのアポロ計画に至るまで、こうしたテクノロジー開発のいずれにも民間投資は寄与していない。宇宙が全人類の活動分野であるという主張は、いきおい強い説得力を帯びる。豊富な資源を手にするためのテクノロジーに資金を提供したのは、富裕な投資家ではなく一般の人々なのだ。

むろん、だからといって特定の国々が他国を犠牲にして国内企業を援助しようとするのを止めることができたわけではない。バラク・オバマは二〇一五年、株式の過半数がアメリカ国民によって所有されているアメリカの企業が利益目的で地球外での資源採掘を行えるようはじめて法制化した。いまのところNASAは公にはこの問題について中立の立場を維持しているが、根底をなす現実は急速に変化している。

そうした変化が明白な形で表明されたのが、二〇一七年五月に行われた米国通商・科学・交通委員会の分科会においてであった。「アメリカのフロンティアを新たに開く──宇宙条約は宇宙空間におけるアメリカの通商と移住にいかなる影響を与えるか」と題された分科会は、宇宙条約による制約を精査し、民間事業の可能性を最大化することを目的としていた。こうした構想のなかでもっとも示唆的なのは、国家宇宙会議の事務局長スコット・ペースによるスピーチである。その年の終わりにペースはこう述べている。

繰り返しになるが、宇宙空間は「グローバル・コモンズ」でもなければ「人類の共通遺産」でもない。「万人の共有物《レ・コミュニス》」でもなければ「公共財」でもない。［……］こうした概念は宇宙条約には含まれていない。合衆国は一貫して、こうした概念は宇宙空間の法律上の地位について規定してはいないという立場を取り続けてきた。

こうした言葉は、誰が宇宙空間の資源と富を所有することになるかという、次世紀の主たる経済争奪戦に向けて準備をしている人々や機関により発されたものなのだ。

この点に関して動きを進めているのは合衆国だけではない。二〇一七年の一月までにルクセンブルグは、小惑星採掘の企業が公爵領に拠点を置くための法的枠組みを作りはじめている。小惑星採掘事業で主要なプレーヤーとしての地位を確立しようとしている企業プラネタリー・リソーシズは、この申し出をすぐさま受諾した。

こうした一連のレトリック、ロビー活動、法的活動があわただしく巻き起こることは予想できたことである。われわれは資源におけるパラダイムシフトの瀬戸際に立っているからだ。このパラダイムシフトを莫大な個人的な富を得る機会としてとらえる者もいる。プラネタリー・リソーシズの共同設立者のピーター・ディアマンディスはこう述べている。「最初の一兆ドル保持者《トリリオネア》は宇宙空間で生まれるだろう。私たちが話題にしている資源とは、数兆ドルもの資産をもたらすものなのだ」

地球の制約を越えて

小惑星の存在が確認されたのは一九世紀初頭のことである。一八〇一年に小惑星のケレスがはじめて観測されたのだ。まもなく科学者たちは、小惑星を流星体と区別するようになった。前者は直径一メートル以上、後者は一メートル以下である。彗星との違いは質的なものだ。小惑星はおもに鉱物や岩石から成るが、彗星は塵や氷で構成される。

惑星と同じように小惑星は太陽の周りを回っているが、完全に球体のものはほとんどない。ケレスのように球体の小惑星は、とても巨大なためにそれ自体の重力質量によって球体へと圧縮されたもので、しばしば「準惑星」と呼ばれる。さらに大きな見積もりでは、太陽系外縁部のカイパー・ベルトには二〇〇もの準惑星があり、直径一キロメートルを越える大きさの小惑星は一〇〇万以上も存在するという。

しかし、中期的な探査という点では、より興味深い物体群がはるかに身近に存在する。現時点では、一万六〇〇〇以上の地球近傍小惑星（NEA）の存在が知られており、小さなものは一メートル、大きなものであれば三二キロメートル以上にも及ぶ。直径一キロメートル以上のNEAの数はおよそ一〇〇〇個、一四〇メートル以上のものは約八〇〇〇個であると推定されている。より細かい推定では、直径が四〇メートルかそれ以下のNEAは一〇〇万個以上存在しており、そのうち発見されているのは約一パーセントほどだという。

地球唯一の衛星である月を探査しさらに先へ進もうとしているムーン・エクスプレスにしろ、NEAの大きさを測っているプラネタリー・リソーシズにしろ、地球外に存在する鉱物資源が持つ潜在的な潤沢さはほとんど理解の範疇を越えている。ある概算によれば、直径五〇〇メートルでプラチナを豊富に含んだある小惑星には、世界の産出量の一七五倍近くのプラチナが眠っている可能性がある。これは世界の埋蔵量全体の一・五倍に相当する。より小さなサッカーのフィールドほどのサイズの小惑星でも、含有するプラチナの価格は五〇〇億ドルにもなる可能性がある。

小惑星帯には八垓二五〇〇京トンの鉄があり、鉄一トンあたり一四〇ポンドのニッケルが含まれているとされる。ある推定によれば、NEAに含まれる鉱物資源を地球上のすべての人に均等に分配した場合、ひとりあたり一〇〇〇億ドルにもなるという。もしそうした鉱物資源にアクセスすることができれば、想像を越えた量のエネルギーだけでなく、鉄、金、プラチナも自然界から得られるようになる。現在われわれが手にしている資源はスーパーマーケットのパン粉のようなものだ。適切なテクノロジーがありさえすれば、鉱物資源の不足もまた過去のものとなるだろう。

小惑星採掘を実現するために必要な進歩は着実に出現しつつある。日本の無人探査機はやぶさは二〇〇五年に小惑星イトカワへの着陸に成功し、五年後には表面から採取したサンプルとともに地球に帰還した。二〇一四年にJAXAは、後継機のはやぶさ2を小惑星採掘にあたって費用対効果が高いとされる小惑星リュウグウに向けて打ち上げた。はやぶさ2は二〇一八年六月に着陸しており、二〇二〇年にサンプルとともに地球に帰還する予定である。

だが、小惑星探査を進めている国は日本だけではない。二〇一六年、NASAは小惑星ベンヌを調査しサンプルを採取するためにオサイリス・レックスを打ち上げており、二〇二三年の帰還を予定している。予想に違わず中国も同様の野心を持っており、中国国家航天局は二〇三〇年代のどこかで準惑星セレスに着陸機を送り帰還させたいと考えている。

宇宙探査に関しては往々にしてそうであったように、小惑星探査への投資のほとんどが国家によるものだ。しかし、そこから利益を得ようとしているのは民間部門のほうである。この未発達の産業の立役者であるディープ・スペース・インダストリーズ（DSI）とプラネタリー・リソーシズは、たがいに似通ったアプローチを採用し、低コストの衛星技術と着陸機を組み合わせることで小惑星探査に注力している。ディープ・スペース・インダストリーズはXplorerと呼ばれる宇宙船を開発しているが、プラネタリー・リソーシズもまた、Arkydという名の非常によく似たアーキテクチャーを持っている。地球から離れた場所での燃料生成と採掘を見据えると、こうした製作物の目的は、標的とする小惑星の構造をより詳しく解明し、将来的に推進剤に転換できる氷の堆積を確認することになるだろう。ムーン・エクスプレスについても同様だが、欠けているのは人間による監督が一切ない地球外の環境で燃料を生み出す能力である。二〇〇四年以来、自律型のロボットや自動運転車のようなものが急速に進歩してきたことを踏まえれば、それが可能になるのは思ったより遠くないかもしれない。

事実、ディープ・スペース・インダストリーズのCEO、クリス・レウィッキはこの問題を楽観的にとらえ、小惑星上での最初の水の商業利用は二〇二〇年代なかばまでに実現するだろうと予想している。超低コストの打ち上げが定期的に行われるようになり、着陸機やロボット工学がますます洗練されれば、小惑星採掘の第一ラウンドが幕を開けるだろう。精密ロボット工学の進歩――アトラス・ロボットの急速な開発を見よ――とあいまって、必要なテクノロジーの見取り図が現れはじめるだろう。

ディープ・スペース・インダストリーズやプラネタリー・リソーシズといった企業が小惑星を探査・獲得し、氷から推進剤を生産する方法を完成させれば、この産業は存続可能なものから利益を産むものに変わるだろう。これに続いて、第二陣の製品――つまり抽出装置――があらわれ、小惑星から採取した推進剤を用いて惑星を地球に近づけ採掘をすることができるようになる。あるいは、とくに水が集中している小惑星では、さらなる彼方を目指すこの成長産業のための「燃料補給所」を作ることができるようになるだろう。

宇宙の争奪戦

カリフォルニア工科大学による二〇一二年の研究が出した結論によると、採掘を容易にするために小惑星を地球の軌道近くに移動させるのには、わずか二六億ドルしかかからないという。ゴールドマン・サックスの二〇一七年の報告書はこれを追認し、次のように述べている。「小惑星採掘に対する心理的障壁は高いが、実際の財政的・技術的障壁はそれよりはるかに低い。小惑星探査用ロケットは一機あたり数千万ドルで作ることができる可能性が高い」。二〇億ドルというのは大金に思えるかもしれないが、これはマサチューセッツ工科大学が現在約一〇億ドルと見積もっている新規のレアアース鉱山の埋没費用と同等である。つまり、小惑星採掘のためのアーキテクチャーが完全に整備されれば、おそらくは二〇三〇年には、新たな小惑星採掘にかかる限界費用は下落することになる。すると、インフラが常に改善し続け、地球外の鉱物を採取するインセンティヴが高まり続けるフィードバック・ループが形成される。

だからと言って、小惑星採掘を有望な産業とするにあたって克服すべき大きな課題がないわけではない。必要なレベルの感覚と運動の協調を備えたロボットがあらわれるのは数十年先になるだろう。ただ、第四章ですでに示したように、もはや問題はそれが実現するかどうかではなく、いつ実現するのかである。もっと大きな懸念材料は、おおまかなカテゴリー分けにもとづく予測モデルよりも詳しい情報がなく、精確な小惑星の構成は未知であるということだ。もし小惑星に到着したある企業が、水やプラチナが予想したよりはるかにすくないことを発見したらどうだろうか。そうした可能性と、とりわけロボット工学で必要となる多大なコストがあるなかで、ディープ・スペース・インダストリーズやプラネタリー・リソーシズといった機動力のある企業が成功するかどうかはわからない。一方には、もっと技術を進展させ、リスクをまかなうための資本を備えたスペースXやブルーオリジンのような企業が控えているのだ。

それでも、こうした問題のいずれも克服が可能である――もちろん、どんな新興産業とも同様、この産業もどのように展開するかは予測不可能である。だが、とりわけ資源不足といった地球上の課題に小惑星採掘が対応できること、そしてこの産業は間違いなく新たな地平を切り開くだろうということ、これらを踏まえれば、今後数十年のあいだに小惑星採掘が台頭することは疑いがないように思える。

価値を超越した潤沢さ

最後にもうひとつ、この業界内の人の多くが直視したがらない問題がある。その問題は成功に起因するものであり、ちょうど一八九四年の馬糞危機の際に〈第一の断絶〉の限界が〈第二の断絶〉がもたらす潤沢さに制約を加えることで生じた問題と同じものだ。それはまた、市場や価格メカニズムと相容れない極限の供給から生じた問題でもある。

周知のように、地球外の惑星、月、小惑星などには鉱物資源が存在しているが、そのあまりの潤沢さゆえ、地球外採掘が産業として実行可能になったとたん、投資家たちがそれまで貴重だと思っていた当の商品の価格が暴落してしまうのだ。

ここでもっとも示唆に富む例は、火星と木星のあいだの小惑星帯にある小惑星プシケである。直径二〇〇キロにもなるこの小惑星は、太陽系に存在するなかで最大の小惑星のひとつであり、鉄やニッケルの他、銅、金、プラチナといったより希少性の高い金属から成っている。浮遊するこの巨大な鉱山の「価格」とはいったいどんなものになるのだろう。ざっと一〇〇〇京ドル——鉄だけでこの価格だ。もちろん、プシケはまれな例である。だがそれは次の重要な点を示している。宇宙空間における採掘は地球上の価格システムを崩壊させるほどの途方もない供給を生み出しうるのだ。

二〇一七年八月、プラネタリー・リソーシズの共同設立者のピーター・ディアマンディスは、ブルーオリジンで働くエリカ・ワグナーにこう尋ねた。彼女の上司であるジェフ・ベゾスとイーロン・マスクのどちらが勝利するのか、と。「ピーター、ブルーオリジンで私たちが何をしているのか、お聞かせしましょう」、ワグナーは外交的な調子で答えた。「私たちは何百万人もの人々が宇宙に居住し働く世界へ向かっているのです。私が本当にすばらしいと思うのは［……］、宇宙は無限に大きくて、殴り合いの喧嘩などする必要がないということです。［……］みなが外に出ていき、ともに未来を創るようになるでしょう」

太陽系には想像できないほどの鉱物資源があるというワグナーの指摘は正しいが、マスクやベゾスといった人々は、みずからの財産を危険にさらし他の人々が金持ちになるのを是とはしないだろう――前者はいくども破産の危機に見舞われながら、スペースXの上場を拒否している。それに、ディープ・スペース・インダストリーズやプラネタリー・リソーシズ、そしてその競合企業に株主モデルを適用してしまえば、社会的進歩よりも収益率が重視されるようになってしまうだろう。

二一世紀初頭における情報分野に関してすでに見てきたように、潤沢さの状況下では資本主義は利益を確保するために供給を制限しようとする。小惑星採掘によって潜在的には無制限の資源がもたらされうることを踏まえれば、この部門の企業や協力する政治家たちにも同じ論理があてはまることになるだろう。

情報や近い将来の再生可能エネルギーと同じように、この部門でも何らかの一時的な独占の形成が必要とされるはずだ。それは実際、どのようなものになるだろうか。ひとつの答えは、民間企業がもっとも価値の高い小惑星を探査し、採掘可能になる何十年も前に所有権を主張する、というものだ。われわれはすでにこれを目にしている。あるいは、採掘に用いられる特定のテクノロジー（おそらくは氷を燃料に変換するための装置）に知的所有権が適用され、欠乏が創出されるかもしれない。予想されうるもっとも賢明な方策は、地球外で採掘された商品に対し略奪的価格設定をすることで、地球上のもっとも安価な鉱山を操業するコストよりもほんのわずかばかり低い価格に固定することである。そうすれば、地球上の掘削機のスイッチを停止させたまま、価格の安定性を維持し、採掘業者への莫大な利益を保証することができる。

これが大企業やエスタブリッシュメントの政治家たちによって正当化されるだろうということは想像にかたくない。そして地球外採掘の企業は、未来の管理人としてみずからを演出するのだ。「ひとつの種として、人類は教訓を学びました」、進歩的な環境保護運動家の弁舌さながら、彼らはこのように言うだろう。「すでに人類は惑星をひとつ荒廃させてしまいました。また別の惑星を荒廃させてはなりません」。そうしているあいだにも、ピーター・ディアマンディスが公然と予測したように、採掘に従事する人々は地球上でもっとも裕福な人々の仲間入りを果たすのだ。

だからといって、ありあまる資源に対し責任ある管理が必要ないと言いたいわけではないし、地球外の鉱山を向こう見ずに開発すべきだと言いたいわけでもない。むしろなすべきなのは、宇宙条約を適切に適用し、とりわけ地球外鉱物の商業開発に関する規則を明確化することである。「環境保護に関する南極条約議定書」[*2]は枠組みとして参考になるかもしれない。同議定書の第三条は、「芸術的および科学的価値を持つ原生地域としての南極の環境の保護」を基本的な考慮事項と規定し、加えて第七条は「鉱物資源に関するいかなる活動も、科学的調査を除く他、禁止する」と述べている。

同様に宇宙条約は、宇宙空間の探査と利用を「全人類に認められる活動分野」と規定している。

＊2　アイゼンハワー大統領は一九六〇年九月二二日に国連総会で演説した際、「南極条約議定書」の原則を宇宙空間や天体にも適用することを提案している。

しかし、「南極条約議定書」にあるような明瞭な文言を欠いているため、ディープ・スペース・インダストリーズやプラネタリー・リソーシズといった民間企業が行動を起こす前に、平等な富の分配を保証する国際機関が必要になるように思われる。実際、アイゼンハワー大統領は一九六〇年一〇月に国連で演説した際、「国連のもとでの宇宙空間の建設的・平和的利用のための国際協力プログラムを推進すること」を世界に向け提唱している。

宇宙はたしかに人類みなの領域である。公的資金がなければ宇宙空間がもたらす潤沢さに近づくことが不可能であったという事実だけでも、その理由として十分である。国際宇宙ステーションだけでも、NASAのアポロ計画に投じられた額に匹敵するおよそ一五〇〇億ドルが費やされている。*3 V2ロケットからスプートニク、そして今日のスペースXに至るまで、宇宙探査のコストは社会的に負担されてきた。よって、その利得もまた社会化されるのが至極順当だろう。V2ロケットが大気圏外を離脱してから実に六四年後の二〇〇八年に至るまで、民間企業は液体推進ロケットを軌道に乗せることさえできなかった。民間部門が成し遂げたイノベーションとはせいぜいそんなものなのだ。

資本主義にはたくさんの有用な特徴がある。しかし同時に、自然に存在する潤沢さを受け入れることができないという、何より決定的な欠陥がある。情報、エネルギー、労働と同様に、資源についても潤沢さが生じる状況に直面したとき、利潤目的の生産は機能不全を起こし始める。

以上のことすべては、資本主義はいま立ち現れようとしている世界とは根本的に異なった世界から生まれたという事実をもって説明できる。つまり、資本主義が受け入れていた一連の前提は、現在とは違っていたのだ。そうした前提は永続するかに思われたが、実のところ偶発的なものだった。あらゆるものが無制限かつ実質的に無料で供給されるという事態に直面したとき、資本主義の内的論理は崩壊を始める。なぜなら資本主義の中心にある前提とは、いつも欠乏が存在し続けるというものだからだ。

ただし現在われわれは、欠乏が続きはしないということを知っている。

＊3　アポロ計画には一九七三年当時の金額で二五四億ドルが費やされたとされている。

第七章

運命を編集する——老いと健康におけるポスト欠乏

私たちは神のごとく、
ものごとをうまく処理することが望まれる。
——スチュアート・ブランド

老いる種

二〇二〇年までに、人類史上はじめて六五歳以上の人口が五歳以下の人口を上回るようになる。二〇五〇年までには、六五歳以上の人口は一四歳以下の人口より多くなる。おそらくこれは、われわれの種がなした達成のなかで最上のものだろう——自然界ではいかなる種も、数のうえで老いが若きを上回ることなどないのだから。

このような変化はたしかに歓迎すべきことではあるが、多くの問題をもたらす。少子化のなかで長生きをすると、被扶養者よりも「労働年齢」人口が多いことを前提とした集団的互助の形式が危険にさらされるからだ。事実、このふたつの状況は多くの国々ですでに生じており、現在世界中に拡大している。公的年金や高齢者の社会保障制度が将来にわたって存続できるかどうかは不透明である。もし存続ができないとすれば、実に皮肉な事態が生ずることになる。すなわち、資本主義の生んだ潤沢さによりたくさんの人々が老齢に達する反面、そのうちの多くはケアのための資源を欠くことになるのだ。

一七世紀中葉に哲学者のトマス・ホッブスは、自然状態、つまり政府や法の支配のない仮定上の状態における生を「つらく残忍でみじかい」と表現した。この言葉、とりわけ最後の言葉は、ホッブズの住んだイングランドの海岸をはるか越えた場所でも当てはまっただろう。彼の祖国と外国で起こっていた戦争の問題——二〇世紀以前には定期的に起こる事態ではあったが、一六四〇年代にはとくに深刻であった——に加えて、当時の世界には近代医学はなく、成人男性が四〇年以上生きることはほとんどなかった。しかし一八〇〇年代初頭までには、保険医療と衛生に対する科学的手法の適用により乳幼児と子供の死亡率が急激に低下したことで、事情は一変した。以前から高かった出生率に加え、成人まで生存する子供の数が増えることで、〈第二の断絶〉の最前線にいる国々では前代未聞の人口増加が不可避となった。

このことは深い含意を帯びている。一八〇〇年に世界の人口が一〇億人に達するまでには数十万年かかったが、たった一二〇年のうちに人口はさらに二倍になった。しかし、これはほんの始まりにすぎなかった。二〇世紀の終わりまでには地球上の人口は六〇億人に達し、予想によれば今世紀の中盤までには九六億人に達するという。これがたしかならば、世界の人口は約三〇〇年のうちに一〇倍に増えることになる。

人口の急増にともない、さらに別のふたつの流れが起こっていた。ひとつめは平均寿命の伸長である。二〇一五年までには、世界中のどこでも平均的な人は七一歳まで生きることが可能になった——二〇世紀初頭と比べても、四〇年も延長したのだ。もうひとつの流れは、国が豊かになるほど出生率が下がっていく逆相関である。産業革命のさなかには国の人口が増えていったのと同様、ある程度の発展が達成されると出生率が低下し自己調整するようになった。したがって、過去二世紀のあいだに人口急増が起こり、人口が倍増してから平均寿命も倍増するあいだの時間はどんどん短くなってきたのに対し、この流れはいま減速しつつあり、おおかたの予想では世界人口は今世紀末にかけてピークをむかえる。エネルギー消費と同様、人口増加にも「自然な」限界があるようだ。

限られた資源の分配という観点からすれば、これは好ましい事態である——なにしろ、二〇世紀半ばには、人口は際限なく増加していくだろうと一般に考えられていたのだ。だが、社会の高齢化がもたらす負の側面は、間違いなく肯定的な面を上回るものになるだろう。

二〇一三年に信用格付け会社スタンダード・アンド・プアー（S&P）が行ったシミュレーショ

ンには、そうした困難がはっきりと示されている。シミュレーションによれば、人口の高齢化の結果、分析対象となった国々の六〇パーセントは三〇年以内に信用状態が投資不適格《ジャンク》になるという。当然のことながらそこから導き出された結論は、現状維持は不可能であり、年金支給年齢の引き上げや公共部門の縮小など大規模な改革が必要となるというものだった。三年後に公表されたより大規模な研究では、問題はそれほど差し迫ってはいないということが明らかになり、寿命伸長と出生率低下により困難に見舞われると予想される国は全体の四分の一にすぎないとの結論が出た。しかし、おそらくこの報告書の調査結果でもっとも注目すべきなのは、ウクライナ、ブラジル、中国、サウジアラビアなど、地理的に多方面の国々を大きな困難が待ち構えているという点である。将来やってくる高齢者ケアをめぐる危機は、単一の経済モデルや文化的価値観よりも大きいようである。

問題はまだある。高齢化は成長を鈍らせるのだ。二〇一六年、アメリカの連邦準備制度理事会の調査部門は、人口動態の変化が中央銀行による長期金利引き上げを無力化することを詳述した論文を発表した。合衆国の人口構成の変化にもとづく例を引きながら、論文はこう結論づけている。「抵投資、低金利、低成長は定着している。［……］米国経済は新たな常態に突入したのだ」。こうした傾向は、南北アメリカ、ヨーロッパ、アジア各地で見られる。ここ数十年のお決まりの政策対応は、より多くの移民を求めること（日本など一部の例外を除く）だったが、高齢化が〈第二の断絶〉の不可避の結果であること——あらゆる社会を訪れ、これからも訪れるであろう経験であること――を踏まえれば、この対応は明らかに不適切である。ヨーロッパやアメリカが先んじて経たのと同じ経験をアフリカやアジアが経ることになれば、労働力不足を補うために経済移民を求める声に対しては、「いったいどこから?」との返答が投げられるようになるだろう。

ほとんどの先進国、とりわけヨーロッパでは、すでに低成長が財政支出の増加と摩擦を起こしている。イギリスでは、二〇二〇年以降の十年間、医療費や長期的な社会保障費、公的年金、その他の給付金により、歳出が毎年GDPの二・五パーセントずつ増加すると予測されている。二〇一六年から二〇三〇年のあいだには、六五歳以上のイギリス人の人口は全体の三分の一にまで膨らみ、八五歳以上の「最高齢」の人々の数はほぼ倍増する見込みだ。人口動態の変化や経済モデルの失敗といった文脈のなかで、政治家たちは常々「バランスの取れた財政」を口にしているが、こうした状況のもとでは大規模な財政赤字が永続していくことは明らかである。

イギリスの高齢化――緊縮を越えた緊縮

二〇一七年、イギリスの保守党は議会の過半数を失った。テリーザ・メイが解散総選挙を実施する七週間前には、地滑り的勝利以外のことは起こりえないように思われていた。崖っぷちから反転攻勢をかけた労働党は大いに称賛に値する。一方で、保守党のやり方がどれほど惨憺たるものだったかを見過ごすこともできない。彼らの打った最大の悪手は、近代政治における大きな自発的誤りのひとつであった――すなわち「認知症税」である。

認知症税は選挙の転換点となったが、それは政治的な甘さの露呈であったと同時に、長期的には必然性を持った提議でもあった。その税の論理は単純で、公的介護を必要とする人々は、家屋を含む資産が一〇万ポンド〔二〇一七年当時で約一億四五〇〇万円〕の下限に達するまでは、みずから費用を負担するべきだ、というものだ。患者の存命中は家族が資産を売却するよう強制されることはない――費用が回収されるのは死後になってからである――ものの、これは新たな相続税の導入に等しかった。一見進歩的に見えるこの政策は、医療サービスの支払い方法を運任せにしたため、とくに保守党の得票基盤のあいだで憤りが広がった。もしもガンを患ったら治療費は国民保健サービス（NHS）を通じて社会的に負担されるが、認知症になれば自分で費用をまかなわなければならないのだ。保守党はこの政策を、痛みをともなうが必要だとしてマニフェストに盛り込み、論争の余地がないだろうと高をくくっていたのである。

だが、認知症税は政治上の視野狭窄にとどまるものではない。この政策が提起したはっきりとした変化は、長年保守党を支持してきた有権者や活動家たちを激怒させたが、すくなくともそれは高齢化の危機に対する応答ではあった。政権を担うのが誰であろうとも、そしていかなるイデオロギー的見解を持っていようとも、平均寿命の伸長と出生率の低下という、ゆくゆくはあらゆる社会に影響を与えることになる二つの流れは、医療や公的介護の社会的負担の実現可能性を問いに付してしまう。高齢化をめぐる政治が大きな混乱を引き起こすのは、二〇一七年六月が最後ではあるまい。

今後一世紀のあいだおもな死因は変わらないだろうと仮定してしまえば、過去一〇〇年のうちにどれほどの変化が起こったかを見落とすことになる。かつては結核やインフルエンザのような感染症が最大の死因であったが、それらはいまや後退し、現在では加齢に関連する病気が毎年の死亡率の三分の二を占めている。

事実、二〇一六年までには、イングランドとウェールズにおける死因のトップはもはや心疾患ではなく、アルツハイマーと認知症になっていた——これは重大な変化である。高齢者の認知症はすでにアメリカでも死因の第六位であり、平均寿命が延びるにつれてよりいっそう優勢になると予想できる（すでに二〇一三年には、世界の認知症の発症率は二〇五〇年までに三倍になるだろうとの予測が出ている）。こうした状況の現時点での経済的コスト——二〇一五年には八一八〇億ドル——を踏まえれば、公的支出の削減と高齢化による労働人口の減少という板挟み状態のなかで、大規模な変革が避けられないことは明らかである。

その理由のいくらかは、高齢化と医療がもたらす困難が指数関数的に進んでいることに求められる。ムーアの法則がデジタル技術に驚異的な進歩をもたらしたのと同じように、加齢に関連する医療の状況と月日の経過とのあいだには、指数関数的な相関関係がある。つまり高齢化は、悲観論者たちが当初仮定したものよりもさらに深刻な問題なのだ。アルツハイマーを発症する確率は七〇歳から七五歳のあいだでほぼ倍増し、七五歳から八〇歳のあいだでさらに倍増する。高齢化がますます進行し、「最高齢」人口がどんどん集中する社会では、これは前例のない危機を引き起こす。ガン、心疾患、卒中などを緩和したり治療したりできるとしても、アルツハイマーのような症状が蔓延すれば、あまりに規模が大きすぎて対応できなくなる可能性が高い。

だがここでも、技術的失業、気候変動、資源の欠乏といった危機への対応と同じように、〈第三の断絶〉が提供してくれる解決策は、困難への対処だけでなくその超克をも可能にしてくれる。エネルギー、労働、資源といった分野での他の解決策と同様に、その解決策もまた極限の供給にむかう傾向によって支えられている。

その理由はこうだ。情報が「タダになりたがる」という事態は、当初は音楽、映画、文学といった比較的周辺的な分野——そして集団的運動や自動化といった新しい形式——に限られていたように思われたが、実は医療において何よりも増して多大な重要性を帯びるようになるからである。これはさして驚くべきことではないのかもしれない。煎じ詰めれば、あらゆる生命体は物質と情報の複合体であり、大腸菌とお気に入りのペットを隔てるのは複雑さと規模の差でしかないのだから。

デジタル情報は0と1の二進コードで存在している。一方、DNAはC・G・A・Tと略記される四種類の核酸塩基の膨大な配列で配置されている。われわれはここ数十年でこの生物学的データをより詳細に理解できるようになったが、いままさに、もっとめざましいことを実現しようとしている。つまり、そのデータを容易に改変することができるようになるのだ。

（遺伝）情報はタダになりたがる

一九五三年、フランシス・クリックとジェイムズ・ワトソンがＤＮＡの分子構造を発見した。クリックがのちに息子に宛てて書いたところでは、ＤＮＡとは「生命が生命を生み出す基本的な複製のメカニズム」である。翌年、最初の実用的なシリコン・トランジスターが完成した。これ以後、生命の基礎と遺伝的指令の解明がデジタル技術の発展に依拠するようになり、ふたつの分野の発展はたがいに密接になっていった。

これが頂点に達したのが、二〇〇三年に「ヒトゲノム計画」が三二億のヒトゲノムの塩基対のマッピングを完了したときである。三〇億ドルの予算とともに一九九〇年に正式に発足したヒトゲノム計画は、技術の進歩に加え計算処理能力の大幅な向上により、その進展のほとんどを最後の数年間に成し遂げた。実際、プロジェクトの終わりに近づくにつれて、遺伝子配列決定の改善は直線的ではなく、計算処理におけるムーアの法則のように指数関数的であることがしだいに明白になっていった。しかも、二〇〇三年はほんの幕開けにすぎないようだ。情報技術がその端緒にあったものの、ここ数十年の遺伝子工学の進歩は、計算処理の分野で起こった進歩と同じ道をたどってきた。しかし、最初のヒトゲノムのマッピング作業の最後の数年間で得られた勢いによりそれが決定的に変わり、遺伝子治療の可能性は、実行可能な推測の領野から現実へと様変わりしたのだ。

最初のヒトゲノムの解読には一三年もの月日と数十億ドルを要したのに対し、二〇〇七年までには一人の人間に同様のプロセスを行うのに必要なコストはおよそ一〇〇万ドルにまで下落していた——他のどの情報技術の価格曲線よりも急激な下落である。チェス盤上の米と同じように、進歩が進むにつれその改善はさらにいっそうとてつもないものになるのだ。二〇一五年の一月までには一人のゲノムの解読のコストは一〇〇〇ドルにまで下がり、その二年後には生命工学の企業イルミナは一〇〇ドル以下でこの作業を行う機械を発表した。価格性能と同じくらいめざましい勢いで向上しているのは、このプロセスにかかる時間の早さである。最初のヒトゲノムをマッピングするのには一三年を要したのに対し、イルミナの機械は同じ作業を一時間以内でこなすことができる。

これらすべてはあまりに目まぐるしいように見えるかもしれないが、それも当然である——今世紀に転換して以来、遺伝子解析のコストは、ムーアの法則の指数関数的な進展よりももっと驚天すべき速度で下落しているのだ。一ドルごとのコンピューターチップの性能は二四ヶ月ごとに倍増しているのに対し、ゲノム解析のコストは年に五倍から十倍の割合で下がっている。このような急激な価格性能比の向上が今後減速したとしても——今後十年間にコンピューティングで見られる流れとおそらく歩調を合わせることになるだろう——、ゲノム解析にかかるコストは二〇二〇年代末期までにはほんの三〇ドルほどにまで下落するだろう。これだけでも、医療を一変させるのには十分だ。とはいえ、以前イルミナに勤務していたレイモンド・マッコーリーによれば、そうした結論すら不当に悲観的なものだという。彼の見方では、二〇二二年までにゲノム解析のコストはトイレを流すのと同じ程度になるのだという――つまり、考えるにも足らないくらい安くなるのだ、と。

「地球バイオゲノム計画」は、この分野がどれほど急速に変化しているかを物語っている。二〇一七年の二月に最初に提案されたこの計画は、先行する「ヒトゲノム計画」を明らかにモデルとしていた。「ヒトゲノム計画」の達成は歴史的なものであったが、両者を同等とみなしてしまえばその野望の遠大さを見誤ることになる。人間個人のゲノムをマッピングするのではなく、「地球バイオゲノム計画」は単細胞生物から植物、そして複雑な哺乳類に至るまで、地球上のあらゆる生命体を解析しようとしているのだ。こうした試みはけっして安くは済まないだろうが、世紀転換期に数十億ドルかけて最初のゲノムのマッピングを行ったときよりははるかにコストは低くなるだろう。

しかし、自分のゲノムを定期的に解析することで、具体的にはどのような利点があるのだろうか。医療を提供し高齢化に関する問題に対処するにあたり、それはどのように役立つのだろうか。まず、外部から識別可能な症状が現れるより前にガンなどの疾患を早期に発見できるようになり、医療は反応的なものから予防的なものへと性質を変えていくだろう。こうして、卒中、ガン、さらにはありふれた風邪などさえ、突然発症することはなくなり、以前には想像できなかった方法で予測し対処できるようになるだろう。この予測の実践は、おそらくは人が誕生した瞬間から始まることになる。

何千年ものあいだ、人類は新生児の誕生にともなうさまざまな儀礼を行ってきた。イスラムの信仰では、アザーンという礼拝への呼びかけが赤ん坊が聞くべき最初の言葉とされた。他方でユダヤ教では、男児は誕生から八日以内にブリット・ミラーの儀式により割礼を受けるべきだとされている。世界中で新たな命の誕生は古くからある儀式をともなっているのだ。だが、それほど遠くない未来には、新生児が受ける最初の処置は——さまざまな文化的慣習とならび——すべてのゲノムの解析になるだろう。実際、すでに多くの国々では、フェニルケトン尿症（ＰＫＵ）や嚢胞性線維症といった疾患の検査のために、誕生時に血液を採取することが一般的になっている。[＊4]

しかし、ゲノム全体にこれを拡大しＡＩによる解析を行えば、乳児死亡に特有のリスクを即座に回避することが可能となり、乳児死亡率をさらに低く抑えることができるようになるだろう。長

＊4　いくつかの場合では、こうした疾患は治療可能である。フェニルケトン尿症が引き起こすいずれの障害も、血中のフェニルケトン（アミノ酸の一種）の蓄積をさまたげる特定の食事を子供に与えることで予防することができる。

期的に見れば、アレルギーから後半生における冠動脈性心疾患やガンに至るまでの健康プロフィールを作成し、喘息や近視といった症状に対して精密検査や治療を勧告することができるようになるだろう。遠い未来の出来事のように聞こえるかもしれないが、そうではない――アメリカ国立衛生研究所は現在、まさにそのような治療を求めて今後五年間にわたり二五〇万ドルを費やそうとしている。ちなみにこれは、価格がチョコレートのバー一本以下に下がることを勘定に入れる前の話だ。

驚くべきことに、これはまだ予防医学の始まりにすぎない。胎児は妊娠中の母親の血流に自分のＤＮＡを放出するが、癌性腫瘍も同じことをすることがわかっている。よって、ガンの疑いのあるしこりを調べるのに使われる生検組織は液体生検に置き換えられ、ガンを発見し追跡し治療するのに血中のＤＮＡが用いられるようになるのだ。生検と同様に、同じ処置が乳房Ｘ線撮影や大腸内視鏡検査に取って代わる可能性があるが、これは利便性やコスト削減のためだけではなく、有効性のためでもある。

この処置は、ガン関連の死亡数を大幅に減少させるにとどまらず、比較的安価であるため貧困国でも富裕国でも等しく容易に展開することができる。だから、携帯電話と同様、ほんの数十年前には先進国でも不可能だった医療サービスが、ＧＤＰの低い国々でもすぐに享受できるようになるだろう。現時点では、一流の医療についてわれわれが抱くイメージは、部屋全体を占めるような巨大で高価なテクノロジーといったものであろう――一九六〇年代や七〇年代のコンピューターと大差ないものだ。だが、新生児のゲノム解析からガンの予防治療に至るまで、部屋を埋める装置ではなく、手のひらに乗るサイズのゲノム解析装置による診断で事足りるようになるだろう。情報通信やエネルギーのインフラと同様、グローバル・サウスにおける最先端医療の成長は、ヨーロッパやアメリカなどに現存するインフラとは大きく異なった様相を呈するだろう。〈第三の断絶〉のテクノロジーがいま一度、世界の最貧国が従来の発展の限界を「跳び越える」のを可能にし、いまから数十年後には比較的貧しい国々であっても現在の最富裕国よりもガン発見率が高くなる可能性がある。それが実現するかどうかは、ひとえに、テクノロジーの恩恵がどのように分配されるかという政治的駆け引きにかかっている。

手のひらサイズのゲノム解析装置、というのは奇妙に聞こえる――ともすれば、スタートレックに登場する「トリコーダー」を思わせる――かもしれないが、心配には及ばない。なぜなら、それはすでに存在するからだ。重さ九〇グラムほどで手のひらにおさまり、価格は一〇〇〇ドルのMinIONは、エボラウイルスのような有機体のゲノムを高速で複数回解析できる。[*5] このテクノロジーは人間のような複雑な有機体にはまだ対応できないが、価格性能の驚異的な改良を鑑みれば、そうしたイノベーションが出現するのは時間の問題にすぎないように思われる。

＊5　大腸菌のゲノムが解析されたのはようやく一九九七年であり、当時はそれがバイオテクノロジーの最先端だったことは指摘しておいても良いだろう。

しかし、遺伝子解析が医療の将来を変える——予防医学により、症状が現れるよりも前に病気に対応できるようになる——にしても、生物工学《バイオテクノロジー》における最大の飛躍となるのは、遺伝子治療である。死をもたらすおもな要因について言えば、年齢こそが最大のリスク因子である。それとあわせて考えたとき、遺伝子治療は医療においても潤沢さを生み出し、社会の高齢化により指数関数的に進展する危機の超克をも可能にしてくれる。

医療における極限の供給——遺伝子治療

遺伝子工学とはなにも新しい話ではない。われわれ人類は過去一万二〇〇〇年にわたり、選抜育種——〈第一の断絶〉がもたらした大きなイノベーション——を通じてさまざまな種のゲノムを故意に改変してきたのだ。そうすることで、労働に適した動物や丈夫で育てやすく栄養価の高い小麦のような作物がもたらされた。都市、書字、数学などを手に入れるよりも以前に人類はこうした分野に精通していたが、そのメカニズムがどのように働くかを正確に把握したのはようやく一九世紀になってから、グレゴール・メンデルの著述を通じてであった。

ところがメンデル以降、遺伝の解明は芸術ではなくますます科学に近接するようになる。二〇世紀中盤までには遺伝に関する知識は大きく増大し、人々は自然界に見られるプロセス——すなわち進化——を実験室の内部で加速させることができるかもしれないと考えるようになった。

ＤＮＡが遺伝の要因であることは一九五二年以降知られるようになり、翌年にはクリックとワトソンによる二重らせんモデルが考案されたが、最初の遺伝子組み換え動物が生み出されたのはようやく一九七〇年代初頭に至ってからであった。この画期的進歩は、トランジスタや集積回路、さらにはワットの蒸気機関と同じくらい深遠なものだった。ほんの数十年のうちに、理論科学は応用技術へと一変したのだ。

広く一般的な関心を引き起こし無数のハリウッド映画に着想を与えることとなったこの歴史的飛躍は、しかし医療の提供には直接の影響をほとんど与えなかった。必要とされるテクノロジーは法外に高く複雑であったため、三〇年以上にわたりこの分野の進歩は緩慢なものだった。しかし、指数関数的な進歩の法則のもとにあるあらゆることと同様、惰性的に思われた変化は猛烈な急変に取って代わられることになる。

ゲノム編集とは遺伝子工学の一種で、生物のゲノム中にＤＮＡを挿入したり、あるいはＤＮＡを削除したり、または置換したりするものである。これは制限酵素――「分子バサミ」とも呼ばれる――を用いてなされる。最近まではその種類は三種類だった。メガヌクレアーゼ、ジンクフィンガーヌクレアーゼ（ZFNs）、転写活性化因子様エフェクターヌクレアーゼ（TALEN）の三つである。各プロセスの価格には大きくバラつきがあるが、ZFNsとTALENはより最近になって開発されたものであり、三つのいずれも、資金がもっとも潤沢な機関を除けばほとんど手が届くものではなかった。ちょうど一九七〇年代初頭までのコンピューターと同じように、ゲノム編集は膨大な経費を要し、エリート研究者が独占する領分であった。その結果、実験や臨床試験はめったに行われず、費用も高く、時間も長くかかった。

ところが最近になって、CRISPR-Cas9《クリスパーキャスナイン》の出現により事情は一変した。CRISPRとは、実験の期間を数ヶ月から数週間にまで短縮しつつ、ゲノム編集のコストを九九パーセントも削減する新しいアプローチである。もっとも、このアプローチはまだ完成されておらず、満足のいくほどの精確さがいつも得られるわけではない。しかし、CRISPRはほぼすべての研究所にとってプログラミング可能で使いやすい技術であり、科学者たちがかつてない効率で遺伝子情報を編集するのを可能にしてくれる。スペースXやロケット技術と同様、CRISPR-Cas9は人間が新しいことをするのを可能にするのではない。むしろそれは、情報がタダになろうとする状況下では、欠乏にまつわる主流の見方が混乱をきたし、極限の供給が可能となるということを例証するものだ。自動化が労働を変容させたように、そして再生可能エネルギーや地球外の鉱物採掘がエネルギーを変えたのと同じように、生態――とりわけ人間自身の生態――の扱い方は、いままさに根本から変革されつつあるのだ。

そのテクノロジー自体は単純かつ洗練されたものだ。というのは、CRISPR（「クラスター化され、規則的に間隔が空いている短い回文の反復」の略）は、自然界でウイルスに攻撃された際のバクテリアの免疫系を模倣するものだからだ。ウイルスによる攻撃に直面すると、バクテリアはウイルスの

ＤＮＡの断片を取り出し、Casと呼ばれる酵素を使ってみずからのＤＮＡに挿入する。この新たに形成された配列がCRISPRであり、バクテリアはそれを用いてＲＮＡの転写を作成し、ウイルスのＤＮＡを認識し将来の攻撃を阻止するのだ。

こうしたプロセスは一九九〇年代初頭以来認知され解明されてきたが、CRISPRがゲノム編集に適した道具へと変貌したのはようやく二〇一三年になってからだった。バクテリアのCRISPR RNAシステムを、Cas9と呼ばれる酵素にどこを見るべきかを知らせる信号の役割を果たす修飾されたガイドＲＮＡに置き換えることで、それは達成された。これにより、酵素は細胞のゲノムを効率的にスキャンして、単離する前に組み合わせを特定することができるようになった。同じプロセスを応用することで、科学者たちはカット、コピー、ペーストの要領で細胞内のＤＮＡを変化させたり追加したりできる——もっとも現時点では、わずかな許容誤差が残ってはいるが。ＤＮＡが遺伝の要因であることが確定してから数十年、そしてシリコントランジスタが発明されてから六〇年経ち、情報技術は実にたやすく生態システムを再プログラム化できるようになったのだ。

イギリスやアメリカをはじめとする多くの国々の政府はすでに、ヒト胚および成人へのCRISPR-Cas9の使用を承認している。オンラインで家庭用キットを購入し、同じシステムを使って余暇時間にバクテリアを修正することすら可能だ。バクテリアを改変してクラゲのように暗闇で光らせたり、特定の抗生物質に対する耐性を持たせたりすることは、三〇年前であればノーベル賞ものだっただろう——今日では、子どもが中学校でそれをやっている。

CRISPR-Cas9の臨床試験はすでに世界中の実験室でめざましい結果を生んでおり、ミオスタチンを持たない「筋肉隆々としたビーグル犬」を作製し、ヒト細胞内部へのＨＩＶ感染を防ぎ、生後九ヶ月のマウスのハンチントン病の影響を部分的に逆転させ、ガンの進行を遅らせている。ゲノム編集全般——そしてとりわけCRISPR-Cas9——は、多くの遺伝性疾患を根絶するのに役に立つということがいよいよ明白になっているように思える。そうした疾病のうち三〇〇〇種類——ハンチントン病、嚢胞性線維症、鎌状赤血球症を含む——は、ＤＮＡ内部のひとつの文字の誤りによって引き起こされており、それを治すだけでも目をみはるような進歩となるだろう。二〇世紀の後半に人類は天然痘を撲滅した。二一世紀の前半には幾千もの遺伝性の障害を根絶できるかもしれない——それも永遠に。

しかし、ゲノム編集の可能性は、数億人に影響を与えている遺伝性疾患を緩和し、克服することにとどまらない。ゲノムを再プログラム化して、ウイルス性胃腸炎、ＨＩＶ、アルツハイマーなどに耐性を持たせたり、さらには免疫を持たせたりできるかもしれない。または、冠動脈性心疾患のリスクを下げたり、筋肉を引き締めたり、骨を丈夫にしたりすることも可能だろう。こうしたことはいささか行き過ぎに聞こえるかもしれないし、ヒトゲノムをより大規模に編集する試みに対しては、事前に活発な議論がなされるべきである。だが、健康のために栄養状態を改善することと生態のプログラム化を最大限利用することのあいだには、どれほどの違いがあるのだろう。大きな違いはあるまい――そして、両方を追求することが理想的に思えるが、後者のほうがずっと精確である。

二〇一六年以降だけを見ても、CRISPR-Cas9技術を用いたゲノム編集の臨床試験の数は大きく増大している。その圧倒的多数が中国かアメリカで行われており、現在後者が追い上げをかけていることから、この新たな競争を「スプートニク2・0」と呼ぶ者もいる。

このような比較は肯けるものではある。だが、今日のバイオテクノロジーの革新と半世紀前の冷戦時代の科学の覇権争いとのあいだには、大きな違いがある。一九五七年にスプートニクが打ち上げられてから五〇年のあいだ、宇宙探査にかかるコストはあまりに法外に高かったため、それに参与できたのはただ国家のみ、しかも超大国だけであった。対照的に、CRISPR-Cas9のようなテクノロジーは、ゲノム編集への参与のコストを劇的に下げている。ガンを治癒したいにしろ大量殺戮のための生物兵器を生み出したいにしろ、それに必要なテクノロジーは早晩、数十億ドルではなく数万ドルで利用可能になるかもしれない。人間と他の種の遺伝物質を編集するコストがゼロに近づいていくとき、それがもたらす帰結はいくら強調してもしすぎることはないのだ。

とはいえ、そうした未来がどのようなものになるか、その片鱗をわれわれはすでに垣間見ている。二〇一七年初頭、ミシシッピ州在住でバイオハッキングに情熱を注ぐ犬のブリーダーのデイヴィッド・イシーは、アメリカ食品医薬局（ＦＤＡ）にコンタクトを取った。イシーは当時、CRISPR-

Cas9を用いる技術を磨いており、庭の実験室で個人的に実験を行っていた。ダルメシアンによく見られ、痛風の原因となる高尿酸血症と呼ばれる遺伝性疾患があるが、彼はこれを除去するのにこの技術を利用したいと考え、FDAに計画の概要を送付した。イシーは当局による承認は形式的なものにすぎないと思っていたため、何の返答もないことに面食らった。

その理由が明らかになったのは、一月二八日のことだった。FDAは、CRISPR-Cas9を含む遺伝子編集ツールで改変された牛、豚、犬、その他の動物を規制する計画を発表したのだ。以前はあいまいだったDIY文化と高価値技術とのあいだの境界領域が、いまや連邦政府の承認を要するようになり、政府の厳しい監督下に置かれることになった。

イシーにとってこれは痛手となった。彼はある放送局にこう語った。「犬のブリーダーに純粋種同士の交配がなぜ悪いことなのかを教えるより、CRISPRを教えてやるほうが簡単なのです」。彼の見解では、血統書つきの犬の遺伝物質はもとより「自然」などではなく、人為の結果引き起こされた生物学的なエラーを修正する手段をCRISPRは提供してくれるのだという。

FDAは、動物のゲノムの編集部分を動物用医薬品と同等に扱うことを提案した。つまり、新薬とちょうど同じように、遺伝子改変された動物を売ることはできず、無償で譲渡することもできないというわけだ。同じくらい重要なのは、編集されたゲノムは知的財産権や特許権の対象になる可能性があるということだ。二一世紀への転換期にあらわれたピア・トゥ・ピアのファイル共有ネットワークのナップスターをめぐる争いを思い浮かべてほしい。いまや、同じことが生物学にも適用されたのだ。たとえ情報がタダになりたがるとしても――あるいは、すくなくとも時間の経過とともに低価格になりたがるとしても――保護すべき既存のビジネスモデルや収益が存在する場合には、それもさしたる意味を持たないだろう。

安全性に関する懸念には正当なものもあるだろうし、適切な運営や規制は必要だろう。ただ、編集されたＤＮＡ――人間のものを含む――を完全な営利目的で商品に変換することは、資本主義の論理とまったく合致している。別の箇所で見たように、市場を創り出すためには人工的な欠乏が課されなければならない――さもなければ、誰も利益を得ることはできないからだ。しかし、〈第三の断絶〉が加速していくとき、直接的な行動や抗議がどのような様相を呈することになるか、ＦＤＡの発表に対してイシーが出した次のコメントは、その兆候を示してはいるだろう。「私が思う最善の方法は、ともかく健康な動物を生み出してしまい、人々にこう告げることだ。私たちはこの病気を治しました、でもＦＤＡはそれを許可しないのです、とね」

エリジウムへようこそ

現代のミシシッピ州でバイオハッキングに専心するデイヴィッド・イシーと、二一五四年を舞台にした映画『エリジウム』のあいだには、類似点を見いだすことができるかもしれない。この映画では、気候変動に加え、公式経済がどうやら破綻をきたしており、地球が荒廃している。その結果、富裕層はエリジウムと呼ばれる地球外の植民地——地球を周回する巨大なスペースコロニー——へと脱出している。エリジウムの居住者と地球に残された人々の生活環境の違いは、このうえなく衝撃的である。

エリジウムの住人には多くの特権が与えられているが、そのひとつは、病気を治癒し、老化を逆転させ、身体全体を再活性化させる機械「メド・ベイ」を使えるということだ。映画のストーリーは、マックス・ダ・コスタ——ロサンゼルスの廃墟に住む元自動車泥棒——を中心に展開し、致死量の放射線にさらされたあと「メド・ベイ」にたどり着こうとする彼の奮闘を描いている。マックスの冒険は、白血病により死の淵にある娘を治療しようとする幼なじみの友人フレイの努力と並行している。彼らにとってただ唯一の問題は、「メド・ベイ」の使用はエリジウムの市民にのみ許されており、他の者では機能しないということである。すなわち、マックスとフレイの娘にとっての唯一の望みとは、居住地全体のオペレーティングシステムを改変し、彼らのような外部者にもそのテクノロジーを利用できるようにすることだ。

映画のクライマックスでは、スパイダーという名のハッカーがマックスの脳からプログラムをアップロードすることで、エリジウムのオペレーティングシステムを再起動し、地球上の人々にも市民権を拡大する。これが完了するとすぐに、病人や死にかけている人々を看護するためにロボットが出発していく。慈善行為などではなく、ロボットはたんに命令を実行しているにすぎない——つまり、エリジウム人を世話することだ。

にわかにはわからないかもしれないが、『エリジウム』は権利に関する映画である。普遍的人権と限定的な市民の権利のあいだの緊張、そして私有財産権と公的医療を受ける権利のあいだの緊張が描かれているのだ。おおかたの人々にとって、ある人々が生をつなぐ権利は、別の人々が想像を越えた富を持つ「権利」を直感的には上回る。マックスが最終的に自分の命を犠牲にするにもかかわらず、結末がハッピーエンドであるのはそのためである。

つまり『エリジウム』は、ありうべき人類の未来についての物語であると同時に、〈第三の断絶〉がどのように進展するかについての寓話でもある。その意味するところは明白だ。地球上のあらゆる人々が健康で幸福で充実した人生を送るのには、十分すぎるほどのテクノロジーが存在する、ということだ。それを妨害するのは、自然界にある不可避の欠乏などではない。むしろ妨害を引き起こすのは、市場による配給制限や、いかなる犠牲を払ってでも生産から利益を得ることを保証しようとする市場による人為的欠乏である。

とりわけ上述した医療技術を踏まえれば、この不協和音は時が経つにつれ不快さを増していくばかりだろうということがわかる。だからこそ、われわれの社会のオペレーティングシステムもまた、変える必要があるのだ。

おそらくわれわれは、『エリジウム』が描く世界の片鱗をすでに目にしている。二〇一五年一二月、スペースXのファルコン9ロケットの着陸により、一度軌道に乗ったあと二回目の飛行のために帰還することのできる最初の再利用可能なブースターが誕生した。再利用可能なロケットの登場は、宇宙産業を商業的に実現可能にするうえできわめて重要な出来事である。実にこれは、宇宙技術の歴史において記念すべき瞬間であった。

その数ヶ月前の九月には、トルコの海岸で死んだひとりの子どもの写真が世界中で大きく報道されていた。その三年前、アラン・クルディは内戦の中心地になっているトルコ国境付近のクルド人居住地の都市コバニで生まれた。クルディの家族はISISによる継続的な包囲攻撃の渦中に家を逃れ、一月に帰還したものの、数ヶ月後に戦闘が再開するとまたしても逃げることを余儀なくされた。他の同郷人たちと同じように、クルディの家族は避難先をヨーロッパに求め、九月二日未明、アランは兄や両親とともにギリシャのコス島に向かう違法のボートに乗り込んだ。もののの数分でボートは転覆した。午前六時半、クルディの遺体はボドラムで地元住民によって発見された。数日のうちに、彼の亡骸は母リハナと兄ガリブの遺体とともに、埋葬のためコバニへと戻された。

二〇一五年の夏に数千もの人々がそうしたように、アラン・クルディの家族は、人間として得るに値する庇護、尊厳、機会を求めてヨーロッパに入ろうとした。西ヨーロッパの国々はエリジウムのような医療技術を持っているわけではないが、クルディの死からほんの数ヶ月以内に再利用可能なロケットが帰還を果たしたという事態は、『エリジウム』の世界とあまりによく似通っている。まもなく地球上のあらゆる有機体のゲノムを解読する技術を手に入れようとしているこの世界は、毎年数千もの人々が地中海で溺れ死ぬという事態を容認しているのだ。

遺伝子治療や日々行われる遺伝子解析は「メド・ベイ」とは違うものだが、それらは医療の供給を根本的に変え、毎年数百万もの人々を衰弱させ死に至らしめる病気を根絶する可能性を秘めている。さらに重要なことに、指数関数的な進歩や極限の供給にむかう傾向に支えられたこうしたテクノロジーは、社会の高齢化がもたらす医療の諸課題に対応するだけでなく、それらを超越していくことすら可能にするだろう。高齢化を続ける社会を維持することなどできない、社会化された医療の形式はとくに持続不可能だ、などと巷間言われるが、真実は正反対である。さまざまな研究が示すように、社会化された医療はずっと効率的で公平なのだ。こうした新しいテクノロジーを統合しつつ、社会化された医療を維持し拡大することによってのみ、社会は進歩する。根本にあるこの真実を、よりいっそう情報財に類似していく医療とあわせて考えれば、それは無料の百科事典や映画などよりもずっと深い含意を帯びてくるだろう。それは加齢や遺伝による疾患の完全な終焉を告げてしまうかもしれない。

代わりに生じるのはどんな事態だろうか。富裕層が自分の子孫のＤＮＡを改変しあらゆる面で他の人々より優れたものにし、現存の経済格差から新たな形式の生物学的不平等が生じるだろう。そうして、法の下の平等の基礎――人類はみな平等に創られている――が脅かされることになる。

第八章

動物なしの食物――栄養におけるポスト欠乏

植物性タンパク質を動物性タンパク質に変換するにあたり、牛は非常に効率の悪い生き物である。牛を介在させ餌を与えることで、私たちは実に多くの食料を失っているのだ。

――マルク・ポスト（合成肉の発明家）

私たちは生命が実際どのような仕組みで働くかをつかんだので、もはや食料を生み出すために生き物を死なせる必要がなくなりました。

――ジャストフーズの宣伝ビデオ

食料、余剰、断絶

〈第一の断絶〉は、まずもって食物の革命であった。それ以前にもわれわれの祖先は火や石器といった単純な技術を持っていたが、農業の到来以前にはその効果は限定的だった。仮に一万二〇〇〇年前という比較的最近の時期に人口調査を行ったとしても、地球全体を覆う人口はほんの五〇〇万人あまりにしかならなかっただろう――今日のアイルランドの人口と同じくらいだ。

万事が変化し始めたのは、穀物を栽培し家畜を育てることでずっと大規模で複雑な社会形態が可能になったときである。われわれの祖先はもはや、気まぐれにおとずれる捕食者、飢饉、自然災害などに支配されなくなった。いまや彼らは、豊穣の時期に余剰を蓄えると同時に、道具やインフラを用いて新たに手に入れた潤沢さを漸次拡大することで、未来を管理できるようになった。

遺伝子組み換え食品については、それが近代テクノロジーの最悪の面を体現するものであるとして不安を煽る言説が流布している。それを踏まえれば、われわれが現在当たり前に享受している主要な食品は、他ならぬ遺伝子組み換えによってこの時期に開発されたものだということは、皮肉に思える。一万一〇〇〇年前にアフガニスタンで最初に収穫された人参は、当初は紫色と白色であった。また、いまや世界中でもっとも人気のあるフルーツとなったバナナは、われわれの祖先が氷河期後にそれを栽培しはじめたとき以来、繁殖力がなく種子をつけることができない。技術的な方策だけでは生態系の悪化や食料不足を解決するのに十分ではないという批判は正しいが、そもそもわれわれの種の繁栄を下支えしたのは、まぎれもなく技術であったのだ。

伸長する世界

人類繁栄の物語の基礎を成したのは、農業、そして自然の恵みを再プログラム化する独特の能力であったが、そうした特別な能力はいまや惑星のもつ自然の限界に行き当たってしまったように思える。こうした限界はかつてないほどに顕著となっており、無数の仕方であらわれている。そのうちもっとも衝撃的なものは「第六の大量絶滅」であり、そこでは哺乳類の四種に一種が絶滅するとされる。同時に、海洋に生息する最大級の魚類のうち九〇パーセントが消え去り、数十億人に飲み水を提供する氷河が枯渇し、過剰な工業型農業によって劣化した農業用の土壌はますます塩化する。つまり、われわれの惑星の持つさまざまな宝——鉱物、動物、植物——は滅ぼされつつあり、衰退の速度は加速を続けるばかりなのだ。

その理由は単純である。現在人類は、二〇億人以上が一日二〇〇〇カロリー未満の摂取で生活しているにもかかわらず、毎年地球一・六個分の資源を消費しているのだ。おそらくこの事実が示唆しているのは、われわれ人類の数が多すぎるということだ。もしそうであるなら、世界の貧しい人々がより裕福な国々と似たライフスタイルを享受することは、われわれが望むのとはまったく逆の事態だろう。世界的な不平等と貧困に取り組もうとする者にとって、このことは問題となる。なぜなら、貧しい人々にとって意義のある改善をするならば、環境破壊をさらに悪化させざるをえないように思えるからだ。

だが、問題はそこで終わりではない。地球上の人口は二〇五〇年までにさらに二〇億人増加すると予想されており、国際連合食糧農業機関によれば、九六億人にバランスの取れた食事を提供するためには、食料生産を七〇パーセント増加させなくてはならない。つまり、今世紀の中盤までに人類は、ただすべての人が適切な生活水準を享受するだけのために、地球二個分の資源を必要とするようになるのだ。

しかし、この試算ですらまだ楽観的かもしれない。もしすべての人が現在の平均的なアメリカ人と同じ食事をし、一日約三七〇〇カロリーを摂取しようとするなら、今後三〇年以内に追加で地球五個分の資源が必要になるのだ。たとえ世界的な発展の枠組みとしてアメリカを設定しようと思ったとしても、生態系が提供できる資源量の観点からすると、それはまったく不可能なことだ。

しかも、気候変動が農業にもたらす影響についての堅実な予測を勘案すれば、状況はさらに悪く見える。二〇〇九年のある報告書によれば、気温が三度上昇すると、二〇〇〇年と二〇五〇年のあいだに南アジアでの小麦の収穫量が五〇パーセント下落するという。加えて、米は一七パーセント、とうもろこしは六パーセント下落する。この地域には人口数で上位八ヶ国のうち三ヶ国——インド、パキスタン、バングラデシュ——があり、三つの国々は今後人口がさらに増加すると見られている。それだけではない。数億人に飲み水を提供するブラマプトラ川、ガンジス川、インダス川といったインド亜大陸の大河を形成する氷河が、現在消滅しはじめている。

同報告書は、東アジアでは米の生産高が二〇パーセント、小麦は一六パーセント減少すると予測している。現在から二〇五〇年にかけて人口が倍増すると予想されるサハラ砂漠以南のアフリカでは、米の収穫高は一四パーセント、小麦は二二パーセント減少するという。アフリカと同様、人口の急激な増加と水不足という二つの困難に見舞われている中東では事情はさらに悪い。米の収穫高は三〇パーセント、とうもろこしは四七パーセント、小麦は二〇パーセントも減少する。

とはいえ、グローバル・ノースの比較的裕福な国々が影響をまぬがれるというわけでもない。温暖化の度合いを低めに見積もった筋書きでも、アメリカではとうもろこしは三〇パーセント、大豆は四六パーセント、それぞれ収穫量が減少すると予想されている。現在同国は世界最大の穀物輸出国であることを鑑みれば、アメリカ本国のみならず世界市場にとっても大きな災禍となるだろう。仮にロシアやカナダといった別の国々が農業大国になったとしても、資源をめぐり軍事力の強い隣国との紛争が起こる可能性が高まるだけかもしれない。

ポスト欠乏など忘れてしまったほうがいいのかもしれない。人口増加、気候変動、水不足、そして環境収容力の逼迫といった状況下では、今世紀中盤まで大規模な飢饉を回避するだけでも驚くべき達成である。それでは実際、人口が九六億人にもなる世界を、この惑星はどうやって養うことができるというのだろうか。

現行の食料生産のモデルのもとでは、この問いへの答えはどんな種類の食事を採用するかに大きく左右される。平均的なアメリカ人は食料や二次動物の飼料として一年に八〇〇キログラムの穀物を消費している。もしこれをグローバルな標準とするなら、二〇億トンをすこし上回るばかりの現在の穀物生産の水準では、世界人口のうち二五億人ほどしか養うことはできない。対照的に、年間の穀物消費量がひとり当たりおよそ四〇〇キログラムの地中海式の食事を標準にするなら、その二倍の人口を維持することができる。さらに、人類すべてが平均的なインド人と同じ量の穀物を――直接的、間接的に――食べるならば、現在の食料生産の方法で一〇〇億人もの地球人口を扶養することができる。多少の誤差はあれど、今世紀末の数十年には世界はこの人口に近づくことになる。

端的に言って、われわれの生活を生態系の許容量を越えたものにしているのは、グローバル・ノースの食事に特有の肉や乳製品の消費である。現在の食料生産の水準でも二〇五〇年の時点の需要に応えることが可能だが、そのためには動物性タンパク質をほとんど含まない食事を標準にする必要がある。

しかし、すくなくともいくらかは朗報もある。〈第二の断絶〉の黎明期以来、地球の人口は爆発的に増加しているが、今世紀にはピークの一〇〇億人に達し、その後は減少するか横ばいを維持する見込みだ。養わねばならない口数という点では、今日の状況からそう大きく変わりはしない。三〇億人の追加というのは、一九七四年以来の増加数と同等である。実際、世界の飢餓撲滅の最大の障壁となるのは、気候変動の結果としての穀物収穫量の減少とあわせて、食事の要求量の増加なのである。

人口増加や地球が提供できる自然資源の限界にまつわる主張は、何も新しいものではない。事実、政治経済史の初期においてもっとも重要な思想家のひとりのトマス・マルサスは、この問題に執心していた。論議を呼んだ一七九八年の著書『人口論』においてマルサスは、食料生産がいくら増加しても引き起こされるのは平均的な生活水準の改善ではなく人口増加であると述べた。そこから導き出される結論は明白である。「人口の力は、人間の生存手段を生産する土地の力よりはるかにまさっているから、早死がなんらかのかたちで人類をおとずれなければならない」

こうした主張をしたのはけっしてマルサスひとりではなかった。一八六〇年代に著述活動を行ったイギリスの経済学者ウィリアム・ジェボンズは、たとえ蒸気機関が効率性を増していったとしても、予想に反して石炭使用量は減少ではなく増加すると述べた。この考えは「ジェボンズのパラドックス」と呼ばれている。マルサスとジェボンズの判断は同じようなものである。つまり、人類の創意がいくら広大であったとしても、それが無尽蔵の貪欲さと足なみを揃えることなど望むべくもないのだ、と。

ところが、二〇世紀後半の農業の歴史は、事態がそうはならなかったことを告げている。とくに五つの危機という広い文脈においては、九〇億人の人口を養うことなど不可能に思えるが、ここ六〇年ほどでなされたなかで最大の達成はそれが可能であることを示唆している。「緑の革命」――これがその達成の名である。

情報としての食料——緑の革命

現在、農業に使われている土地面積は世界の土地の三七・五パーセントを占めており、これは一九七〇年代後半とおおむね変わらない広さだ。しかし、平均的なカロリー摂取量が増え食料不足が減っているにもかかわらず、この惑星は当時より三〇億人も多い人口を扶養している。事実、過去数十年だけでも、飢餓に苦しむ人々の数は世界人口の一〇パーセントほどにまで半減している。農業に従事する人がどんどん減るなかでこれが達成されたのだ。

これはつまり、九〇億人の人口を養うには別の方途があり、食習慣の制限や変更なしにすべての人々に対して十分以上の食料を供給することができるということだ。実際、エネルギー、労働、資源などと同様、食料は潤沢になり実質的には無料となるだろう。そして価値の源泉は、土地や人間の労力といったインプットではなく、情報の内容に移っていくだろう。

一般的な知名度はあまり高くないが、ノーマン・ボーローグは二〇世紀でもっとも重要な人物のひとりである。一九四二年に博士号を得てから一年後、彼はメキシコで農業研究の職に就いた。十分な量の小麦を生産することができていなかった同国で、ボーローグは半矮性で高収量の小麦品種を開発した。これらの改良品種は、長くて食べられない茎ではなく食べられる穀粒の成長にエネルギーのほとんどを費やすもので、さらに病気に強いという利点も持っていた。ボーローグの研究は、国連、合衆国のさまざまな政府機関、ロックフェラー財団などの資金提供を受けた最先端の農学研究であり、それがなされたのはDNAや遺伝のメカニズムが解明されるより一〇年以上も前のことだった。

メキシコの小麦生産量は急激に上昇した。一九五六年までには小麦を自給できるようになり、一九六四年までには輸出量は五〇万トンになった。二〇年ほどのあいだに、メキシコの小麦の大半はボーローグが栽培した新しい品種から生産されるようになった。だが食料生産が問題となっていたのはメキシコだけではなかった。ヨーロッパの帝国から新たに解放された国々では、世界規模の飢餓への懸念はかつてなく高まっていた。不確実な世界にあって、植民地主義の結果として生じた経済発展の遅れと、人口増加や国家体制の相対的な脆弱さは、危険な組み合わせのように思われた。

だからこそ、一九六一年にインドが飢饉の瀬戸際に立たされたとき、中央アメリカ以外の国にも技術を応用するべくボーローグが招聘されたのだ。パンジャブのある地域が選定され、国際稲研究所（IRRI）が最近開発したばかりの穀物で実験が行われた。植物育種、灌漑開発、農薬使用などの独自のプログラムの結果、メキシコと同じくインドでも大きな躍進が生じた。だが何より決め手となったのは、IRRIが開発した半矮性のイネ品種であるIR8の採用である。一九六八年に刊行された調査結果によれば、肥料なしでは一ヘクタールあたり五トン、最適な条件下では一〇トン近くが生産された――インドの伝統的なイネの品種と比べて九〇〇パーセントもの増加である。同年、生物学者のパウル・エールリヒはベストセラーとなった著書『人口爆発』を出版している。エールリヒは、とくにインドでの飢饉により今後数十年で数億人が命を落とすだろうと詳述した。彼は確信をもって言い切っている。「一九八〇年までにさらに二億人増えるインドの人口をいったいどうやって養うことができるのか、私には皆目見当がつかない」

ところが、インドはそれをやってのけた。しかも二一世紀初頭までには平均寿命は二倍になり、歴史的には植民地主義による飢餓に苦しんできたこの国は世界有数の米輸出国になった。予想を上回るこうした成功は、ボーローグやIRRI、ひいては緑の革命による遺産である。その遺産の中心には、食料とは究極的には情報であるという原則がある。

そして、どんな情報も再プログラム化が可能なのだ。

緑の革命を完了させる

とりわけアジアの農業を変革した緑の革命の大部分は、先進国ではすでに一般的となっていた技術やインフラの拡充によってなされた。これには近代的な灌漑システム、そして化学農薬や合成肥料の使用が含まれる。しかしそのもっとも重要な側面は、大幅に改良され遺伝子が組み換えられた作物品種の採用であった。これにより一九七〇年代以来、発展途上国では小麦の生産高が三倍に増え、その過程で推定約一〇億人の命が救われたのだ。

しかし、かつてないほど多くの人口を扶養し、かつ必要な労働力を減らすことを可能にしたその緑の革命が、ほんの始まりにすぎないとしたらどうだろうか。われわれが住む惑星は使い尽くされてなどおらず、自然に精通することでほとんど無限大の潤沢さがもたらされることを、人々がようやく理解しはじめたばかりなのだとしたらどうだろうか。情報がタダになりたがっているのだとしたら――そして自然の恵みとはすなわち非常に複雑な情報の配列なのだとしたら――いったいどうして飢餓が存在するというのだろうか。

どうやら最初の緑の革命は、マルサス、ジェボンズ、エールリヒが間違っていたことを実証し、人類の集合知はわれわれ全員の食欲を満たすのに十分なほど有能であることを確証している。しかしだからといって、二〇世紀に起こった他の多くのことと同様、代償がなかったわけではない。化石燃料はかつてないほど多く燃やされ、気候変動は加速するばかりだった。また、野生の生息地は破壊され、河川や湖沼は汚染され、土壌はどんどん痩せていった。前世紀に起こった出来事は、悲観論者たちが誤っていたことを実証したのかもしれない。しかし依然として、われわれは借り物の時間のなかに生きているようなのだ――与えられた執行猶予は暫定的なものにすぎない。

同様に問題となるのは、この超効率的な農業のパラダイムにおける動物の扱い方である。現代の農法は、プロテイン、炭水化物、脂肪などを多く提供してくれたかもしれないが、同時にそれは、この惑星を枯渇させるにとどまらず、感覚を持つ生命に対し計り知れない苦痛を与えている。

何百万羽ものオスのひよこは、卵を産むことができないという理由で殻とともにベルトコンベアの上で生きたまま処分《マセレート》［高速グラインダーによる破砕］される。一方、養鶏場のニワトリは、感染を防ぐために抗生物質を大量に投与されながらA４の紙ほどの面積のなかで生涯を過ごす。たえず牛乳を生産するために、メスの牛はすくなくとも年に一回は子を産まねばならず、そのために人工授精を受ける。牛は自然状態では九ヶ月から一年のあいだ仔牛を授乳するが、酪農場で生まれた仔牛は誕生から数日のうちに母牛から引き離される——母子両方にとってトラウマ的な経験だ。酪農家にとってオス牛はほとんど役に立たないため、イギリスでは毎年一〇万頭以上のオスの仔牛が射殺されている。

高度に自動化された食料生産により、かつてないほど多くの人口を扶養できるようになるかもしれない。だが、こうした虐殺の光景はほとんど誰もが見たがらないだろうし、知ることさえ忌避するだろう。

合成肉——動物なしの食肉

海底深くにいるいくつかの特別な生物を除き、地球上のほとんどの生命は太陽の恩恵を受けている。植物や藻類は、太陽を原力とした光合成と呼ばれる化学反応によって、空気中の二酸化炭素と水を結合させて栄養を得る。これをなすのが葉緑素と呼ばれる色素である。葉緑素は植物に色を与え、太陽エネルギーを取り込む働きをする。同様の過程は海中の植物プランクトンにも起こる。この小さな生命体は世界の酸素の半分を供給しており、およそあらゆる海洋生物の基盤を成している。

太陽エネルギーを利用するこうした生命体は、バイソン、象、動物プランクトンといった野生の草食生物や、山羊や牛などの家畜動物にエネルギーを供給する。次にこれらの動物たちは、ネコ科の大型動物、大型の魚、人間、家畜動物などのための食肉の基盤を形成する。一般に人間は雑食動物や草食動物を飼育し食料としてきた。こうした生き物は、飼育が容易なのに加え体脂肪率が高く、多くのカロリーを供給してくれた。

にもかかわらず、植物ベースの食事と比較すると、動物はエネルギー集約的であり、太陽エネルギーの食料への変換にあたってはけっして効率的とは言えない。米、豆、野菜、果物などを食べているバングラデシュの一家は、一エーカーないしはそれ以下の土地があれば暮らしていくことができる。対して、一年に二七〇ポンドの肉を消費する平均的なアメリカ人は、その二〇倍の土地面積を必要とする。一ポンドの大豆タンパク質を生み出すのに必要なインプットを調べ動物性タンパク質のそれと比較してみると、後者は二〇倍の土地、一三倍の化石燃料、一五倍の水を必要とする——なのに、大豆は非効率的な非食肉製品として知られているのだ。

地球上の利用可能な表面積のほぼ三分の一は直接的・間接的に家畜に与えられており、世界の穀物生産の半分以上は家畜飼料に充てられている。コーネル大学が行ったある研究によれば、アメリカでは三億二〇〇〇万ヘクタールの土地が家畜用に用いられている一方、野菜、米、果物、じゃがいも、豆などに割り当てられているのは一三〇〇万ヘクタールにすぎない。このような大きな開きからわかるのは、限られた資源を使って食料を生産する方法としては、畜産はかなり非効率的だということだ。

しかも、畜産業は人間が出す温室効果ガス全体のうち一四パーセントを排出している。国連が二〇〇六年に発表した報告書によれば、二酸化炭素の排出量では自動車よりも多い。そして、世界の淡水取水量の六九パーセントは農業に用いられており、そのほとんどが食肉の生産に充てられている。牛一頭の水消費量は年平均で一万一〇〇〇ガロンである。つまり、一ポンドの牛ひき肉を生産するのに平均で四四〇ガロン、一ダースの卵ではなんと六三六ガロンの水が必要なのだ。その裏で、世界では毎年三四〇万人が水に関連する病気で死亡している。

わけても驚くべきなのは次のことである。副産物として排出される温室効果ガスはもとより、水、エネルギー、土地、労働力をこれほど用いた末に、動物の死骸の実に半分は使われることがないのだ。一〇〇〇ポンドの体重の未経産牛は、平均して六一〇ポンドほどの「吊り重量」になり、小売用に骨や脂肪を取り除くと四三〇ポンドにまで減少する。皮革や蹄、そして二年にわたる消化プロセス、意識、呼吸、そしてたんにあたりを歩き回ることなどを勘案すれば、生きている牛から食物を得ることは、太陽エネルギーを牛肉や牛乳に変換する方法としては信じがたいほど無駄に思えはじめる。

気候変動、資源不足、人口増大といった課題を踏まえれば、世界の食肉消費量を現状よりも大きく減らさなくてはならないことは明らかである。できることなら、人間の食事から肉を完全に排除してしまうことが望ましい。しかしそれでは、選択の自由はどうなるのだろう。人間は果物や野菜を食べるのにより適しているかもしれないが、結局のところわれわれは雑食性であり、動物は美味なタンパク源なのだ。多くの国々では、肉の消費はより広範な文化的遺産の一部とみなされており、健康上のリスクや地球の保護とは関係なく、そうした類の価値システムが変化するのには――もしも変化することができるとすればだが――数十年がかかるだろう。

だが、本書でこれまで検討してきた他の危機と同様、まったく存続不可能に思えるパラダイムと並行して、ひとつの解決策を見いだすことができる。より多くの人々により良い食料を提供し、惑星を保護し、エネルギー需要を削減し、さらには農業において動物がこうむる苦痛に事実上終止符を打つことができるかもしれない。それはいわば、緑の革命が頂点に達し、食料が情報財となる事態だ。その解決策の名は細胞農業である。

三二万五〇〇〇ドルのハンバーガー

二〇〇八年、マルク・ポストというオランダ人の教授がいわゆる「培養肉」の概念実証を発表した。その五年後、ポストと彼の同僚たちは、同様の原理を用いて実験室で培養して作ったハンバーガーをロンドンのＴＶスタジオで食べていた。グーグルのセルゲイ・ブリンから秘密裏に出資を受けた、ペトリ皿から料理皿に至るこの旅程には、およそ三二万五〇〇〇ドルがかかっていた——歴史上もっとも高価な食事である。幸いにも結果は有望であり、パティは「肉に近いがそれほどジューシーではない」ということで意見が一致した。ポストの概念がうまくいくことが裏づけられたのだ。次なる課題は、もっと洗練させ、規模を拡大し、安価に作るということだった——はるかに安価に。

おそらくポストは、細胞農業の分野を大衆に広めた人物として歴史に記憶されることになる。しかし、活動する個人や組織の数が増え、この分野がますます混雑してきたことを考えれば、細胞農業を完成させるのは彼ではないだろう。細胞農業は、既存の食品を再創造する新しいメカニズムを設計するためのアプローチとして理解することができる。これまでのところ培養肉にばかり注目が集まっているが、細胞農業の可能性ははるかに広大であり、牛なしで作るチーズや、野菜をミディアムレアの牛肉のような味にする酵母にまで及ぶ。おそらくそれを理解するには、あの指数関数的なチェス盤の後半にノーマン・ボーローグの功績が出会ったものと考えるのがいいだろう。

〈第三の断絶〉をもたらすのと同じテクノロジーに支えられ、情報のコストの下落とデジタル技術の指数関数的な進歩に特徴づけられる細胞農業があらわれたのが、ゲノム解析、消費者向けAI、自動運転車などとほぼ同時であったことは、偶然ではない。究極的には、肉、革、牛乳、卵などを生産するのにもはや動物は必要なくなるだろう。

ポストの取るアプローチは実行こそむずかしいが、理解するのはたやすい。まず動物から筋肉の微小なサンプルを取り出し、幹細胞組織を単離してバイオリアクターでスケールできるようにする。次に、それらの細胞を温めながら酸素、糖分、ミネラルを与える。そして、九日〜二一日後、骨格筋に成長した細胞を採取する。現在のところ、このアプローチはすべての肉で使えるわけではなく、とくに組成が非常に複雑で脂肪を多く含む肉には適用できない。だが、魚、貝、鳥肉であれば話は別だ。こうした動物の肉はタンパク質含有率が低いので、この分野の初期段階におけるイノベーションの最適な候補となっている。実際、鳥の筋肉細胞は赤身肉のように成長するのに足場を必要とすらせず、代わりに樽のような容器やバイオリアクターのなかで培養することが可能であることを示唆する証拠がある。ちょうどビールの醸造と同じような製法だ。

だが、最初に肉製品になるのはおそらく魚肉だろう。食料にするための大規模狩猟の対象に最後になった動物が、消費市場向けに人工的に作られる最初の動物になることは、実にふさわしいことである。この分野で活動する企業のひとつであるフィンレスフードは、「醸造所のような環境」で合成の魚の切り身を培養することで、二〇一九年にも自社の食品を市場に出すことができるようになると考えている。そのもっとも有望な候補はクロマグロであり、同社のCEOマイク・

セルデンはこの食品は二〇二〇年までに価格競争力を持つだろうと信じている。

こうしたテクノロジーの背景を成す当初のコンセプトにも増してさらに目をみはるのは、価格性能比の向上である。二〇一三年の時点でポストのハンバーガーには三二万五〇〇〇ドルかかっていたのに対し、それからほんの三年後にはアメリカに拠点を置くメンフィス・ミーツは培養肉でできた最初のミートボールを一〇〇〇ドルで製造した。ずいぶん高いように感じるかもしれないが、価格は大幅に下落しており、いまでは四分の一ポンドの肉をポストの作ったパティの二パーセントほどのコストで作ることができる。だが、まだ終わりではない。その一年前にはすでに、モザ・ミートに移籍したポストは、彼が当初開拓した工程により実験室で牛肉一キロを八〇ドルで作ることができると主張していた。つまり、培養肉を用いたハンバーガーを作るためのコストは一二ドルしかかからないのだという——四年経過した時点で、九九パーセント以上コストが削減されたのだ。そしてこれは、真に産業向けの規模の生産体制なしに成し遂げられたものだ。

とはいえ、牛を必要としない商業用のステーキの実現にあたっては、障壁がないわけではない。ひとつの障壁は、現状では幹細胞の成長のためにウシ胎児血清が使われているということだ。「合成の」動物組織を育てるのに動物由来の製品を使っていては、道理が通らない。もっともこの業界の最前線にいる人々は、そう遠くないうちに植物由来の代替品の使用が実現するだろうと述べている。

もうひとつの大きな問題はエネルギーである。とりわけ豚肉、牛肉、鶏肉といった哺乳動物の合成肉においてこれが問題になる。合成シーフードなら常温で育てることができるが、家畜の肉となれば人間の体温に近い温度が必要だ。したがって、合成肉への転換により、土地使用、温室効果ガスの排出量、労働力、水は大きく節減できるだろうが、消費するエネルギー量は高くなるかもしれない。ただし、再生可能エネルギーや熱の節約について先に概説した潮流を考えれば、これは比較的小さな代償である。

現代の食肉生産がもたらす環境への負荷と、不足する資源への需要の強さを踏まえて考えれば、合成肉によってパラダイムシフトがもたらされる可能性がある。メンフィス・ミーツのCEOウマ・ヴァレティは、合成食品は市場のほとんどを占めるようになるだろうが、他のすべてを駆逐するというわけではないと考えている。彼は次のように述べている。「私たちはあらゆる種類の畜産に終止符を打つことを目指しているわけではありません。私たちが反対しているのは工場式畜産であって、家庭畜産ではないのです。ただ、家庭畜産で供給できるのは、世界の食肉需要のごくごく一部でしかありません」

しかし、フィンレスフードのCEOマイク・セルデンは見解を異にしている。彼は動物の権利と福祉をより重視しているのだ。「食料を得るために動物を殺し環境を破壊する必要はもはやありません。私たちは、現在手にしているテクノロジーによって、ずっと優れたやり方ができるはずです」。誰が正しいのかに関係なく、合成肉の持つ利点は極限の供給にむかう傾向と合致している。このテクノロジーは、気候変動や人口増大といった困難に対処するにとどまらず、かつてないほどの潤沢さを可能にする。想像できるだろうか——安くてヘルシー、動物を苦しめず抗生物質も使わない、健康面や衛生面の懸念もない食用肉である。

合成肉は細胞農業のなかでもっとも卓越した分野であり、すでに膨大な数のベンチャーキャピタルを惹きつけている。だが同時に、それは完成させるのが技術的にもっともむずかしい分野でもある。さらに、魚、ひき肉、鶏胸肉といった特定の種類の肉は大規模な商業化が可能であるのに対し、あばら肉、Tボーンステーキ、そして脂肪の多いベーコンなどは複製がはるかにむずかしい。この問題に対する突破口は、筋肉組織を培養するのに用いられたのと同じ工程に見出されるだろう。同様の工程が脂肪に応用され、ステーキやベーコンの薄切り、さらには仔羊の脚を３Ｄプリンターを使って「プリント」することができるようになるのだ。

こうした食品が店頭にならぶのを、二〇二〇年代初頭までに目にすることができるだろう。事実、ジャストは二〇一八年末に最初のチキンナゲット製品を発売している。はじめは依然として高価なこうした食品は、環境意識が高く味よりも倫理的消費を優先する裕福な消費者の領分となるだろう。しかし年を経るごとにそれも変化し、合成肉はどんどん一般化するだろう——とくにひき肉や味付け肉の使用は、ミートボール、ハンバーガー、ホットドッグなどで顕著になるはずだ。

もし現在の形式の食肉生産が完全に合成肉に置き換われば、緑の革命がもたらした成果すら陰に追いやられてしまうだろう。土地、水、人間労働などの節減量はたいへんなものになるだろうし、メタンガスや二酸化炭素の排出量も大きく減少するはずだ。ある予測によれば、合成肉により土地や水を現在の食肉生産より九〇パーセントも節約できるようになるという。アムステルダム大学とオックスフォード大学が二〇一一年に行った報告によれば、従来の食肉に比べて培養肉は、潜在的にはエネルギーを四五パーセント、土地を九九パーセント、水を九六パーセント、さらには温室効果ガスの排出量を九六パーセント削減できる可能性があるという。同報告書によれば、もしアメリカが合成牛肉への転換を果たせば、温室効果ガスの削減量は二三〇〇万台の自動車をこの国の路上から撤去するのと同等となり、ひとつの「本物」のハンバーガーを培養肉で代用すればシャワー五〇〇回分以上の水が節約できるという。

二〇〇〇年から二〇五〇年にかけて肉や乳製品の消費量は二倍になると言われている。だから、合成肉はたんにあるだけ良いといったものではなく、世界中の人々のますます高まる需要を満たすうえで非常に重要なものとなるだろう。この分野がはじめて概念化されてからたった一〇年のあいだに起こった生産コストの下落を踏まえれば、合成肉は動物肉と価格のうえで競合するどころか、ずっと安くなる可能性が高い。それと同時に、動物の苦痛は軽減され、限りある資源の使用量は減っていく。ポストの予測では、合成肉は二〇年以内に価格競争力を持つという。だが実際は、経験曲線の力を鑑みれば、その事態はもっと早く訪れるかもしれない。

野菜から作る肉

しかし、細胞農業の可能性は合成肉にとどまるものではない。実際問題として、ひき肉、切り身、胸肉などを幹細胞から生み出すには、すくなくとも現時点では多大な時間を要する。こうした製品は一世代のうちに主流になる可能性があるが、製品によってはもっと先になるものもあるだろう。だからこそインポッシブル・フーズは、これまでとは異なるアプローチを採り、肉と区別のつかないヴィーガン向け食品を作ろうとしている。ただし同社は、動物性タンパク質を「培養」する代わりに、肉以外から取れるタンパク質を動物性タンパク質に非常によく似たものに変えることによってそれを達成しようとしている。

このモデルの背後にある科学技術は、現在のところ同社の旗艦製品である「インポッシブル・バーガー」に注力している。その技術は動物なしで肉を作る技術よりはるかに単純なものだ。とはいっても、その意図は従来の食品を生み出すために新たな生物学的メカニズムを創り出すことにあるので、依然として細胞農業の範疇にある。マルク・ポストのような人々が好むアプローチは、一連の生物学的プロセスから動物を排除して合成肉を作るというものだが、インポッシブル・フーズはさらに一歩先に踏み込み、用いるのを野菜に限定したいと考えている。奇妙に聞こえるだろうか。しかし、バイオハッカーの視点からすれば、牛とはつまるところ飼料と酸素を牛肉に変換する化学反応に他ならないのだ。

このようなモデルを選ぶに際しての魅力のひとつは、自然がもたらす潤沢さについては多くが未知であるということである。八〇億種のタンパク質、一億八〇〇〇万種の脂肪、四〇〇〇万種の炭水化物から成る、三五万三〇〇〇もの植物種の大部分の構造は、いまだほとんど解明されていない。インポッシブル・フーズの観点からすれば、まさにこうした自然界に存在する要素こそ、人間の食事から加工糖や塩、さらには肉すらも除去する秘訣なのだ。

われわれの食事を様変わりさせるこの革命を先導するのが、「インポッシブル・バーガー」の隠し味、「ヘム」である。ヘムとは血液に色を与え生体内で酸素を運ぶのを助ける分子である。だがインポッシブル・フーズにとってずっと重要なのは、ヘムはジューシーなミディアムレアの牛肉を想起させる、鉄のような深みのある味を生み出しもするということだ。

ヘムは動物の筋肉組織内に豊富にあるが、自然界の別の場所、とくに窒素固定植物やマメ科植物のなかにも存在する。唯一の問題は、動物由来のヘムを植物由来のもので置き換えようとすると、一キログラムの大豆レグヘモグロビンを収穫するのに約一エーカー分もの大豆が必要になるということだ。そこで解決策を見つけたのがインポッシブル・フーズである。彼らはこのタンパク質の遺伝暗号を指定する遺伝子を取り出してピキア・パストリスと呼ばれる酵母に挿入し、糖分やミネラルを与えて成長と複製を促した。これもまた、食物――この場合では特定の食材――を「育てること」であり、ビールの醸造とそう遠くはない。

「インポッシブル・バーガー」を作るにあたり、ヘムは「肉」の味、食感、香りを加えるための決定的な要素である。それ以外は、動物性のタンパク質や脂肪を、小麦、ココナッツオイル、じゃがいもなど植物由来のものに置き換えるだけで良い。そこから生まれる食事は、合成肉から作られたものとは違うという点で「本物の」ハンバーガーではないが、最終的に同社は、他の食品もあわせて、合成肉と区別がつかないハンバーガーを生み出すことを目指している。しかも、合成肉が価格競争力を持つのにはまだ一世代を要するのに対し、インポッシブル・フーズのような企業の製品はすでに販売されており、同社は現在、「植物肉」のひき肉を毎月一〇〇万ポンドも生産している。これまでに投資家たちがインポッシブル・フーズに投じた額は二億七五〇〇万ドル近くにのぼるが、世界の食肉市場の規模は一兆ドル以上にもなること——しかもこの惑星が持つ制約を尻目に急速に成長していること——を考えれば、この投資もごく慎重なものに思える。

肉だけではない

肉を培養するにしろ遺伝子を組み換えていままでにない食材を生み出すにしろ、細胞農業の野心は動物なしで肉を作り出すことにとどまらない。事実、その原理は、牛乳、卵白、さらにはワインに至るまで、さまざまな食品に対して容易に応用できるのだ。

どうやら現時点で応用がもっとも容易なのは牛乳である。クリームやバター、ヨーグルトやチーズなど、牛乳はさまざまな動物性食品の重要な食材であることを鑑みれば、有効な代用品があらわれればたいへんな影響を及ぼすだろうと予測できる。しかも、乳糖不耐症であったり倫理上の理由から乳製品の摂取を好まなかったりする人が実に数億人もいるため、細胞農業に携わりたいと願ういかなる人にとっても、言わずもがな牛乳が最初に取り組むべき対象となっている。むろんナッツミルクや豆乳などが出回ってはいるが、どれも牛乳と同じ味ではないし、なにより世界的な需要の高まりに対応することはできないだろう。

牛なしで牛乳を作るという課題に応えることができると考えている会社に、パーフェクト・デイ・フーズがある。いずれも生物医学工学に精通している共同創設者のふたりは、この課題を実現するべくアメリカ合衆国農務省から特定の酵母を入手し、牛のDNA配列を挿入した――インポッシブル・フーズがヘムに対して行ったのと似たやり方だ。それから彼らは、砂糖で酵母を発酵させ――これもまたビール醸造と似ている――カゼインと乳清の両方を含む「本物の」乳タンパク質を作った。次にそれを植物由来の脂肪や栄養分と組み合わせ、乳糖を含まない牛乳を生み出した。実質的にこの過程は、牛の四つの胃で起こる発酵と同じである。ただしこちらの場合、動物の残りの部位に費やされるエネルギーはなく、メタンガスや二酸化炭素といったやっかいな副産物は排出されず、土地や水の消費量は著しく低い。

そして次は卵だ。卵白の代用品は特に目新しいわけでもない。事実、近年商業的にもっとも好調なヴィーガン食品は、マヨネーズの代用品「ジャスト」である。インポッシブル・フーズのハンバーガーと似た仕方で、ジャストフーズは卵白と同じ乳化特性を持つ無数の植物源を調べ、マヨネーズを作り出した。代替として使える可能性のある一一の植物成分を検討した結果、彼らはカナダ産の黄色エンドウ豆のある特定の種に行き着いた──スプリットピーの一種で、ちょうど適した特性を持ち、遺伝子組み換えの必要もない。

これだけでも十分すばらしい。とはいえ、オムレツ、卵焼き、ゆで卵などは言うに及ばず、卵を使うレシピがまだ他に何百も残っている。そこで登場するのがクララ・フーズだ。同社は鶏一羽も使わず卵白を精確に複製する方法を開発した。その過程はもちろん、遺伝子を組み換えた酵母株を用いて、卵白とそれが持つ一二種のタンパク質を「育てる」ことから始まる。この手法の利点は歴然としている。サルモネラ菌や鳥インフルエンザのリスクがなく、さらには抗生物質も必要ない安価な卵が得られるのだ。しかもこの製法では、温室効果ガスの排出はずっと減り、必要な土地や水の量もすくなくて済むため、持続可能性がより高くなる。この製法の背後にある科学技術は有望であり、クララフーズは二〇二〇年までに合成卵白を市場に出すことを目指している。同社はバタリーケージ飼育にまつわる動物福祉上の問題に決着をつけるのに重要な役割を果たすかもしれない。しかも一方で、より健康で安価な卵が手に入るのだ。

いかにも結構。だが、パスタやオムレツを作るために必要な卵黄についてはどうだろうか。クララ・フーズには卵黄についても類似の製品を生産する計画を持っているが、それが完成するまでのあいだは、ジャストフーズが優位に立つことになる。二〇一八年以降同社は、「ジャスト・スクランブル」という名の緑豆の抽出物から作ったスクランブルエッグを販売している。

シャンパン社会主義

細胞農業の対象になりうるのは生活必需品に限らない。事実、ワインにまつわる事情は近年非常に興味深くなっている。他の飲食物と違い、ワインは非常に独特な味の特徴を持ち、ボトル一本一本ごとにそれぞれ特有の地位や価値がある。さらに、ワインを複製する過程はここまで検討してきた食品とは異なる可能性が高い。それはつまり、他の飲食物にも増して情報財になりやすいということだ。これまでのところ唯一の障壁は、必要な情報を収集し複製できないということだった。もしその障壁が乗り越えられれば、いずれヴィンテージもののワインはＭＰ３に似たものとなっていくだろう。

ぶどうの品種、育った気候、作られた年などが、ワインを取り巻くロマンスの一部を成している。一九九〇年産のシャトー・マルゴーは、その洗練された味わいのために、スーパーで売っているクラレットとはまったく違った飲みものとなっている。商業的な視点で見ると、ワインは非常に人気だが価格帯が多様であるために、バイオテクノロジー企業にとっては出発点としてうってつけである。経済的合理性についてのわれわれの想定がいくらかでも正しいとすれば、ワインが合成食品革命の先陣を切る存在となるのには十分なインセンティヴがあることになる。

エンドレス・ウエスト（元アヴァ・ワイナリー）という企業が勢い込んでこの分野に参入した理由はそこにある。同社は、ぶどうや発酵なしでワインを作ることができるだけでなく、最終的には特定の品種、土壌、年代の味を精確に再現できるようになると考えている。そのやり方は分子アセンブリを通じたもので、「スキャンとプリント」のアプローチを採り既存のワインを分類する。その後、精確な配分でアミノ酸、グリセリン、砂糖、エタノールを混合することでそのワインを再現するのだ。結果、大幅に値下がりした第一級のワインができあがるというわけだ。すでに同社は、一九九二年産のドン・ペリニヨンの再現を試みている（結局、公表されることはなかったが）。

しかし、ワインの有する風味は非常に複雑であるため、エンドレス・ウエストはウイスキーに軸足を移し、最近になってGlyphを発売した——彼らはこれを世界初の「分子スピリット」と呼んでいる。同社のアプローチがうまくいけば、〈第三の断絶〉の流れにある他の多くのものと同様、従来高価だったアルコール飲料は情報財へと変貌してしまうだろう。希少性によって価値が変動するアルコール飲料のうちもっとも貴重な種類でさえ、技術的には一夜のうちに無限に複製されてしまう可能性がある。加えてこの過程では、必要となる土地、水、労働力ははるかにすくなくて済む——実のところ、完全な自動化も夢ではない。急進左派たちは「シャンパン社会主義」に耽っているにすぎないという批判が昔から繰り返されてきたが、皮肉にもこれはそう遠くない未来の世界をそのままあらわす言葉となってしまうかもしれない。

現時点では、エンドレス・ウエストのワインは「本物」と簡単に見分けがつく。ある評者は同社のモスカートワインを評して、「プラスチックのような香りと味」がし、「不自然さ」が鼻につくと述べている。だが同社のウイスキーとなるとまた話は別で、『ワシントンポスト』紙によると、それには甘草やりんごのタッチがあり、世界でもっとも貴重なバーボンとして知られるパピー・ヴァン・ウィンクルのファミリー・リザーブ二〇年より味が良いという。

合成生物学は、労働力、時間、エネルギー、土地、水などの大幅な節減を可能にするだけでなく、食料生産の歴史的転換を駆動することになるだろう。太陽光を一切必要としない合成肉は、都市型垂直農法の候補として最適である。さらには、使用する土地面積の縮減により、人間と自然の関係の根本的な変化が起こるだろう。

食料生産の変革によりもたらされうる恩恵は多岐にわたる。たとえば、森林伐採や産業革命によって失われた広大な原野の再生が起こるかもしれない——気候変動を緩和するにあたり、そうした原野は二酸化炭素吸収源として大いに有用である。また、すくなくとも現在行われている形式による世界的な食料流通が終焉をむかえれば、膨大な量の廃棄物の産出を抑制できるようになる。現在、アメリカの食事に含まれる食材は、消費されるまでに平均して一五五〇マイルの輸送を経ている。食品の最終的な小売価格のうち、輸送、保管、処理によるコストは実に七〇パーセントを占めている。極限の供給とならび、効率化による潤沢なエネルギーを重視する社会にあっては、アメリカからイギリスへ一カロリーのレタスを空輸するのに一二七カロリーの燃料を消費するという現状は、当然ながら不合理とみなされるようになるだろう。

遺伝子編集の場合とちょうど同じように、ＤＩＹ文化のなかで超ローカルな食料生産が盛んになる可能性がある。いっそう増えるばかりの余暇時間は、ビールやりんご酒の醸造だけでなく、リブアイステーキやグリュイエールチーズの自家製作にも充てられるようになるかもしれない。

第三部

楽園の発見

創作とは無からではなく混沌からの創造であることを、謙虚に認めなくてはならない。

――メアリー・シェリー

私有財産の廃止とともに、したがって、真の美しい、健康な個人主義が生まれるであろう。誰も物や物の象徴を蓄積することで自分の生命を浪費しないであろう。人は生きるであろう。生きるとはこの世でもっとも稀なことである。

――オスカー・ワイルド

第九章 大衆からの支持――ラグジュアリー・ポピュリズム

われわれはすべてを欲する。

――ナンニ・バレストリーニ

エリート・テクノクラシーに抗して

〈第三の断絶〉のテクノロジーは一連の新たな素因を生み出している。その結果として現在、所有や仕事、さらには欠乏に至るまで、社会的営みのあらゆる側面が変革されつつある。

この観察からいくつかの問いが浮かび上がってくる。こうしたもろもろの素因をいったいどのようにして政治的力に転換すればよいのだろうか。目前に差し出された未来と幻滅に満ちた現在のあいだに横たわる隔たりを、どうやって打ち破ることができるのか。一見したところ個人的で私的な問題を、いかにして力強く毅然とした「われわれ」へと変換することができるのだろうか。

この三つの問いに答えるにあたって、まず認めなければならないことがある。たしかに極限の供給へ向かう傾向は、食料から輸送、そして衣服に至るまで、何もかもが恒常的に安くなっていくということを示している。それらはいずれも、情報が重要な役割を果たすことにより生産の各要素の価格が下落した結果として起こる。しかし、適切な政治が存在しなければ、ただ新たな形で暴利がもたらされるだけだ。マルクスが次のように述べたとき、彼はこのことを見事にとらえていた。「最も発展した機械装置が労働者に、未開人よりも長く、すなわち労働者自身が最も簡単で最も粗野な道具をもってやっていたのよりも長く労働することを強いるのである」

上記のことを認めたうえで、次のように応答したい。〈第三の断絶〉のもたらす可能性を利潤ではなく人々の要求にかなうものにしようとするならば、その政治はポピュリスト的なものでなくてはならない、と。さもなければ、きっと失敗に行き着くだろう。資本主義リアリズムは、マネジメントやテクノクラシーにまつわる急進的な政治とあまりにも相性が良すぎるのだ。だからこそ、いかなる抗争もたいていの人々にとって理解しやすい語彙でなされなければならない。さらに言えば、「完全自動のラグジュアリーコミュニズム《FALC》」への転回により得られる広範な利得は、社会全体の公益のために個人の犠牲を強いるのではなく、むしろ個人的なレベルでの繁栄と連動するものとして解されなければならない。ＦＡＬＣとは、政治変革に向けたより広範なプログラムに、自己啓発の教え——「自分がなりたい者にこそなりなさい」——を組み込んだ政治である。この政治はこう呼びかける——他ならぬＦＡＬＣのもとでこそ至上の人生を歩むことができる、だからそれに向けた闘争を展開し、過去の遺物となりつつある経済システムのくびきから何としても逃れよ、と。

ポピュリズムとは、経済の舵取りについて広く行きわたった常識を受け入れることを拒絶する政治である。それゆえ、資本主義リアリズムに強く感化された一部の批判者たちは、新自由主義に代わるものは文字通り何もないという誤った思い込みからポピュリズムを攻撃する。二〇〇八年の金融危機の後遺症が尾を引き、五つの危機の暗雲が立ち込めるなか、現状を擁護する者たちは前向きなビジョンを提示することなく、いよいよ反ユートピア主義の向きを強めていくだろう。エスタブリッシュメントの指導者たちですら、生活水準は悪化し多くの面で社会は後退しつつあることを認めるかもしれない。けれども彼らはこう応答するのだ――すくなくともわれわれは、一九九〇年代のルワンダにいるツチ族でもなければ、封建制下の一五世紀を生きる農奴でもないのだ、と。彼らが採るそのような立場は、未来という概念そのものの死をあらわしている。かつて自由資本主義の支柱を成した啓蒙と進歩は、衰退が他の場合よりもほんのわずかばかり遅ければそれは良い社会であるとする見方とすり替えられてしまったのである。

大規模な変革が早急に必要であるということに同意する者でさえ、そのような急進的な道を追求するのはごく一部のハイテク・エリートだけであるべきだと主張するだろう。民主主義によって、その概念自体と同じくらい古くから存在する「暴徒」が解き放たれるのではないかという懸念を踏まえれば、そうした向きは許容できないにしろ理解は可能である。それに、大衆政治運動を組織するよりも、もっぱら政策決定の次元でうわべだけ門番を交代させる方が容易であり、戦略としても実行するのがずっと簡単だ。だが真実を言えば、とりわけ〈第三の断絶〉が解放する甚大なエネルギーを踏まえたとき、大衆の同意なしに課されるいかなる社会的解決も長続きはしないはずだ。

だからこそ、過去に受け入れられていた知恵がいよいよ通用しなくなる世界において、求められる変革を存続させるためにはポピュリズム政治が不可欠なのだ。それは、個人と社会の再生にまつわるアイデアによって、文化と統治を融合させる政治である。言葉を借りれば、それは未来を発明する政治だ。それに満たないものは何であれ不十分である。

ポピュリズム政治とは、「人民《ピープル》」に訴えかけ彼らを代弁しようとする政治である。「人民」というカテゴリーは一定不変の実体として存在しているわけではない。だが一般的には、特定の種類の集団性や、社会的特性ないし能力を優先させる基準が普及している。ゆえに、「民族」は血統や郷土への帰属によって、「民主的な人民」は選挙を通じて正統な権威を築く共通の行為によって、「無知蒙昧な人民」は彼らを寄せつけず敬遠する善意のエリートによってそれぞれ定義される。ポピュリズムの本質とは、「人民」とは本当は誰なのかを決定することにある。あまりに無能で危険、ないしは従順であるので社会変革などできないとされてきた分子に力を与え、可視化するのがポピュリズム政治なのだ。

一九世紀初頭のヨーロッパにおける〈第二の断絶〉の際とちょうど同じように、ポピュリズムはわれわれが直面しようとしている集団的変革を統御するための唯一の方法である。一九世紀当時には、変容する世界を理解するのに新たな連帯の形態が動員された。すなわち、リベラルないしは権威主義的なナショナリズム、帝国主義、人種主義、社会主義などだ。現在の局面でもそれと似たようなことが必要とされている。欠乏や労働を超越し、そして新自由主義が提示する狭隘な形態の自我やアイデンティティを越えた集団的政治の構築が求められているのだ。これほどの文明レベルの転回において、良かれ悪しかれ支配階級がそうした変革を成し遂げられると考えるのは、誤っているどころか馬鹿げてすらいる。さらに言えば、新しく適切な形態の連帯が創出されなければ、先行する数世代の人々が生み出した悪霊たちが回帰することになるだろう。

赤と緑

ラグジュアリー・ポピュリズムは赤《レッド》と緑《グリーン》の両方でなければならない。赤であるのは、〈第三の断絶〉の力を人類のニーズに資するようにし、その過程で個人的自由をかつてないほど促進しようとするからだ。緑であるのは、気候変動は不可避であり、化石燃料からの脱却は喫緊の課題であることを見通しているからだ。さらにラグジュアリー・ポピュリズムは、再生可能エネルギーへの移行は生活の質を低下させるのではなく、エネルギーの潤沢さに至る架け橋を作り、化石燃料の狭量な制約のもとで実現したよりもさらに豊かな社会に人々を導くものだということを心得ている。

富の共有を目指す赤の政治がなければ、エコロジーを重視する緑の政治は大衆の支持を得られないだろう。反対に、赤の政治が約束する豊かさの基盤を化石燃料や不足する資源に求めれば、資本主義と同様に気候災害の餌食となり、世界の貧困層は前例のないほどの破滅に見舞われるだろう。ゆえに、FALCこそが気候変動と闘うのに適した唯一の政治なのだ。みじめな生ではなくより豊かで充実した生を送りたいという願望、それこそがFALCを突き動かす。

二〇世紀の緑の運動からすれば、これは異端である。とはいえ彼らは、あまりにも長きにわたり、「小なるものは美しい《スモール・イズ・ビューティフル》」という主張を無思慮にも繰り返し、この惑星を救う唯一の方法は近代そのものから退くことだといくども唱えてきた。FALCはこの衝動に逆らい、化石燃料資本主義のもとでの消費——日々の通勤、至るところにある広告、クソどうでもいい仕事《ブルシット・ジョブ》、計画的陳腐化などをともなう——と、極限の供給のもとでの良い生の追求を峻別する。FALCのもとでは、かつてなく豊かな世界を目にし、聞いたこともないさまざまな食事を食べ、望むなら今日の億万長者たちと同等の生活を送ることもできるだろう。封建制化の農民や中世の騎士と同様、賃金労働にもとづく社会が過ぎし日の遺物となれば、贅沢《ラグジュアリー》は隅々まで行きわたるだろう。

今日の超富裕層は空虚なニヒリズムに陥っている。欠乏を乗り越えた結果として野放図な消費に行き着く彼らの姿に、その病的な表出を見て取ることができる。それと異なり、FALCを構築するプロセスは、われわれに幸福になるための資源だけでなく共通の目標をも与えてくれるだろう。

さらにラグジュアリー・ポピュリズムは、倫理的消費を掲げ「ローカル」な領野を本質的に善なるものとする素朴政治を拒絶する。続く数章で明らかにするように、行動《アクション》は往々にして身近で組織されるが、五つの危機に対処するために必要な措置の範囲は惑星全体に及ぶものであり、いかなる対応も歴史的かつグローバルなものでなければならないことを認識するのが肝要である。われわれはプロメテウス的な野心を抱かねばならない。なぜなら、人類のテクノロジーはすでにわれわれを神たらしめているからだ――であるならば、神のごとくものごとをうまく処理することが望まれる。

しかしながら、無残な現状を批判しつつも、ポスト欠乏社会にまつわる代替の展望を提示する「草の根」運動の活動領域もまた確保せねばなるまい。化石燃料からの資本引き揚げを訴える運動は、草の根の活動が功を奏する可能性のある領野の一例である――化石燃料への批判は、近代文明の縮減を訴えることで気候正義を要請するのではなく、それが生活水準のさらなる向上のさまたげになっているという、より広範な枠組みのなかに位置づけられるべきだ。クジラの脂肪を燃やして光を得ることが前世紀には不適当になったのと同じように、炭化水素は――太陽光や風力と違って——われわれの生きる世紀のニーズには適さないのだ。地面を掘り燃料を燃やしてエネルギーを得るというのは、いかにも前世紀のやり方である。

同様のアプローチは、シェールガス採掘——〈第二の断絶〉の最後の残り火のなかでも、「欠乏主義《スカーシズム》」の視野狭窄の最たる例——に対する抵抗においても必要だ。そうした抵抗の一環として、フランス、ドイツ、ニューヨークなどではすでにシェールガスの全面的な撤廃が推しすすめられているが、こうした運動はより良いものへの要求と連携して展開されなくてはならない。つまり運動を唱導する者たちは、採掘の中止とともに、先住民の権利、地域の民主主義、抜本的な土地改革などを求めつつ、水圧破砕法《フラッキング》の対象となるコミュニティと一丸となり代替のエネルギーを要求しなくてはならない。この点、アラスカ、カナダ、オーストラリアでの運動はすでにその好例となっている。また、サセックス州にある小さな村バルカムの事例も言わずと知れている。同地では、運動家と地元住民が団結しフラッキングの計画に反対しつつ、自治体所有の太陽光発電を要求した。クリーンなエネルギーの要求は、恒久的なコストの下落への期待だけでなく、共同所有への希求とも軌を一にしなくてはならない。繁栄、民主主義、共有地《コモンズ》はたがいに連関しているばかりか、相補的な関係にあるのだ。

この新たなポピュリズムは、豊かさの共有や進歩の理念を再興する赤／緑の政治を推進するものであると同時に、贅沢《ラグジュアリー》の政治でもある。現存の新自由主義の世界と違い、ＦＡＬＣのもとでは、利益だの成長だの負債だののためにたえず犠牲を捧げる必要はない。「未来の世代のために負債を精算する」「成長や賃上げは来年やってくる」と政治家たちは飽き足らず繰り返している。いずれにしろ、かつての良い時代はもう戻ってこないということはひときわ明白になっている。ただ欠けているのは、訴求力があり感情的な共感を誘うことのできる明瞭な言語である。というのも、要請を発するのがエルドアン、トランプ、テリーザ・メイ、欧州中央銀行などのいずれであろうとも、その背後にいるのは秘儀的な階層《カースト》に属する行政官たちであり、おおかたの人々にとって彼らの言うことはとうてい理解できるものではないのだ。行政官たちが操る数理経済学の言語は、さながらヨーロッパの司教たちが文盲の農民に対し万物の本質を説く際に用いた高尚なラテン語のようである——むろん、そうした言語の理解など、農民たちには望むべくもない。行政官たちはモーセの十戒にただこう付け加える——いかなる類の経済成長も善であり、敬虔な者たちはより熱心に働きこれまで以上に多額のお金を使うことで信仰を守らねばならない、と。

このように、生活水準が停滞する一方で、納税者、勤勉な家庭、そして努力家たちはたえず貢物を献ずるよう求められている。畢竟するに、いまわれわれが味わっているのは、一九七〇年代以後に東側の社会主義が経たのと同じものだ。時あたかも経済成長の低迷とイデオロギー的覇権の崩壊というふたつの事態が顕著だったが、これらはわれわれの生きる現在にも共通する特徴である。司祭たちの言葉はますます聞き入れられなくなり、いまや多くの人々が、不条理に思える状況を理解しようと、別の——たいていずっと古い——信仰に頼るようになっている。

すると必然として、主たる政治的アクターとして「人民《ピープル》」が復活する。それが取る形態はさまざまだ――党のエリートがみずからの欲望ゆえに擁護する暴徒、極右政治の再来に例証されるような土地・血統・風土に根ざした民族《フォルク》、歴史を作る変革主体になる可能性を持つ大衆、等々。人々は、自分たちが直面している諸問題は大規模かつ前代未聞であることをいよいよ理解し、必要な措置もまた同等の規模でなくてはならないことを直観的に把握しつつある。ゆえに、〈第三の断絶〉の可能性を踏まえるなら、人々が得るに値するものを与えることを約束せねばなるまい――すなわち、すべてを与えることを。

たとえ求めても得られるのはすでに持ち合わせているよりもさらにすくないにもかかわらず、そのために必死に働くことを要求する崩壊した空虚なシステムに対抗するすべてを与えよう。当初の目的をほとんど失い、もはや用をなさない神話となったまやかしのアイデンティティに抗するすべてを与えよう――つまり、あらゆる人々に贅沢をもたらすことを要求しよう。自分ではどうしようもない力によって人生を振り回される代わりに、自分のなりたいものにこそなりなさいと提案しよう。

われわれがあの頂《いただき》に登りつめ欠乏を克服し、〈第三の断絶〉の利得をわれわれすべてのニーズに資するものにしたならば、そのときにはもっとも同情のすくない者でさえ、今日の世界を悲嘆と憐憫の念をもって眺めることだろう。悲嘆は、あまりに多大な可能性が失われたこと、たくさんの物語が書かれないままに終わったこと、ありえたはずの生が産まれなかったことに対して。そして憐憫はとりわけ、体制に欠乏を強いられることで他の誰よりも善き者になったと信じた者に対して向けられる。

いまは一九一七年ではない

ＦＡＬＣは二〇世紀初頭の共産主義とは違っているし、冬宮殿に急襲をかけることでもたらされるものでもない。なぜなら、〈第一の断絶〉より前には余剰を得ることなどありえず、〈第二の断絶〉以前には電力など考えられなかったのと同様、〈第三の断絶〉の黎明期に至るまでは共産主義は不可能だったからだ。代わりに存在したのは、あくまで欠乏や職業に囚われた社会主義であり、それが世界中で希望の星となっていた。

再生可能エネルギー、自動化、情報を中心とする、ポスト欠乏／ポスト労働の社会を実現するために必要なテクノロジーは、ロシア帝国にはなかった――実のところそれは、一九六〇年代後半に至るまで世界中のどこにも存在しなかった。ボルシェヴィキは、ヨーロッパやアメリカのより先進的な資本主義経済に追いつこうと奮闘するなかで、生産性に関するテイラー主義的科学に学び、かつてなく効率的な経済生産に人間の時間を従属させるという任務に専念した。実を言うなら、それ以外に選択肢はほとんどなかったのだ。

資本主義的近代の最先端にいる国々こそが革命を先導するのに適した位置にいるのではないか、

というマルクスの当初の見立てはどうやら正しいようだ。とはいえ、われわれはようやく現在になって、政治と同じくらいテクノロジーが重要であったこと、そしてその前段階としてプロレタリアートの階級意識と同じくらい〈第三の断絶〉が必要であったことを把握しつつある。〈第三の断絶〉以前に共産主義を生み出すことは、実に〈第二の断絶〉より前に飛行機を創出するようなものであった。想像することは可能だった——実際、レオナルド・ダ・ヴィンチほどの天才はまさにそれを案出していた——が、作ることはできなかったのだ。これは意志や知性の怠慢などではなく、たんに歴史上の事実である。

加えて言えば、一九一七年の革命を成功させ防衛し、その後あらゆる主要国による軍事的介入をこうむった反リベラルのクーデターという手段は、社会改革の可能性をさらに減じてしまった。こうして、避けがたくもきわめて階層的な体制が形成された。国境の内外で直面した困難を踏まえれば、七〇年にもわたる体制の存続は、前世紀のなかでも偉大な政治的達成のひとつであったと言えよう。

数多ある歴史の「もし」とは関係なく、FALCは二〇世紀の社会主義とは性格を異にしている。FALCは人権の重要性を認識し、わけても個人の幸福の権利を重視する。そして、幸福を追求するのに必要な資源を誰もが手にすることのできる社会の構築に努める。FALCは、フランクリン・ルーズベルトがかつて言った、困窮した人間は自由な人間ではないという認識を中軸に据える政治である。住宅、教育、交通、医療、情報といった資源へアクセスできなければ、自己著述能力としての自由は有意義な仕方で存在しているとは言いがたい。リベラルな目的、とくに個人が人生の進路を決定できるようにするという目的は、共産主義という手段なしには達成不可能である。ほとんどの人が幸福と意味を見いだすことは、それらがニーズではなく利潤に依存する商品であるかぎり、実現できないのだ。

どんなユートピアが構想されるかは、時代によって変化する。それと同様、どのような政治組織が適切であるかは、生きる時代に左右されるのだということを理解しなくてはならない。人類がテクノロジーによって以前には考えようもなかった潤沢さに至ろうとしている世界では、FALCは適切な政治である。一方、未発展で閉鎖的な社会に対応する形で出現した政党という政治形態は、ますます用をなさなくなっている。同じことは、労働者の組織化の形態――急進派にしろ穏健改革派にしろ――についても言える。そうした組織形態の背景には、労働が永続するという誤った社会観がある。そんな社会は存続しないし、われわれの政治的野心もそれとは別のところになくてはならない。労働運動の役割とは、労働者階級、ひいては社会全体を解放することだ――瓦解し消滅しつつあるシステムを保護することではない。

人々がどんな世界を求めるかが変化するのと同様、何が政治変革を駆動するかも変わっていく。いまやわれわれは、反労働を掲げる労働者党を築かねばならない――その政治はポピュリスト的、かつ民主的でオープンでなくてはならない。またその一方で、市民社会や国家に対し権勢を振るうことでFALCの出現を阻止しようとするエスタブリッシュメントと闘わねばならない。

選挙政治と社会

〈第三の断絶〉の進展により、いまこそFALCが可能となっている。FALCが予示する革命は、たんにある支配階級を別の階級に置き換えるのみならず、より広範に、思想、社会関係、テクノロジー――マルクスが忘れがたくも生産様式と呼んだもの――の転回をもたらすものだ。そうした転回に際し、翻ってわれわれが求められているのは、この新たな理解から出立して、特定の要求を備えた集団的主体へと達することである。

この点において、選挙政治はきわめて重要な役割を果たす。大多数の人々にとって、政治活動に携わることができるのはほんの短い期間だけである。これはいささか嘆かわしいことだ。なぜならそれは、故意に無関心を育み、民衆が力を帯びているという感覚を制約した文化から生まれた当然の帰結であるからだ。しかしそれはまた、労働の速度や負担の重さや単調さにうんざりし、家庭の用事や近代世界の感覚過負荷に疲れはてた多くの人々にとって、ごく自然な反応でもある。日々の生活のなかで人々は、恒常的に政治に参加するための領域を確立しそこねているのだ。したがって問題は、ほとんどの人々が政治に関心を失っているということではない。むしろ重要なのは、人々があまりに多くの相反する要求に直面し、政治を気にかける余裕がないということだ。もっとも、情勢が惰性と崩壊のあいだを揺れ動いてきた過去一〇年ほどのあいだ、いくぶんか事情は変わってきた。だがすくなくともいまのところは、そうした変化を誇張するべきではない。

ラグジュアリー・ポピュリズムに組み込まれたＦＡＬＣが主流の選挙政治に参与しなければならない理由は、まさにそこにある。結局のところ、社会の大多数の人々——とくにもっとも搾取されている人々——が、社会の仕組みに関して新たな可能性を見いだし、当初はばらばらに見えた問題が同根の原因を有しており将来目指すべき解決策もまた同一であることを認識できるのは、往々にして選挙の前後に限られている。さらに言えば、投票行動は——たとえそれ自体ではさして力を持たないとみなされていたとしても——より深い次元での共闘とアクティヴィズムへの移行を促進することができる。選挙政治そのものは、われわれが欲する世界を与えてはくれないだろう。しかし、〈第三の断絶〉の可能性をすべての人の目に露わにしようとする絶えまない運動——そして集団による政治的応答の必要性——と選挙政治が結びついたならば、何が可能であるかについての範囲《パラメーター》が形成されるだろう。

そのうえで、選挙にしろ他の形式にしろ、歴史の流れは政治を超越するものだということを認識しなければならない。ＦＡＬＣへの転回に際しては、思想、社会関係、日常生活、自然との関係などを刷新する必要がある。過去の政治イデオロギーは往々にして、こうした論点のうちひとつだけに拘泥し、他の論点をなおざりにしてきた。たとえば、現代の無政府主義者《アナーキスト》の多くは社会関係を特権視し、あたかもそれが思想や日常生活、そして労働とは無関係であるかのように考える傾向がある。一方レーニン主義は、生産、ひいては労働者階級の主体性を重視しつつも、二〇世紀初頭とは思想やテクノロジーが大きく変化していることを見過ごしていた。また、シリコンバレーで活動するカリフォルニア流のイデオローグのような、テクノロジーによりユートピアを目指す者たちは、テクノロジーこそがより良い未来を切り拓くための枢要な手段であると考え、政治、社会、歴史などをほとんど顧みない。最後に、一部の環境保護論者たちは、自然との関係や、人間が森羅万象のなかで——とりわけ他の生命体との関係において——みずからをどのようにとらえるかを優先的に考え、そこから自分たちの政治を導く力を引き出そうとする。往々にしてこれは、資本主義下での生産や搾取を把捉するに際して階級分析をないがしろにすることになり、資本主義システムは自分たちが望むものとは本質的に相反するということを理解するのをさまたげてきた。

〈第三の断絶〉の陰で築かれるのを待つ世界と、現在の世界とのあいだには、大きな隔たりがある。これを踏まえれば選択は、選挙政治を受け入れるのか、それとも国家権力と手を切るのかという二択よりもずっと複雑であることがわかる。むしろわれわれがなさねばならないのは、FALCの素因を取り入れ、歴史を作る総体の各部分に適合させることである。いずれの場合でも、運動を駆動する力はつねに同一でなくてはならない——すなわち、自由の国へと、そして欠乏や職業を超越した世界へと到達しようとすることだ。その世界では、なりたいものになれるという普遍的な自由があり、あまりに豊かであるためほとんど自然に発生しているかに見える潤沢さがある。これを達成するには、選挙政治、さらには行政への参与が不可欠であろう——ただし、それに束縛されてはならない。

グローバリズムに抗して、インターナショナリズムへ向けて

ＦＡＬＣは国際主義的《インターナショナリスト》であり、世界経済とモノ・人・資本・気候システムの流れが相互に結合していることを把握する。それはまた、ハイチから中国に至る地域で過去二世紀以上にわたり人々が獲得に向け闘ってきた普遍的価値観を基盤に据える。そして、強者の道具としての国民国家は、特定の場所に富を集中させ、他の場所をぞんざいに扱ってきたことを認める。ある国が別の国よりも発展していると言うことは、何もその事態を軽視することではなく、グローバルなシステムはそうした事態を意図的に生み出そうとしてきたのだと認識することだ。大切なのは言葉遣いを変えることではなく、その言葉が記述している現実を変えることなのだ。

そうした変革にあたっての最大の障壁のひとつが、グローバリズムへの信奉であろう。グローバリズムのお決まりのレトリックは、われわれが直面している困難はあまりに根深く、その解決は国際的な協調によってのみ可能であるというものだ。気候変動、移民、資源不足について、われわれは次のような言い草をいくども聞かされてきた——こうした問題を単独で解決できる国などひとつもない、と。なるほどたしかにその通り。だが、そうした物言いがこれまで助長してきたのは、断固とした措置よりもむしろ政治的怠慢のほうであった。おそらくは、それこそが本来

の意図だったのだろう。

　そうした怠慢の最たる例が、気候変動への対応に見られる。一九九二年の「リオ地球サミット」を契機として、世界は地球温暖化がどんな破滅的帰結をもたらすかを理解しはじめた。出された結論は急を要するものであり、以後数十年にわたりグローバリストたちの想定を形作ることになる。その想定とは次のようなものだ——真に惑星規模のものであるこの困難は、国家間の協力によってのみ適切な対処が可能であり、それに満たないいかなる対策も不十分である、と。

　にもかかわらず、それ以後二酸化炭素排出量は著しく増加し、世界金融危機直後の数年間には有史以来最悪の排出量を記録した。気候変動に対する現行の対処法は「相互の協力」などではなく、協力として演出された無為でしかない。世界規模の解決策が必要だという拙速な思考はつねに、市場資本主義と似たり寄ったりの経済のグローバル化の形態と結託し、エリートたちの責任逃れを許してきた。ここで言うような「グローバルな協調」とは、たんに資本主義リアリズムに国際性を付与したものにすぎない。そうして最大の環境汚染者たち——もっとも強力な国家でもある——は軌道の修正を免除されてきたのだ。

　だからこそわれわれは、一九世紀の原型政治を想像しなおし、再現しなくてはならない。その政治自体も、社会をはじめてグローバルな規模で編成した〈第二の断絶〉に対する応答であった。われわれに必要なのは統合などではなく模範であり、それは多国間の歩み寄りという体裁を装ったエリートの利得などよりはるかに強い説得力を持つ、明快な例証の力を帯びていなくてはならない。グローバリズムの崇拝者たちは原型政治に対して、それは良くても無益であり、悪ければ一九三〇年代への回帰となってしまうだろうと主張する——当時は、崩壊しつつある世界秩序に諸国民国家が背を向けた時代だった。こうしたレトリックは、資本主義リアリズムを国内レベルで普及させるのに寄与した反ユートピア主義の口上に似ている——すなわち、何も変わりはしないのだ、と。とどのつまり、それこそが資本主義リアリズムの要諦であった。

原型政治はそれとはまったく違っている。それは、どれほどささいで限られていようとも、美辞麗句で飾った協調よりも決断と行動を重視する。鉄道、ケーブル、道路などによって世界をつなげたいと人類が願ったのは、例証と模範を通じてであった。識字能力の普遍化や衛生化を望んだときも同様である。民主主義や一般庶民の要求に見合った統治の形態を求めたとき、人々はよその社会を見てこう言った——「なぜわれわれはああいう風ではないんだ？」いま、気候変動から高齢化や技術的失業に至る現代の諸問題に対処するための組織、文化、テクノロジーを生み出すに際しては、同様の欲求がそれを導かねばなるまい。そのためには、フクヤマが歴史の終わりを宣告して以後、左派の多くにとって異端とみなされるようになった次の基本的な認識をすることが必要だ——すなわち、迅速で実効性のある行動《アクション》は国民国家を通じてのみ可能である、と。脱炭素化の完遂という課題は、いくつかの点においては、道路建設、読み書き能力の完全普及、電力の供給などとそう大きく変わらない。いまこそ、われわれみなが待つのを止め、もう一度、歴史の創出に乗り出すべきときである。

資本主義とその後に来たる社会を記述する際、マルクスは歴史がいくつもの駆動部分から成ることをとらえ、鋭敏にも次のように述べていた。

人間は、彼らの生活の社会的生産において、一定の、必然的な、彼らの意志から独立した諸関係に、すなわち、彼らの物質的生産諸力の一定の発展段階に対応する生産諸関係にはいる。これらの生産諸関係の総体は、社会の経済的構造を形成する。

加えてマルクスは、こうした新たな物質的諸関係は、同時に新たな精神的関係をも生み出すと述べている。

その上に一つの法律的および政治的上部構造がそびえ立ち、そしてそれに一定の社会的意識形態が対応する。物質的生活の生産様式が、社会的、政治的および精神的生活過程一般を制約する。人間の意識が彼らの存在を規定するのではなく、彼らの社会的存在が彼らの意識を規定するのである。

さらに進んでマルクスは次のように述べている。とくに、ポール・ローマーやローレンス・サマーズといった人々が指摘するような、情報財の価格メカニズムに起こっている事態とあわせて考えれば、この言葉はきわめて重要な意味を帯びる。

> 社会の物質的生産諸力は、その発展のある段階で、それらがそれまでその内部で運動してきた既存の生産諸関係と、あるいはそれの法律的表現にすぎないものである所有諸関係と矛盾するようになる。これらの諸関係は、生産諸力の発展諸形態からその桎梏に一変する。そのときに社会革命の時期が始まる。経済的基礎の変化とともに、巨大な上部構造全体が、あるいは徐々に、あるいは急激にくつがえる。

共通の大衆文化、自然の理解の仕方、さらには自分自身の人格創造の方途などからなるこの上部構造は、いままさに再構成のさなかにある。ＦＡＬＣにふさわしい政治はこのことを理解し、それぞれの領野に参入していくだろう。それはつねに、次の明快な閧《とき》の声に導かれる——自由、贅沢《ラグジュアリー》、そしてポスト欠乏の追求だ。

第一〇章 根本原理——新自由主義との決別

人々ではなく、
新自由主義を燃やせ。
——クライブ・ルイス

カリリオンの経営破綻とイースト・コースト本線

FALCこそ、〈第三の断絶〉にふさわしい政治的プロジェクトである。しかし、〈第三の断絶〉は歴史的に重大な契機であり、ワットの蒸気機関が登場した後も〈第二の断絶〉が展開するのには時間がかかったのと同様、それが十全な発展を遂げるには数十年を要するだろう。だからといって、ただ座して待てばいいということにはなるまい。むしろわれわれは現状から出立し、新自由主義との決別と実行可能な代案の構築に努めねばならない。

したがって、政治的展望としては労働や欠乏を超越した世界を見通すことができる一方、もっとも身近で喫緊の課題は、脆弱な労働組合、不安定な労働市場、低下する賃金、民営化などの上に築かれた一般通念を捨て去ることとなるだろう。こうしたいずれの領野においても潮目を変えなくてはならない。それと同時に、現状とはまったく異なる世界を創造するという課題に積極的に取り組まなくてはならない。

新自由主義との決別は、民営化と外注化《アウトソーシング》の機械の電源を落とすことから始めねばならない。その理由は単純だ――この機械の主たる論理は、医療から教育、住宅供給に至るまで、あらゆる公共財を民間企業の利益と株主価値のために供することを要求するからだ。この点において、民営化と外注化は表裏一体の関係にあると考えねばなるまい。前者は国家による公共財の供給を脆弱化させるのに中心的な役目を果たしており、過去五〇年間に複数の業界が丸ごと民営化されてきた。後者も同様に、公的所有や説明責任をうわべだけ取りつくろいながら、民間企業に利得を流し込むことに成果を挙げてきた。その結果、しばしば「消費者による選択」の名のもと、労働者はより貧しくなり、サービスの質は低下した。そして、地域社会からは地域の富やノウハウが流出した。

外注化の失敗を鮮明にあらわしているのが、カリリオンの破綻である。建設および「施設管理」を請け負う同社は、二〇一八年初頭に破産を申請した。カリリオンの業務のうち最大九〇パーセントが下請けに委託されており、実に三万もの企業がこのイデオロギー由来の経営失敗の煽りを食っている。その一方で、シティにあるヘッジファンドは、破綻を見越した投機から数億ポンドもの利益を得ている。

新自由主義については、世界でもっとも著名な歴史家や社会科学者たちが詳細に論じている。にもかかわらず、エスタブリッシュメントの思想家たちは戯れに、その存在自体に疑義を呈する。だが、彼らの疑義に答えるにはこの元建設大手の名前を発するだけで十分だ。なにしろ、政府との契約により資金を得た企業がひとたび破綻すると、労働者を罰し金融投機のカジノ経済を潤したのだから。新自由主義の存在を示す根拠としてこれほどふさわしいものも他にあるまい。

カリリオンの経済的機能――とくに二〇一〇年以後に果たしていた機能――は、他のどんな時代でも道理に外れていたはずだ。しかし財政緊縮が課されると、同社は重要な役目を帯びることになった。なぜなら、カリリオンは――セルコ、ソデクソ、キャピタ、G４Sといった同類の企業とともに――賃金低下の圧力をかけていたからだ。その一方で、イギリスは世界で二番目に巨大な外注市場となっていった。

とりわけ地方自治体において公共部門の縮減を推進し、その一方で民間部門の優位性を示すことが急務とされるなか、こうした企業は数十万もの雇用を移管し、労働者の賃金を削減するのに多大な役割を果たした。事実、二〇一〇年以降のイギリスにおける民間部門の雇用の「奇跡」が可能となったのは、ひとえに外注化のおかげであった。だがその成功は、賃金の低下、ワーキングプアの増加、生産性の低迷といった弊害をはらんでいた。

カリリオンはみるみるうちに凋落していった。同社が破綻に向かったスピードの早さからわかるのは、外注化は通常の状況下でも労働者を貧困化し、さらに悪い場合には経済のあらゆる部門に混沌をもたらしうるということだ。これは重要なサービスやインフラの提供を危険にさらすばかりか、労働の不安定化をも引き起こす。しかも、カリリオンのような多国籍企業は、公的資金を食い物にして地域の貧困化に拍車をかける一方、たいがいずっと裕福で大規模な別の都市に拠点を構える法人株主たちに利益を供与している。このモデルは、賃金を押し下げるのに恐ろしいまでの効力を発揮したばかりか、見捨てられた都市や街からの資本の引き揚げにもかつてないほどに貢献した。結果、このモデルは所得格差と地域格差の両方を招いたのだ。

外注化の論理がいかに有害であるかは、カリリオンの破綻から一目瞭然である。だがそれも、エジンバラやロンドンといった主要都市を鉄道で結ぶイーストコースト本線に起こった事態の純然たる馬鹿馬鹿しさには及ばない。二〇〇九年、イーストコースト本線は再国有化された。運営を担っていたステージコーチによれば、不況下では利益率が低すぎるとのことだった。しかし国有化後には業績はうなぎ上りとなり、同社は実に一二の業界賞を受賞した。そして、総収入のうち政府投資が占める割合は、どの民間事業者と比べても最低水準にまで下落した。そう、読み違いではない——唯一の国有鉄道会社が、どの民間事業者よりもすくない納税者負担で成り立っていたのだ。予想に違わず、非常にうまく機能していたのにもかかわらずイーストコースト本線は二〇一三年に再民営化された。しかし、補助金の支給も甲斐なく、二〇一八年にはまたしても「暫定的に」国有化されねばならなくなった。イーストコースト本線がたどった経緯はほとんど冗談めいている。しかし悲しいかな、その冗談が降りかかっているのは、他ならぬわれわれの身の上なのだ。

もはやイギリスの民間鉄道事業者は、その外注先の企業と同様、労働者やサービス利用者を犠牲にし、株主のために利益を絞り出すことを目的とした機械と化している。イギリスの事業者は、補助金を通じて納税者に多大な負担を強いるばかりか、ヨーロッパ中でもっとも法外な運賃を課している。二〇一一年に発表された「マクナルティ報告書」は、ヨーロッパ大陸の国営鉄道会社と比べ、イギリスの鉄道事業者のコストは四〇パーセントも高いと結論づけている。

システムが「不正に操作されている」と述べる一部の政治家たちの言葉が共感を呼ぶのは、民営化や外注化の対象となる公共サービスが増加の一途をたどるなかで、彼らの言うことが日々の現実を的確に表現しているからだ。民営化とは成果の向上やサービスの改善を目指してなどおらず、社会の大多数から得た富を少数のエリートに再分配するという政治的課題を追求するものだ。これはもはや「自由市場」ですらない。市場資本主義のもっとも悪辣な性質をあわせ持った国家社会主義という、異形の混合体である。

ハーリンゲイ開発局

カリリオンの破綻ほどには経済的に広範な影響を及ぼさず、またイーストコースト本線ほど馬鹿げてはいないものの、新自由主義の肉挽き機が稼働しているのを示すもうひとつの事例として、北ロンドンのハーリンゲイ開発局（ＨＤＶ）の盛衰がある。

労働党が優勢の地元議会と不動産開発業者レンドリースの共同出資によるＨＤＶは、住宅供給の危機と、中央政権による緊縮財政の結果として生じた地方予算削減というふたつの問題に対処することを目的としていた。この点において、ＨＤＶは外注化とよく似ている。つまり、失業への解決策として、貧困を拡大するような賃金水準の仕事を生み出そうとしたのだ。一方でＨＤＶは、一般庶民がとうてい買うことのできないような住宅を建設しようともしていた。平均的な住宅の価格がすでに平均賃金の一五倍にもなるロンドンの自治区にあっては、ＨＤＶは住宅供給の危機への解決にはならなかった——それはむしろ、危機の固定化を招いた。

このフィードバックループは何ら偶然ではない。新自由主義は、公的機関の支出能力を削ぎ、同時にホームレスや貧困といった社会問題を深刻化させる。すると、たとえ公的機関がそう意図していなくとも、ますます市場志向の対応策しか選べなくなってしまうのだ。新自由主義は、まるでウロボロス——古代神話に登場する、自分の尻尾を食べる蛇——のように、意図的に不平等を生み出し、国家を弱体化し無能化するよう仕組まれている。

HDVを監督したのが労働党優位の議会だったことは軽視できない。イーストコースト本線と違い、これは狂気すれすれの非合理性を帯びた党派イデオロギーの最たる例というわけではなかったのだ。むしろそれは、いかに新自由主義が必要性の構造に付け入ることができるかを示す教訓として見るべきだろう。「代案《オルタナティヴ》はない」という口上は、こうしてみずから正しさを証明する予言となるのだ。

グレンフェル・タワーの火災

新自由主義の機械は、スプレッドシートや経済データに限らず、人間に対しても影響を及ぼす。その作用は、ワーキングプアを増やし、裕福な大家に値上がりするばかりの家賃を払ったり、企業株主たちに配当を渡したりするためだけに人生を費やさせることよりも、ずっと広範にわたるのだ。こうした事柄だけでも十分に悪いが、ここ三〇年ほどでもっとも露骨な新自由主義の歴史的表現――無残にも荒廃したグレンフェル・タワーの焼け跡――を前にしては、その悪辣さもかすんでしまう。西ロンドンにある二四階建てのこの建物では、二〇一七年六月、七二人もの人々が命を落としたのだ。

火災が発生したのは、テリーザ・メイが議会で過半数を失った総選挙からほんの数日後のことだ。その破壊の度合いは、イギリスでは数十年来類を見ないほどひどいものだった。一九七四年に竣工したこの建物は、このような事態の可能性を最小限に抑えるという意図をもって設計されていたはずだった。建物全体にあまりにも急速に火が回ったのは、その数年前の改装で可燃性の外装材が設置されていたことに加え、安全基準が不十分でスプリンクラーが機能不全を起こしていたことが理由だった。こうしたいずれの点についても、住民団体「グレンフェル・アクション・グループ」は、火災の以前から指摘していた。

外装材自体がおもにポリエチレンでできており、石油と同じくらい燃えやすかった。材料工学が発展すればそれまで以上に安全で効率的な住宅を建設できるようになるはずだが、貧困層の住宅には費用削減が横行し、より裕福な住民のために見た目の美しさが優先された。グレンフェル・タワーにおいては、それはずさんな施工と人命の犠牲を意味した。

これはささいな政治的論点などではなく、「自主規制」が何をもたらすかを非常にリアルに示すものだ。住宅の火災安全基準が緩和されたのはサッチャー政権下であり、強制力のある要件が廃止され、その代わりに建設会社に遵守の判断が委ねられる「指針《ガイドライン》」が導入された。火災の数ヶ月前、保守党の下院議員数名は、ブレグジットによりこのようなぞんざいな扱いがもっとできるようになるだろうと公然と述べていた。名の知れた右派の下院議員ジェイコブ・リース＝モッグは、イギリスがＥＵを離脱すればさらに環境基準と安全基準を引き下げられる可能性があるのではないかと思案し、次のように述べている。「たとえばだが、インドで十分だとすれば、イギリスでも十分だと言えるようになるかもしれない。止められるものなど何もなくなるのだから」

労働党の影の財務大臣ジョン・マクドネルは、グレンフェル・タワー火災を「社会的殺人」と呼び、「政治的な決定がなされ、結果としてこれらの人々の死を招いたのだ」と述べ、リース＝モッグの言うことを真面目に受け取っていたエスタブリッシュメントのあいだに動揺を引き起こした。しかし、何よりも大きな憤怒を巻き起こしたのは、破壊されたタワーの写真とともに「人間ではなく、新自由主義を燃やせ」とツイートしたクライブ・ルイスだった。これは一部の人々から激しい怒りを買ったが、おそらくその理由は、現状を擁護しようとする者たちが、世間はおおかたこの労働党下院議員に賛同するだろうことをわきまえていたからだろう。

にわかにはわからないかもしれないが、グレンフェル・タワーの火災は明らかに政治的選択の結果として起こったものだ。サッチャーにより導入されニューレイバーが拡大した規制変更は、新自由主義イデオロギーの中核となる特徴を示していた——つまり、介入をすくなくし市場均衡に仕事を委ねれば最良の成果が得られるというイデオロギーだ。それ以前にも、まさにこの有害な事態は、そのイデオロギーこそが、外注化、民営化、改革などの隠れ蓑となっていた。ただし実際に起こったイデオロギーの主張に反するものだった。そしていまや、それは人々をベッドのなかで死なせるに至ったのだ。

こうした問題の規模はあまりに大きく見えるが、そのすべてとの決別は可能であるばかりか、見定めるのがますます容易になっている。いよいよ機能不全に陥る現在に歯止めをかけることは、

FALCへの最初の一歩でもある。決別は次の三つの領野にわたる――進歩的な調達と自治体による保護主義を通じた経済の再ローカル化、金融の社会化と地方銀行のネットワーク化、そして一連のユニバーサル・ベーシック・サービス（UBS）の導入による国民経済の大部分の公有化である。このなかには前世紀に起こった国有化に似たものも含まれるが、多くはそれとは違っている。

しかし、急進左派の政府による国レベルの改革が実行されるのを待たずとも、ローカルなレベルではすぐに変革に取りかかることができる。それどころか、実を言えば下からの革命はもうすでに始まっているのだ。

新自由主義を終わらせるために――プレストン・モデル

発明家リチャード・アークライトの出身地であるプレストンは、二世紀前には〈第二の断絶〉の最先端にいた。ランカシャー州にある他の都市や街と同様、同地では蒸気動力や石炭といった当時の最新技術を取り入れていたからだ。ところがより近年となると、産業革命における当初の優位性はとうに消え失せ、製造業はよそへ行き、プレストンは僻地へと成りはてていった。いきおい、プレストンの経済上の未来は、より広くイギリス全般の未来と似た様相を帯びていった。取りうる最善の策は、生産性の低いサービス部門の仕事をできるかぎり多く誘致することだった。それゆえ地元の政治家たちは、二〇一一年になるまでは「タイズバーン」という名のショッピングセンターの計画に望みを託し、それが数千の新たな雇用を創出してくれるだろうと期待していた。二〇一一年にとうとうタイズバーンの計画が頓挫したとき、プレストンの政治家たちは万策尽きてしまった。その三年前に起こった世界的な経済危機により、地方自治体の望みに関係なく発展の見込みは非常に薄くなっていた、というのが実情だった。小売りと消費者負債に頼る経済モデルを前提とした皮算用は、もはや何の意味もなさなくなっていた。地方自治体にもっとも重くのしかかった緊縮財政と支出削減というより広い文脈にあっては、プレストンの経済的見通しはかつてなく厳しいように思われた。

だがその後、驚くべきことが起こった。打つ手なしの難局に陥っているかに見えたプレストンは、この状況を好機へと転じたのだ。プレストンに着想を与えたのは、数年前に同様の問題に直面していたアメリカの都市クリーブランドの対応策だった。予算危機に際しクリーブランドが繰り出した対策は、異端的かつ前代未聞のものだった。自治体は民営化と外注化という既定方針を拒否し、その代わりに、学校、病院、大学といった「アンカー機関」の調達を通じた都市の経済の活性化に注力したのだ。やがてそれは成功をおさめ、この手法は「クリーブランド・モデル」と名づけられるまでになった。

この手法はイギリスの文脈においては比較的まれだったが、プレストンで応用するとまったく予想外なほどの成功がもたらされた。二〇一一年、プレストン議会はマンチェスターに拠点を置く地域経済戦略センター（ＣＬＥＳ）と協同し、街のアンカー機関へと働きかけ、支出をできるかぎり多く地域経済に還流させるよう提言した。参画したのは六つの機関だった。市民と公共機関の協力によって、地域密着型の契約により学校給食から大規模な建設プロジェクトに至るまで、どんなことでもまかなえるようになった。二〇一三年に地元のアンカー機関が地域に落とした額は、プレストンで三八〇〇万ポンド、ランカシャー州では二億九二〇〇万ポンドだったが、二〇一七年までには、前者は一億一一〇〇万ポンド、後者は四億八六万ポンドにまで増加した。それだけでも目をみはるものがあるが、これですら地域密着型の調達が引き起こした変化の度合いを示してはいない。ポンドがたえず地域経済全体に還流することで、街中に相乗効果が生じたのである。セントラル・ランカシャーの労働者の実質賃金は、二〇〇八年以降はイギリス中の他の地域と同様下落していたが、緊縮財政を尻目にプレストンではなんと上昇したのだ。

別の自治体が民営化を進めた一方で、プレストンは自前で事業を育成し、労働者所有の協同組合を奨励さえした。二〇一六年後半にプレストンは、マンチェスターやリヴァプールを抜き北西部でもっとも住みやすく働きやすい都市に選ばれている。その二年後には、プレストンはイギリスでもっとも改善した街という栄誉を得ている。

「プレストン・モデル」を踏襲することは、代替の経済モデルの構築によって国家権力の介在なしに新自由主義との決別を図るための最初の一歩である。ローカルな文脈で行われたものではあるが、その功績を侮ることはできない。たとえばイギリスでは、ＮＨＳだけでも実に一四〇〇万人を雇用している。学校、大学、その他の公共機関をあわせれば、ボトムアップでイギリスの経済を抜本的に建て直すのに十分な規模になることは明白である。国際的な基準で見れば、イギリスは経済的な比重が大きく首都に偏っているが、その国でこれが可能なのだ。

「プレストン・モデル」を拡張すること——その野心は、たんなる被害の軽減や度を超えた緊縮財政の緩和にとどまらない。それは救命ボート社会主義などではなく、地域と国家の経済の再生に向けた第一歩なのだ。通りごと、街ごと、都市ごとに、それは起こる。

その達成のためには、多国籍企業や業界の大手ではなく地元の労働者所有の事業を積極的に優遇する、自治体による保護主義政策が必要だ。これは、民営化の流れをすみやかに反転させる手段を提供してくれると同時に、より社会的に公正で弾力性のある代案の構築にも役立つだろう。現行のシステムにおける価値の主要な源泉は、コストを削減し株主価値を最大化することであるのに対し、この手法では地域格差や所得格差は和らぎ、はるかに幅広い所有モデルがあらわれるだろう。現実的な方策としては、地域で結ばれる特定の契約に入札できる会社を、ある基準に合致した会社に限ることになる。それはたとえば、所在地が一定の範囲内にあること（おそらくは一〇キロ以内にあるか、同じ郡か州にあること）、労働者所有の協同組合であること、有機製品を提供したり再生可能エネルギーを用いていたりすることなどである。何がもっとも理にかなっているかを算出するにあたり、株主価値に代わってこういった別の基準が用いられることになる。

人々の事業、人々の銀行

こうした改革の多くは、融資の利用なしには実現できない。協同組合や労働者所有の事業体にとっては、財源確保のむずかしさが唯一最大の障壁と広くみなされているのだ。

資本主義的経済のもとでは、こうした事業者は長期融資の利用を制限されやすい。従来の金融機関は、みずからがコントロールできない事業への融資には消極的だからだ。こうした支援の欠如は投資不足を引き起こし、事業者は財政負担に屈しやすくなってしまう。すると、協同組合の事業は、より大規模でずっと容易に融資を受けられる非労働者所有の企業に買収されてしまうだろう。それゆえに、従来の事業者よりも「着実な」生産性を実現できるにもかかわらず、長期的に見れば労働者所有の事業者は構造的なハンデを負っているのだ――結果として現状では、こうした事業者が経済全体のうち占める割合はほんの一部にとどまっている。

イギリスの預金額のおよそ八〇パーセントを保有する大手銀行は、二〇〇の小規模事業者に五万ポンドずつ融資するよりも、ひとつの大企業に一〇〇〇万ポンドを融資する方を好むだろう。寡占や資本逃避にもとづく経済からの脱却を目指すならば、地方銀行や信用組合のネットワークを作ることが何にも増して重要となる。

ここでも、部分的な解決策を公共部門への集中強化に求めることができる。先述したようなアンカー機関の持つ潤沢な年金基金は、十分以上の資本を提供してくれるだろう。国レベルでは緊縮財政に抵抗しているイギリスの組合は、一方で組合員の資金のうち二〇〇〇億ポンドもの額を年金に注ぎ込んでいる。この資金を地方銀行に投資することで、雇用を創出するだけでなく、組合員に対しより高い利益を確保することができるだろう。むろん、肝心要は利益を得ることではない。しかし、ジョン・クランシーが書いているように、海外株式への投資から得られる利益は明らかに低いことが多い。つまり基金は、より持続可能で必要ならばローカルな投資先を積極的に求めているのだ。

自治体による保護主義の新たな精神と足なみを揃えたこうした銀行はまた、融資先の地域と融資額の両方を制限されることになるだろう。さらに、利益と同時に社会的価値を最大化することが銀行の使命となり、エネルギーの転換、特定の産業部門の促進、新世代の労働者所有の事業者への資金提供などを重点化することになるだろう。

協同組合の育成と労働者主導の経済の発展によって良い結果がもたらされることは、十分に実証されている。経済的・地理的格差の是正は言うに及ばず、中小企業の生産性の低さや過小投資への対応にも効果を発揮するだろう。だが一番重要なのは、〈第三の断絶〉の文脈においてこうした施策は、自動化、ひいては人工知能《AI》に向け社会が前進するための実効的手段を提供してくれるということだ。両者が提起する困難は甚大であるが、労働が資本となりうる世界に対しては、ひとつの政治的な対応策がある——すなわち、生産手段を労働者自身に委ねることである。

地方銀行のネットワーク化に加え、中央政府は国や地域レベルの投資機関を設立し、企業だけでなく社会に利益を還元するために重要なインフラにも資金を提供することができる――たとえばそれは、二酸化炭素排出量の削減や、労働者所有の事業者がすくない資金で多くを生産できるようにするための固定資本の購入などになるだろう。次章で見るように、これによって中央銀行の権限が劇的に変わるとともに、経済のなかで金融が占める役割が変容することになる。

国家の回帰――UBS

こうした施策はいかにも魅力的だが、自治体による保護主義を採り「プレストン・モデル」を広範に採用したとしても、それだけでは十分とは言えない。それらは民営化の流れを反転し労働者所有の事業を拡大するための豊かな素地を与えてくれるかもしれないが、こと〈第三の断絶〉の可能性を人々の手に委ねることに関して言えば、まだほんの上っ面をなでたにすぎないのだ。だからこそ、「ユニバーサル・ベーシック・サービス」（UBS）を同時に提供する必要がある。

この考え方を説明する古典的な方法は、一連の産業やサービスを政府が所有し運営する「国有化」である。そうしたモデルは多くの人々にとってなじみ深いものだ。第二次大戦後に近代福祉国家は、とりわけヨーロッパ中の経済の大部分――エネルギーや教育から、製造業や鉱業の上部からの統制に至るまで――において中心的な役割を果たした。他の国では国家社会主義の諸形態の実験が行われた。多くがソビエト連邦の政治的影響下にあったそれらの国は、市場生産とは一切手を切り、市民権や参政権よりもいわゆる経済的権利――とくに労働の権利――を優先した。しかし、混合市場経済においてさえ、このふたつめの方策と同じ要素が見られる。おそらく、そのもっとも顕著な例がイギリスの国民保健サービス（ＮＨＳ）だろう。一九四八年に設立され、今日でも利用が無料のこのサービスは、公的資金でまかなわれる医療制度としては世界最大のものである。

ＮＨＳを批判する者たちは、それが急速に変化する世界の要求に追いつけない旧態依然とした時代遅れの制度だと言いたがるが、実情は正反対である。資金が不足しているにもかかわらず、ＮＨＳは一貫して富裕国のなかで最高の医療制度として評価されており、とくに効率性が抜群に優れている。アメリカ合衆国はＧＤＰのうちおよそ一七パーセントを医療に注ぎ込んでいる――ひとりあたり約九八九二ドルになる――のに対し、イギリスが費やしているのはひとりあたり四一九二ドルにすぎない。にもかかわらず、全国民に医療を提供し、乳児死亡率、出産時死亡率、平均寿命といった一連のおもな指標でアメリカより優れた成果を出しているのは、イギリスのほうなのだ。

社会の高齢化、気候変動、技術的失業などを含む五つの危機が展開したとしても、今日の政治家の多くがしきりに言いたがるように、ＮＨＳのような制度はもはや維持できなくなってしまうなどということはない。むしろ必要となるのは、効率が悪く、全国民に開かれていなかったり利用が無料ではなかったりするモデルを排除することだ。五つの危機に対処するには、〈第三の断絶〉が可能にする潤沢さを配分するためのもっとも倫理的な方法を案出しなくてはならない。それと同時に、効率性の観点からも普遍主義を目指さなければならない。

ＵＢＳは、わずかな関心しか引かない傍流の考え方などではない。むしろそれは、公的サービスの展望に関する昨今の議論においてますます中心的な位置を占めつつある。それを明瞭に示しているのが、ユニヴァーシティ・カレッジ・ロンドンの世界繁栄研究所（ＩＧＰ）が二〇一六年に発表した報告書「未来に向けた社会の繁栄」である。同報告書は明示的に〈第三の断絶〉の文脈のなかで提言をなしたわけではないが、五つの危機に相当する諸課題のなかにそれを位置づけてはおり、ＮＨＳやイギリスの医療モデルにより近い形へと再構成すべき公共財として、医療の他に六つを挙げている――教育、民主主義、司法サービス、住まい、食料、交通、情報の六つである。

ＩＧＰの報告書が強調するところでは、ＵＢＳは比較的近年になって生じた危機への応答であるだけでなく、市民が自己実現するために必要な資源にアクセスし、より充実した生を享受できるようにするための手段でもあるという。したがって、より幅広く見れば、「不自由《アンフリーダム》」――ほとんどすべての人々の人生のあり方を決定づけてしまうような、手に負えない経済的諸力への依存――を軽減することが望まれるのだ。

ＦＡＬＣへの転回に際しては、ＩＧＰの報告書が概説した七つのサービスすべてが必要になるわけではない――すくなくとも当面は要らないだろう。自治体による保護主義と労働者主導の経済を除けば、確立されねばならないサービスは実のところ五つしかない――住宅、交通、教育、医療、そして情報の五つである。それぞれをUBSにするにあたっては、交換や利潤のための商品ではなく生活を築くための基礎的な資源として、誰もがアクセス可能な無料の公共財とすることを意図せねばならない。といっても、たとえば住宅の私的所有が禁止されるわけではない――そうはならないが、必要とあらば個人の住宅需要を国家が満たすことが保証されるのだ。市場生産や価格メカニズムは存続するだろうが、UBSとして分類された領野ではそれは次第に消滅していくだろう。情報と同様、労働や資源がタダになりたがる状況下にあっては、歴史の流れと極限の供給はUBSの側に立つことになるだろう。

こうしてUBSは漸進的に普及していくだろう。たとえば交通においては、イギリスの「フリーダム・パス」――六〇歳以上のすべての人のローカルバス利用料金を無料にする制度――が万人に適用されるようになるかもしれない。これは妥当な予測である――すでに見たように、交通はエネルギーと労働におけるポスト欠乏と極限の供給が交差する点に位置しており、再生可能エネルギーと自動運転により、公共交通機関のコストは急落していくからだ。ここから得られる利益は、暴利を得ようとする者ではなく、利用者、市民、労働者のために供されるべきである。それを確実にするのには、公共交通機関の無料化を漸次拡大するUBSはまさにうってつけの方法である。

医療においても同様に、遺伝子の配列決定、治療、編集といった分野における超低コストのテクノロジーの台頭によって、これから数十年のあいだ、公的医療の運営費は毎年のように安くなっていくだろう。しかし、これを集団の利益に資するものにするためには、編集された遺伝子は医薬品と同じようなもので、特許や利潤動機のもとにあるという考えを拒絶せねばなるまい。二〇世紀に天然痘を撲滅したのとちょうど同じように、パーキンソン病、ハンチントン病、鎌状赤血球症といった遺伝性疾患を一掃しようと思えば、医療が真の情報テクノロジーになることで得られる利得は社会化されるべきである。

これほど驚異的で先例のない進歩ですら、まだほんの序の口にすぎない。早期死亡の根絶やガンの「ステージ0」での発見を可能にする実質無料の遺伝子の配列決定により、医療は反応的なものから予防的なものへと性質を変えていくだろう。ここでもまた重要なのは、何百万もの医療従事者から職を奪う一方で民間企業の利益確保を御膳立てすることではなく、無料で万人に開かれた医療を実現することである。そうした潤沢さが発生する状況下で、まさに生きるか死ぬかの問題を市場の配給に委ねるという選択は、端的に言って野蛮である。

同様の流れは、住宅、教育、情報——ここではメディア制作とインターネット接続と解される——にも見て取ることができる。いまからほんの数十年のうちには、バスの運賃やインターネットの回線料、さらには大学の学費や賃貸料を支払う必要はなくなるだろう。今日、メールアカウントを開設したりウィキペディアで正しい日付を確認したりしても、請求書を送りつけられはしない。同様に、こうしたいずれのサービスにおいても、支払いをすることは奇異に感じられるようになるだろう。それも当然のことではないだろうか。なにしろ、情報と同じように、資源、エネルギー、医療、労働、食料もまた、タダになりたがっているのだから。根本にあるこの真実こそ、極限の供給とならんで、二一世紀の政治がＵＢＳ供給のたえざる拡大を中心的な要求として掲げるべき理由である。

自治体による保護主義への移行とＵＢＳの施行によって、国家の役割はずっと大きくなるだろう——もっとも、極限の供給を踏まえれば、その程度は思ったほど大きくはないかもしれない。地域の労働者協同組合が、住宅、病院、学校を建設し、食事の提供、整備、清掃、支援サービスなどを行うに際し、国家の役割はきわめて重要になる。新自由主義的なモデルのもとでは、これらは真っ先に外注化の対象となる。すると、労働者は賃金や労働基準をめぐってたえず攻撃にさらされ、利用者は劣化するばかりの成果に耐えねばならなくなる。しかし、ＦＡＬＣへの転回が起こり、ＵＢＳが経済のなかで中心的な位置を占めるようになれば、アンカー機関の影響力は拡大の一途をたどるだろう。自動化は仕事をどんどん消滅させていくが、おもに「モラベックのパラドックス」が原因で依然残る仕事は、ますます労働者所有の事業体によって担われるようになり、社会や仕事と人々の関係、そして人々同士の関係も、全面的に変化していくだろう。

重要なのは、ＵＢＳは一連の権利の拡張版として、すなわち〈第二の断絶〉と同時にコルシカ、アメリカ合衆国、フランス、ハイチといった場所で公布されたさまざまな憲法への改良版として提示されるべきだということだ。法的・政治的権利は依然としてきわめて重要だが、経済的・社会的資源が得られなければこうした権利もほとんど用をなさないことがいよいよ歴然としてくるだろう。いずれわれわれは、個人の生の充実や自己著述能力といったリベラルな目的は、社会主義的な手段なしには無意味であることに気づくのだ。〈第三の断絶〉のテクノロジーがＦＡＬＣの政治と結びついたとき、ついにそうした手段を手にすることができるだろう。

脱炭素化

今後半世紀ほどのあいだは、社会の高齢化のほうが大きな問題となるかもしれないが、気候変動こそ人類が直面する最大の危機であることに疑いはない。気候変動は、まさにそれが何世代にもわたり予測不可能な仕方で展開するからこそ重大なのだ。とはいえ、断固たる措置を取らねばならないのは、他ならぬ現世代である。

エネルギー転換を目指す政治は、将来の地球が持つ生命維持能力の決定に介入するにとどまらず、無限のエネルギーを世界の富裕層と貧困層の双方にもたらすという野心を明瞭に示さねばならない。太陽光発電や風力発電には、地球を救うだけでなく、この野心を実現する見込みが十分ある。UBSとともにエネルギー転換を求める際には、そのことをはっきり述べねばならない。再生可能エネルギーへの転換は、いよいよ悪化するばかりの気候システムの混乱を緩和するだけでなく、全人類にさらなる繁栄をもたらすものだ。

だが、可能性が広大で、エコロジーと経済発展を統合するための政治的展望がどんどん明瞭になる一方で、行動のために残された時間はあまりにすくない。現実には、摂氏二度以上の気温上昇を食い止めるためには、今世紀半ばまでに世界経済を脱炭素化させなければならない。


したがって、必要な対応はシンプルかつ大胆なものとなる。二〇二〇年以降、グローバル・ノースは二酸化炭素排出量を年に八パーセントの割合で削減しなくてはならない。そして二〇三〇年以降、今度はグローバル・サウスがちょうど同じ割合で同様の道程に乗り出すことになる。成功すれば、二〇四〇年までに再生可能エネルギーへの完全かつ世界的な転換が成し遂げられる。むろんこれは、言うは易く行うは難しである。ほんの二〇年のうちに再生可能エネルギーへ移行するというのは、集団的措置としては史上もっとも偉大な達成となるだろう。だが真実を言えば、他に選択肢は残されていないのだ。幸運にも、すでに手にしているテクノロジーにより、それを達成することは完全に可能である。ただこれまで足りなかったのは、政治的意志のみである。

実際、再生可能エネルギーを生成し貯蔵するための新しい手法を発明する必要はない。むしろなさねばならないのは、すでに利用可能なテクノロジーの進展を加速させることである。五章で詳述したように、現在の流れのままでも、化石燃料はこれから数十年のうちにますます陳腐化していくだろう。だから取り組むべき課題は、一九世紀初頭の産業化のときのようにグローバル・サウスを置き去りにしないようにしながら、この移行の歩みを早めることである。現在から二〇三五年までのあいだ、新たな需要はみなグローバル・サウスから生じることを踏まえれば、脱炭素化の促進には発展途上国への重点化がことさら有用となる。さらに言えば、再生可能エネルギーへの移行に際しては、環境にやさしいテクノロジー——十分な早さではないが、いずれにせよ普及に向かっている——を前進させるだけでなく、人々がそれを掌握することを確実にせねばならない。モジュール式で分散型の性質を持つ再生可能エネルギーに至る革命は、持続可能性を目指すのと同様、エネルギーの民主化をも企図しなければならない。

自治体レベルでの労働者所有の事業者や協同組合の拡大とならび、脱炭素化を進展させるメカニズムとなるのが、社会的に統制された金融である。大規模な脱炭素化の先陣を切るグローバル・ノースでは、多くの国で人口やひとりあたりのエネルギー使用量がすでに上限に達しており、そうした金融を運営するのはずっと容易となるだろう。それだけでなく、強固な国家制度や再生可能エネルギーの生産能力の基盤を有しているといった優位性もある。

労働者主導の経済に融資を提供するのは、地元に基盤を置き地理的に絞られた範囲にある金融機関である。しかし、許された時間はあまり多くないため、より大規模な国立エネルギー投資銀行（NEIBs）がエネルギー転換のための資金融資を担わねばならない。こうした銀行は、地域の拠点を通じて運営され、国によっては数千億ポンドもの巨額の資本を有することになる。

そうした銀行は、公的施設、住宅、職場などで用いるための再生可能エネルギーの生成と貯蔵に資金を融資する。また、再生可能エネルギーのための設備は地域レベルで民主的に所有され新たなインフラとなり、そうした銀行は地域のエネルギー協同組合に融資を提供する。こうした措置にともなって、エネルギー効率プログラムにも融資がなされる。その意図は、従来の暖房システムを不要化し、スマートシステムやLED照明を普及させることだ。ヨーロッパ、ロシア、北米の寒冷国においては、暖房にかかるエネルギー消費量を最小限に抑えることが重要な課題である。それを実現する方法は過去数十年来明らかだったが、市場に根ざした解決策を具体化できないという問題があった。それを踏まえれば、寒冷国では年に八パーセント以上の変化率を達成することも不可能ではないだろう——なにしろ、蓄熱だけでもエネルギー消費量を半分に減らすことができるのだから。

二〇三〇年までに、世界の富裕国では二酸化炭素排出量が実質ゼロにまで下がり、その貧しい市民はもはやエネルギー貧困や冬季の「超過死亡」の危険にさらされることはなくなるだろう。しかし、それもまだ序の口にすぎない。なぜなら、化石燃料と違って、こうしたことを可能にするテクノロジーは恒常的に安価になり続けるからだ。

グローバル・サウスでは、解決策はより複雑なものとなる。富裕国における課題が、すでに認識可能な一連の傾向を加速させることである一方、ＧＤＰのより低い国々では、現存のグローバル化に対する大きな修正が重要だ。つまり、多国間協調による対応が必要となるため、グローバル・サウスでは課題はいくらか大きくなるのだ。だが、すでに述べたように、エネルギーの潤沢さがもたらす恩恵は、グローバル・サウスにおいて最大になる。地理的幸運のおかげで、途上国の多くが秘める太陽光発電の可能性は、たんに先進国に「追いつく」だけにとどまらない、地球上でももっとも広大なものだからだ。化石燃料からの転換により、究極的にはどこに住んでいるかにかかわらず、あらゆる人々にとってエネルギーは恒常的に安くなっていく。しかし同じくらい重要なのは、歴史的に開発の遅れている国々が比較的優位にあるということだ。

サウジアラビアを例に取ろう。中東、アフリカの大部分、そして南アジアの諸国と同じように、この国は豊富な石油のために裕福であるものの、一方で非常に大きな太陽光発電の可能性を秘めている。この王国が太陽光技術への関与をますます深めていることはさして驚くには当たらないかもしれないが、二〇一八年初頭に締結に至った契約の規模——二〇三〇年までに二〇〇テラワットの太陽光発電設備を建設する——は衝撃的だった。これは、人口が二倍以上あるイギリス全体でのピーク時の電力使用量の四倍にもなる。サウジアラビアはそうした歴史上前代未聞のインフラを建設する資金を有しており、完成すれば太陽光発電の開発としては史上最大となる。二〇四〇年までに世界を化石燃料から脱却させるのに必要なのは、まさにこのような規模と野心なのだ。

しかし、グローバル・サウスの大部分はそれほどの資源を持っていないことを踏まえれば、オイルマネー頼みで太陽光への転換を成し遂げようとするのは適切ではあるまい。だからこそ、富裕国の場合と同様、国立エネルギー投資銀行の手を借りるとともに、世界銀行——現状ではおもに、貧しい国々へ資本プログラムのためのローン提供を担っている組織——に大きな改革を加える必要がある。現行、国際復興開発銀行（ＩＢＲＤ）と国際開発協会（ＩＤＡ）という二つの機関からなる世界銀行は、対外投資と国際貿易の促進による世界の貧困削減を目標に掲げている。その目標自体は称賛に値するが、成功をおさめているとはとうてい言いがたい。なぜなら、発展にまつわる世界銀行の認識は、自由貿易にイデオロギー的に肩入れし、〈第三の断絶〉の文脈においていよいよ陳腐化しつつある世界観にもとづいているからである。

われわれの持つテクノロジーが極限の供給へと向かうとき、そうした市場原理主義への信奉は、貧困の削減どころかその固定化にしか働かない。この問題を直視しない限り、グローバル資本主義によってこうした地域の発展はかつてないほどに阻害されてしまうだろう。そして、明日のエネルギーの原動力となるべき国々は、その市民に対する電力供給の保証すらおぼつかないままだろう。

ゆえに、グローバル・サウスにおける化石燃料からの転換の必要性と、転換が成功した暁に経済発展と気候変動に対してもたらされる効果を考慮すれば、世界銀行グループに第三者機関が加えられるべきなのだ。「エネルギー繁栄のための国際銀行」とでも呼ばれることになるその機関の使命は、貧困国におけるNEIBsの設立を支援することだ。資金は新たな「ワン・プラネット・タックス」によってまかなわれる。世界規模の射程を持つこの税金の目的は至極単純だ。気候変動に圧倒的な責任を負う富裕国から資源を集め、不当にもそのもっとも有害な影響をこうむる貧困国に振り向けることである。

この税金の収入は、GDPの高い国で排出された二酸化炭素一トンごとに二五ドルを課税することで得られる。そうすることで、グローバル・サウスのエネルギー転換のための資金調達を援助すると同時に、二〇二〇年以降の一〇年間の内に富裕国を脱炭素化に向かわせるさらなるインセンティヴを生み出すことができるだろう。言わずもがな、炭素隔離技術の市場の活性化にもつながるはずだ。これだけでも、年に二五〇〇億ドルの徴税額を見込むことができる——馬鹿にできない金額だ。もしこの手法でそれほど資金が集まらなかったとすれば、それは脱炭素化の観点からすれば成功となる。その場合、残りの資金は、ひとりあたりのGDPにもとづいた額を各国が機関へ納入することで調達される。

「ワン・プラネット・タックス」は、グローバル・ノースの該当機関とちょうど同じ役割を担う世界の最貧国のNEIBsに資金を提供する。それに加えて、技術移転や研究開発にも出資し、インフラが未整備で低所得の環境に適したモジュール式の再生可能エネルギーによるソリューションの創出を支援する。そのねらいは、二一世紀初頭に起こった携帯電話の普及と似たような事態を、エネルギーにおいても生み出すことだ。将来、歳入が乏しい国々に潤沢なエネルギーが行きわたれば、それは前世紀の国家が整備したインフラとはまったく異なったものとなるだろう。家庭用太陽光パネルが二〇〇〇年代以降の携帯電話と同じくらいの早さで広まれば、電力、清潔な飲み水、生活水準における埋めがたいように思われた貧富の格差は、著しく短い期間のうちに消滅してしまうだろう。これは、アジアやアフリカの特徴を備えたエネルギー革命である。

主権国家が、環境にやさしいインフラの普及だけでなく、その民主的な所有にも資金を提供し、二〇四〇年までに完全な脱炭素化が成し遂げられたならば、その達成がもたらすのは手に負えない気候変動の回避——それだけでもとてつもないことだが——にとどまらない。それだけでなく、歴史上貧しかった赤道沿いの国々が、地球上でもっとも潤沢で安価なエネルギーを手にすることにもなる。これは、UBSの提供とならび、医療、教育、住宅における同様の躍進を支えるものだ。すると、これまでにないような有意義な発展が可能になり、数世紀にわたる略奪と搾取を生み出した経済的依存の鎖を断ち切ることもできるだろう。近年、大西洋奴隷貿易とヨーロッパの帝国が犯した歴史的悪行を償うための賠償金を求める声が上がっているが、「ワン・プラネット・タックス」はこの時流に沿った考えを具体的な要求へと転ずることができるだろう。富裕国こそ、貧困国がクリーンエネルギーを得るための資金を拠出しなくてはならない。

第一一章　資本主義国家の改革

それは人生を意味あるものにしてくれるものを、何も測ることはできない。
――ロバート・ケネディ

無に帰する金

国家が特定の物資の支給を保証する制度の歴史は長く、それはとくに二〇世紀に顕著だった。しかし、近年より大きな関心を集めているように思われるのが、「ユニバーサル・ベーシック・インカム」（ＵＢＩ）という考え方である。その理由はたやすく理解できる。ＵＢＩは五つの危機の諸相に対応し、「不平等の拡大、自動化の新たな波、エコロジー問題が成長に及ぼす制約へのさらに痛切な懸念」にまとめて対処することができる唯一の方法であると、多くの人が確信しているからである。

ＵＢＩの背後にある欲求は、ＵＢＳと同じくらいシンプルなものだ。ただ違うのは、特定の品物が利用時点ですべての人に無料で提供されるのではなく、全市民が定期的に一定の金額を受け取るという点だ。簡単に言えば、それは労働なしの賃金である。

ＵＢＩの急進的で破壊的な可能性を主張しようとする者にとって、ＵＢＩによる労働と報酬の分離は、資本主義そのものに挑戦を突きつけ、生きるためにはみずからの労働を売らねばならない労働者に対して資本主義が持つ重要な規律の機能を切り崩すものだ。ＵＢＩの提唱者たちは、控えめに見積もってもそれは――一九世紀から二〇世紀にかけて労働組合がなしたのとちょうど同じように――資本に対する労働の強化に役立つはずだと主張している。自動化や技術的失業といった文脈において、ＵＢＩは即効性のある社会民主主義的な解決策を提示してくれるのだ、と。

これはまったくその通りかもしれない。しかし、ＵＢＩはこれまで十分な規模で実験されたことがないため、本当のところはわからない。ただたしかなのは、それがどんな結果を生むのかは、導入される政治環境に左右されるだろうということだ。進歩的あるいは社会主義的な政府のもとでは、きっとＵＢＩは一般庶民に力を与え、より高い賃金を求める能力を人々に授けてくれるだろう。反対にそれは、福祉国家の市場化を完遂するための有力な手段とも十分なりうる――つまり、新自由主義への代替ではなく、完全な降伏である。ＵＢＩは、解放をもたらしうる一方で、サッチャリズムの強化版にもなりうるのだ。この可能性の広範さゆえに、新自由主義の歴史のなかでもっとも重要なふたりの思想家、すなわちミルトン・フリードマンとF・A・ハイエクが、UBIの熱心な支持者として数えられているのだ。

しかしながら、UBIに対しては、詳細な予見にもとづくより率直な批判がある。莫大な費用がかかる割に、その成果は取り立てて大きくないというものだ。二〇一六年、イギリスにあるシンクタンクのコンパスは、労働年齢の成人全員に月額二八四ポンド（三八〇ドル）、他の者にはより少ない額を支給するUBIのモデル試算を行った。これは、既存の社会プログラムに取って代わるのではなく、公共支出に一七〇〇億ポンドを追加する措置だ——国のGDPの六・五パーセントに相当し、現在NHSに割り当てられているよりも大きな額だ。

ところが、これほど多大な投資にもかかわらず、見込まれる成果は明らかに期待外れだった。コンパスの予測では、たとえこの尋常ならざる介入を行ったとしても、子どもの貧困率は一六パーセントから九パーセントに下がるだけ、年金受給者の貧困率に至ってはほぼ同じ一四パーセントにとどまっていた。ルーク・マルティネリはこう述べている。「手の届くUBIでは不十分、十分なUBIには手が届かない」。UBIに拠出される金額を鑑みれば、求めるべきなのはそれよりもはるかに進歩的な措置である。

だからこそ、UBSのほうがより望ましいプログラムなのだ。住宅や医療といった特定の資源に対する普遍的権利は、賃金よりも政治的に頑強であり、ラグジュアリー・ポピュリズムに組み入れるのも容易である。UBSはまた、国有化を想起させるため、一般大衆にとっても直観的に理解しやすい――むろんこの場合では、その利得は大衆に還元されることになる。これをＵＢＩと比較してみよう。この政策は、単独の政治支出としては群を抜いて最大だという事実を除けば、もたらされる結果は当事者全員にとって不透明なのだ。

さらに言えば、ＵＢＩよりもＵＢＳを重視することは、〈第三の断絶〉と極限の供給への転換という文脈においても、非常に理にかなっている。あらゆるものの価格がゼロへと漸次近づくにつれ、交換や利潤目的の生産は危機に瀕することになる。つまり、資源を配分する方法として、価格メカニズムはますます非効率的な方法となっていくのだ。しかもＵＢＳは、住宅から医療に至る人間らしい生活のために必要な資源を、潜在的な利潤の源ではなく、明瞭に人権として取り扱う。だからこそそれは、現時点からただちに共産主義の仕事に乗り出すことができるのだ。困窮した人間は自由な人間ではない――そして、ＵＢＳはそうした困窮に完全に終止符を打つことができる。

中央計画者としての中央銀行

現代の市場システムの核心には、根本的な詐術がある。かつてのソ連経済は中央統制型で、ソ連国家計画委員会《ゴスプラン》という悪名高い機関が連邦の経済活動の中核に巣食っていたと言われる。対照的に、近代の資本主義経済は「自由」であり、自律的な諸アクターがみずからの利益を最大化しようと市場取引に参入し、幸いにもそれが公共の福祉を促進するとされている。

だが、これは誤りだ。ウォールマートからアマゾンに至るまで、「自由市場」経済においても中央統制的計画は重要な機能を担っている。ただし、統制の主たる拠点は中央銀行である。中央銀行の下す決定は、技術官僚が公平に取り仕切っているとの主張に反し、実際にはインフレーション、雇用、資産価格に関する政治的優先事項にもとづいている。民間銀行は、どの企業が社会の資源配分を受け取るべきかを決定し、損失を出した企業には「市場の判断」を執行するなど、より小規模で似たようなことを行っている。

中央銀行は「独立性」を保っているという主張は、二〇〇〇年代の資本主義リアリズム最盛期に幅を利かせていた。これは歴史の終わりそのものと同等に馬鹿げた了見である。現代資本主義経済の中枢に陣取る諸アクターは、特定の集団を優遇する一方で他の集団を犠牲にしている。それでいて彼らは、イデオロギーではなく「常識」を備えた中立的な存在を自認するのだ。

FALCを求める者は、中央銀行の下す決定自体が根深く政治的なものだという事実を述べ立てるだけでなく、政治的な銀行経営を公然と擁護することを目指すべきだ。右派リバタリアンのあいだでますます盛んに用いられるようになっているかけ声「連邦準備銀行を廃止せよ《エンド・ザ・フェド》」に声を揃えるのではなく、それとは正反対の応答を返さなくてはならない。すなわち、現代の資本主義の中核に存する作為的で意識的な計画を、社会を破壊するのではなく社会の役に立つ目的へと組み換えることを要求するのだ。イングランド銀行や連邦準備制度がソ連のゴスプランと数多の共通点を有していること——この事実をもって、「真に」自由な市場が神秘的な仕方で作動するのがさまたげられていると嘆くべきではない。むしろこれは、政治的希望の礎となるべきである。「真に」自由な市場など存在したことがないし、また存在することもできないのだ。

それでは、二一世紀初頭の中央銀行に対しては何がなされるべきなのだろうか。自治体による保護主義の導入、UBS、そして炭素エネルギーを用いないインフラへの移行などと同様、変化は決定的な仕方と漸進的な仕方の両方で起こる。しかしながら、他の何を犠牲にしてでも低インフレを優先させてきた金融政策の打ち切りは、すぐにでも行わねばならない。サッチャー政権とレーガン政権の時代に一連の幅広い政策の一環として売り込まれ、新自由主義の大黒柱となったこの政策は、一九七〇年代初頭以降グローバル・ノースの経済を苦しめていたインフレの問題に対処するために必要なものとされた。新自由主義のイデオローグたちが述べるには、これ以後、持続的な経済発展は抑制された低インフレを通じてのみ可能となり、中央銀行はこの新たな教義において主導的な役割を担わねばならなくなったという。だが、すでに論じたように、平均GDP成長率はそれ以来一〇年ごとに低下している。低インフレの目的が、債務者ではなく資産保有者や債権者を優遇すること以外の何ものでもなかったことは、いまや論をまたない。端的にいって、マネタリズムと低インフレのイデオロギーは、他のなにもかもを犠牲にして投機資本と富裕層を潤す、不正に操作されたシステムの一部にすぎないのだ。

だからこそ、ＦＡＬＣへの転換においては、中央銀行の役割を再び変容させ、低インフレ――現状ではイングランド銀行は二パーセントを目標に据えている――から、賃金上昇、生産性の向上、そして住宅価格の引き下げへと、力点を移さねばならない。これは、中央計画者としての中央銀行の政治化と、建前上「中立的な」諸機関の民主化に向けた、より広範なプログラムの一環となる。

金融経済における価値と利潤の主要な源泉となっている不動産価格を、中央銀行がいかに抑制していくかについては、シンクタンクの公共政策研究所（ＩＰＰＲ）が二〇一八年七月に公表した論文が示唆的である。論文によれば、採るべき措置は比較的単純であり、住宅価格のインフレの目標を定めるのにはイングランド銀行の金融安定政策委員会が最適な立場にあるという――現行、金融政策委員会が消費者価格のインフレに取り組んでいるのと同様だ。このような目標のもと、イングランド銀行は名目住宅価格のインフレをゼロに抑えることを目指す。その一方で、中央政府と地方政府による大規模住宅建設プログラムが住宅のＵＢＳを保証する。この報告書が概説するところでは、自己資本規制、ローン・トゥー・バリュー、返済負担率といったマクロ・プルーデンスな政策を用い、イギリスの居住用不動産の海外からの購入を制限することで、その目標が達成できるという。すると一世代ほどのうちに、新たに数百万の住宅を建設したうえで、ほぼ確実に住宅価格を低下させることができる。

生産性に関しては、類似の目標が中央銀行に割り当てられることになる――最近、イギリスの労働党がこれを提唱している。これにより、投機経済ではなく生産的経済への資金投資を誘発し、賃金は変動資本に対する固定資本の比率にしたがって上昇する。人々の需要に応える自動化は、金融政策と財政政策の両方の中核に据えられるべきだ。

投機経済の抑制

中央銀行がインフレ以外の有意義な基準に目を向けることでなされる国レベルの資金供給や、ローカルあるいは地域的な銀行による労働者所有の事業への資金供給といった、未来の経済への投資の他にも、投機的な金融経済の規模と勢力を縮小するという重要な課題が残されている。多くの国々――とりわけイギリスやアメリカ――では、住宅価格への上限設定がそれを達成するための大きな一歩となるだろう。そして、インフレ抑制から重点を移すことで、債権者はもはや現状得ている構造的偏向の恩恵を受けることがなくなるだろう。

しかし、資本移動の管理にあたっては、さらに追加の手順を踏むことが必要になるのは明白である。通貨取引に対する金融取引税は、明らかに資本規制の手段となるだろう。この税は、次のふたつの変動率に応じて課される。ひとつは、変動を抑えるために日常の取引に課される低いもので、その率は〇・〇〇五パーセント程度のわずかな値となる。もうひとつの高い率は、投機攻撃もしくは大規模な資本流出――新自由主義に背を向ける国がますます増えるなかで、これはいかにも起こりうる事態だ——が起こった際に適用される。投機攻撃から得られた利潤に対する「超過課税」に似たこの高い率を適用するために必要な条件もまた、中央銀行が決定することになるだろう。いずれにせよこれは、国境を越えた資本移動を主要な武器とするグローバルな金融業者たちへの重要な対抗手段となるはずだ。

しかし、これですべてではない。金融の仕組みを変革しＦＡＬＣへの移行を実現するための最後のピースこそ、おそらくもっとも重要なものだからだ。それには、金融と資本市場の漸進的な社会化が含まれる。

社会化された資本市場

一九八〇年代後半、ソ連および東側諸国が崩壊に近づくと、反体制派の知識人たちは、その善良な意図にもかかわらず西洋と同等の生活水準の向上に失敗した体制から教訓を引き出そうと試みた。そうした思想家に、ウォジミエシ・ブルスとカジミエシュ・ラスキがいる。ふたりは、マルクス／ケインズ主義者として名高いミハウ・カレツキに追随する社会主義経済学者だった。イギリスでは一九八九年に出版された『マルクスから市場へ』において、彼らはソ連の崩壊に直面した社会主義経済学の将来の見通しを精査した。ふたりとも民主改革の支持者として影響力を持っており、ラスキは一九六八年に、ブルスは一九七二年にポーランドを追われていた。

『マルクスから市場へ』は、ブルスが一九六一年の『社会主義経済の機能モデル』で提示した議論に大幅な修正を加えたものである。同書でブルスは、カレツキの思想の多大な影響のもと、社会主義への移行に際しては民主主義と市場メカニズムが必要だと述べていた。

ブルスとラスキは一九八九年の著作でこれをさらに敷衍し、市場資本主義システムの場合と同じように、市場社会主義のもとでは国有企業は自律的でなければならず、それゆえ社会化された資本市場が必要となるだろうと主張した。一九六〇年代初頭当時と同様、一九八九年の時点においてさえ、これは現実社会主義の国々では異端視された。国家による上意下達の産業統制は、ソ連のみならずキューバや北朝鮮といった同盟国の経済状況を支配下においており、ふたりのような考え方とは相容れないものだったのだ。

著者のふたりは、国家による産業の一律化を経済的効率性の見本として担ぐのではなく、まったく異なる類の社会主義を求める主張をし、次のように宣言した。「所有者としての国家の役割と行政を担う権威としての国家は区別されるべきである［……］（企業は）その広範な役割において国家から、また他の企業からも切り離されていなくてはならない」。彼らの批判者にとって、やっかいにもこれは資本主義や利潤目的の生産を思わせるものだった。

しかしこれは、前章で概説した自治体による保護主義のもと自力で活動する協同組合や労働者所有の事業体と、実質的にそう変わらない。ＵＢＳの導入と経済の脱炭素化へ向けた歴史的な規模の介入により、この種の企業はグローバル・ノースとグローバル・サウスのあちこちで急速に経済の屋台骨を形成する可能性がある。だが、労働者による所有には、たんなる利潤の追求を越えた目的を持つ事業体や協同組合に優先的に融資をする、社会化された金融が必要となる。したがって、自治体の銀行やNEIBsとならんで、国立の投資銀行の設立が必要となるだろう。その機関が担う主たる役割は、極限の供給を拡大し、ＵＢＳを下支えし、五つの危機を改善することである。

ＧＤＰの終焉

ピーター・ドラッカーは、たしかに近代経済における情報に関する理論の第一人者であっただろう。しかし、彼は経済学者や歴史家というよりマネージメントの理論家であった。このマネージメントへのこだわりが源泉となり、彼のもっとも忘れがたき文句「測定できなければ管理できない」が生まれたのだ。数十年にわたり経営者たちの好む格言となったこの言葉は、現在ではデータ駆動型の事業の名札代わりとなっている。

この言葉は、他のどの分野とも同じように、公共政策によくあてはまる。新自由主義との決別に必要な政策を描き出し、ＦＡＬＣへの転回を開始することは重要ではあるが、同時に新しい成功の尺度が生み出されなければ、それも徒労に終わりかねない。情報がますます重要性を増していくなかで、価値の本質を見誤り、五つの危機に立ち向かうにあたりさしたる意義も持たない基準を使い続けてしまえば、中央銀行の改革やＵＢＳがどんな恩恵をもたらしてくれたとしても、

FALCの追求は避けがたくも未完遂に終わるだろう。端的に言えばわれわれは、〈第二の断絶〉ではなく〈第三の断絶〉にふさわしい、成功の新たな測定基準を必要としているのだ。究極的にはそれは、GDP——すなわち国内総生産——の世界を過去に葬り去ることを意味する。

今日、GDPは経済活動の主たる指標である。GDPが上昇していれば、経済は成長していると言われる。逆ならば、不況を示している。GDPとは、一定期間——通常は一年——のうちになされたすべての経済的取引の価値をあらわす情報である。つまり、生産され、売られ、そして購入されたあらゆる財やサービスの総計を示している。

どんな経済モデルが望ましいかに関するいかなる議論においても重視されていることから、GDPの概念は資本主義そのものと同じくらい古くからあり、きっとアダム・スミスやデイヴィッド・リカードといった人物が考え出したのだろうと推測してしまうかもしれない。ところが反対に、それが発明されたのは比較的最近で、一九三〇年代に世界恐慌に対応して経済学者のサイモン・クズネッツが考案したものだ。近代社会の核心にある至上命令——経済成長はそれ自体を目的として追求されるべきである——が幅を利かせるようになったのは、〈第二の断絶〉の幕開けからようやく一世紀半経ったころだったのだ。

おそらくもっと驚くべきなのは、GDPに対する疑念はこの指標そのものとほとんど同じくらい古くからあるということだ。一九六八年にロバート・ケネディは、GDPは「人生を意味あるものにしてくれるものを、何も測ることはできない」と語っている。クズネッツ自身もまた、「国民所得の尺度から国民の幸福を推しはかることなどほとんど不可能だ」と警告していた。この概念を発明した者ですら、何をもって社会が成功しているかを決定する広範な要因を把握するにあたっては、ＧＤＰではつねに限界があると考えていたのだ。

しかし、往々にして盲信的に用いられるＧＤＰに対するこういったより古い所見とは別に、一九八〇年代末までにはまた別の批判があらわれはじめた。いまやＧＤＰは経済成長を適切に測ることさえできないと言う人々が登場したのだ。そうした主張をした者のなかでもっとも有名なのが、経済学者のロバート・ソローである。一九八七年に彼はこう述べている。「コンピューターの時代は、ありとあらゆるところに見られる。ただし、生産性を除いて」。この断言は、当時の経済学者たちを悩ませていた「生産性パラドックス」に対する応答であった――そのパラドックスとは、一九八〇年代になされた情報技術への投資は、見たところ生産性の指標にごくわずかしか効果を及ぼしておらず、しかもその効果は一〇年のあいだに鈍化していた、というものだ。

しかし、デジタル技術が生産性の向上に失敗しているのではなく、むしろそれがもたらした変化があまりに重大であるために、成功を測るためのまったく新しい方法が要請されているのだとしたらどうだろうか。われわれは経済的転換の入り口にいるにすぎず、その変化が桁外れに深甚であるがゆえに、〈第三の断絶〉が展開を続けるなかで、しだいにＧＤＰは生み出された価値のすべてを汲み取ることができなくなりつつあるのだとしたらどうだろうか。

いま起こっているのは、まさにこれではないだろうか。極限の供給は多くの部門でデフレを引き起こしており、さらに〈第三の断絶〉によりGDPのうち複数の領域が完全に消失しつつある。ますます多くの部門で財やサービスを生み出すための限界費用がゼロに近づいていけば、結果としてより自由で非市場的な取引の数が増えていく。デジタルファイル共有に対応したスポティファイのレンタルモデルが実証したように、特定の財を価格メカニズムの範疇にとどめるよう市場が対処したとしても、極限の供給によって正味の流通数は減っていくだろう。たった二〇年ほど前には、グローバル・ノースではみな当然のように音楽アルバム一枚に一五ポンドを支払っていた。今日、そうする者はほとんどいない。音楽産業のデジタル化が始まってから二〇年経ち、スポーティファイやタイダルといったストリーミング・サービスの人気が高まっているにもかかわらず、音楽市場の価値が依然としてかなり低いままなのは、それが理由である。一九九九年には、アメリカでは音楽産業は一四六億ドルにもなる収益を上げていたが、二〇一六年には七六億五〇〇〇万ドルにまで減少してしまった――ちなみにこれは、インフレを考慮していない数字だ。

従来のGDPの理解からすれば、こうした数字は大惨事を示しているはずだ――お気に入りのミュージシャンを聴く人の数がかつてないほどに減っているのを反映している、と。ところが、真実は正反対である。音楽をその典型例とする、情報財における極限の供給は、ますます多くの人々が以前よりもたくさんの音楽を聴いているということを示している。ただそれが、われわれが一番重視している数字にはあらわれていないというだけのことである。

市場経済学の定説を覆すいまひとつの例が、ウィキペディアである。利用時点で無料であり、ほぼ完全にボランティアチームの協働によって作られているウィキペディアは、これまでに世に出た他のどの百科事典よりも優れている。実際、ウィキペディアの成功によって、その名高きライバルであり二四四年にわたり刊行されてきた『ブリタニカ百科事典』は、二〇一二年に完全にオンライン化してしまった。印刷版の販売額一四〇〇ドルに対し、新たなインターネット・ベースのサービスは月額わずか一七ドルだった――しかし、それでもまだ競争に勝つ望みは得られなかった。情報源としてウィキペディアを用いるのを嘲笑う者もいるが、自身がこれまでどれだけウィキペディアを使ってきたか、そしてそれにどれほどの価値を置くだろうかと自問してみるがいい。けっしてゼロではあるまい。ウィキペディアの記事の九九パーセントがグーグル検索のトップ一〇位以内に入っているという事実が、その重要性を如実に物語っている。

このふたつの潮流――市場経済における価格のデフレ化、非市場経済における無料のモノの生産増加――によって、最終的にはGDPは人々の生活の質を測る手段としては埒外に置かれてしまうだろう。ポスト資本主義国家がそうした流れをひとたび加速させはじめれば、それは決定的となる。GDPの機能はすでに限定的ではあったが、UBSの導入もあいまって、何かを測る重要な尺度としてのGDPは凋落していくばかりなのだ。なにより、大気中の二酸化炭素、高齢者の健康と寿命、環境破壊、きれいな空気や清潔な飲み水へのアクセス、精神衛生、社会的・感情的に満足できる仕事といった、ことに五つの危機の文脈において重要な諸要素は、GDPでは算定不可能である。

だからこそ、ポスト資本主義国家は、お金で支払われるモノの数がどんどんすくなくなる新興経済モデルを統合しつつ、上記の要素すべてをあらわす「潤沢指標」に移行しなくてはならない。この指標はまず、二酸化炭素排出量、エネルギー効率、エネルギー／資源／労働にかかるコストの下落、UBSの供給度合い、余暇時間（有給雇用以外の時間）、健康と寿命、自己申告による幸福度などを総合する。そうした複合的な尺度は、多様な地域的・文化的差異に応じて最適化され、FALCへの転回におけるポスト資本主義経済のパフォーマンスを測るものとなる。いわば社会的進歩の通信簿として、〈第三の断絶〉がどれほど公益に資しているかを評価するのだ。

〈第二の断絶〉が進歩の尺度としてGDPを見いだすのに数世代を要したように、〈第三の断絶〉もまた同様の課題に直面している。ただ間違いないのは、すでに出現しつつあるモデル――そこでは金融取引が減り、レンタルが主流になる――が生み出す潤沢さは、それがあまりに莫大であるがゆえに現在利用可能な手法では正確に測ることができないということだ。これは時間の経過とともにさらに顕著になっていくだろう。

FALCへの転回に際し、ユニバーサル・ベーシック・サービスは根本的に重要である。そして、それを提供するのはますます容易になっていくだろう。だが、価格システムを通じてなされた取引の量は、その成果を測る尺度とはなりえない――それを使うことは、すでに消滅しつつある世界に属する進歩の定義を用いるに等しいのだ。

第一二章　FALC――新たな始まり

社会主義とは、進化の最終的かつ完全な産物でもなければ、
歴史の終わりでもない。
ある意味でそれは、始まりにすぎないのだ。
――アイザック・ドイッチャー

テクノロジーと政治は、複雑な関係を取り結んでいる。メルヴィン・クランツバーグによる「テクノロジーの六つの法則」は、それを絶妙に表現している。第一法則は、「テクノロジーは善でも悪でもない。また、中立でもない」というものだ。要するに、テクノロジーがどのように創られ利用されるか、そして誰に利得をもたらすかは、それが生じた政治的・倫理的・社会的分脈次第だということだ。マルクスの言葉で言えば、テクノロジーは歴史を作る――しかし、みずから選んだ状況のなかで作るのではない。

おそらくは、それこそがクランツバーグが第五法則「あらゆる歴史は意義を持つが、テクノロジーの歴史こそが何より意義深い」で言おうとしたことである。テクノロジーは歴史を決定こそしないものの、他の何にも増して、それは歴史をかき乱し、形作るのだ。〈第一の断絶〉におけるテクノロジーの転換は、この法則を体現するものだ。都市、文化、書字――これら自体もまた、どんどん複雑さを増していく社会組織の基礎を成した――を形成したのは、農業、動物の家畜化や穀物の栽培化、そして遺伝法則の実用的な把握だったのだ。

といっても、テクノロジーがすべての進路を決定するわけではない。実際、〈第二の断絶〉の諸テクノロジー――わけてもワットの蒸気機関――は、より幅広い資本主義への移行のなかの最終的な要因にすぎなかったという議論も存在する。産業の革新が生じたのは、中央集権国家が成立し、「土地を持たない労働者」の階級が出現し、私的所有や知的所有にまつわる特定の概念が確立された後のことだった。つまり、テクノロジーは歴史の新たな瞬間の到来を告げることはできるが、それはまた、先行するものに依存してもいるのだ。

〈第三の断絶〉はふたつの傾向の両方を示しているように思われる。AI、再生可能エネルギー、遺伝子編集といったテクノロジーは、現状を破壊しようと外からやってきたのではなく、自然、自己、生産様式に関する新たな観念に付随して発展してきたのだ。

ひとつの例として、緑の運動を考えてみよう。第八章で概説した動物なしの食肉への転換が成功した暁には、数十年にわたりアクティヴィズムが推進してきた緑の運動の世界観が決定的な役目を果たしたことになろう。技術的に言えば、合成肉はデジタル化なしには不可能だった。しかしこうした製品は、ヴィーガンやベジタリアンの需要や、農業が気候変動や動物福祉《アニマル・ウェルフェア》に与える影響についての開発者たちの懸念に応える形ではじめて作られたものだったのだ。

同じことが、再生可能エネルギーについても言える。ここでもまた緑の運動は、気候変動問題に広く注目を集めるにあたり重要な役目を果たしてきた。過去二五年のあいだ、諸国民国家は二酸化炭素の排出を満足なほど抑制することができず、国際レベルでの政治的失敗は否定しがたい。とはいっても、この運動が敗北の遺産しか残さなかったということにはなるまい。エネルギー需要をまかなうための風力発電や太陽光発電の容量増加をもたらした技術革新は、数世代にわたり化石燃料からの脱却を求めてきた活動家たち抜きにしては実現しなかっただろう。ますます多くの国、都市、自治体でフラッキング禁止の動きが広まっていることは、その証左のうち最新のものである。

また別の分野では、資本主義の支配的論理たる競争の副産物として、自動化の推進と経験曲線の応用が生じた。これによって、労働力が固定資本によりのべつに置き換えられ、同時にありとあらゆるものの生産コストが下落した。ここ数十年では、賃金があまりに低く抑えられすぎて労働者を機械に置き替えても利益にならなくなったことを主たる原因として、自動化の広がりは間違いなく鈍化してきた。とはいえ、今後数十年間のうちに自動化の波が押し寄せるという文脈は、あくまで重要である。資本主義に内在する諸矛盾により、技術的失業、末期的な過少消費、格差の拡大といった危機は避けられなくなっているのだ。

つまり、テクノロジーは非常に重要だが、それにともなう観念、社会関係、政治なども同等に大事なのだ。それゆえ、現在のＡＩや合成肉がわれわれのもとにどうやってやってきたのかを把握するには、根底にある極限の供給を見るのと同時に、先住民の土地の権利から動物福祉の保護に至るまでの社会運動にも目を向けなくてはならない。

しかし、テクノロジーと歴史の関係を政治的諸アクターが織り成すさらに広範な布置のなかに位置づけることで、いよいよ複雑さを増す現在を理解するだけでなく、より良い未来への道筋を描くこともできる。それにより、どうして他のことではなくあることが特定の時機に起こるのか、そして、なぜいまに至るまで共産主義は不可能だったのかを理解することが可能になるだろう。

先送りされる未来

先見の明のある人のなかには、洞察があまりに鋭く、その考えがみずからの生きる時代と不調和を起こしてしまう者がいる。一四世紀を生きた司祭でラテン語の聖書を英訳したジョン・ウィクリフは、そのような人物のひとりである。異端者ウィクリフは、聖人崇拝や修道院制度、さらには教皇制度をも含む教会の中心的教義に反対した。ところが、彼の訳した聖書はマルティン・ルターが生まれるより一世紀も前にイングランド中に広まっていたにもかかわらず、ウィクリフは宗教改革の歴史においては周縁的人物にとどまっている。

その理由はテクノロジーに求められるだろう。ウィクリフの聖書は広く行きわたってはいたが、近代的な意味における印刷文書ではなかった――つまり、一世紀後に世俗語によるパンフレットや書物が得たほどの大規模な読者を得ることはなかった。だから、マルティン・ルターが宗教改革の重要人物として躍り出たのは、個人のカリスマや新たな発想の功名というより、技術革新の結果だったのだ。一五〇〇年代初頭までには、ヨーロッパ中で二億冊もの書籍が流通していた――実にこれは、インターネットの登場をも凌ぐ劇的な情報革命であった。

しかしながら、印刷機を筆頭とするテクノロジーが宗教改革を引き起こしたなどと言うのはおかしなことだ――その中心的な思想が、数世紀にもわたりさかのぼることができる系譜を持っていることを踏まえればなおさらだ。ただしテクノロジーは、それまではその立役者たちにとってさえ不可能に思えた特定の出来事を展開させるに際しては、間違いなく決定的な役割を果たした。一五一七年一〇月三一日、「九五箇条の提題」をヴィッテンベルクの教会の扉に貼り出したとき、次に何が待ち受けているのか、ルターには皆目見当がつかなかったに違いない。

六週間のうちに、その印刷版がライプツィヒ、ニュルンベルク、バーゼルに同時に出現した。まもなくしてドイツ語訳が登場し――当初の文書はラテン語で書かれていた――、さらに広範な読者に読まれるようになった。ルターの友人フリードリヒ・ミコニウスはのちにこう書いている。「一四日も経たないうちに、提題はドイツ中に知れわたっていた。四週間も経つころには、キリスト教世界のほとんど全員がそれに精通していた」

ルターが最初にドイツ語で書いたパンフレット「贖宥と恩恵についての説教」は、一五一八年だけで一四回も版を重ねた。一五二〇年から一五二六年のあいだにドイツ語で出版された六〇〇〇種ものパンフレットのうち、実に一七〇〇がルターの著述の別版であった。合計すると、ラテン語で手書きされた最初の提題がヴィッテンベルクの扉に貼り出されてから一〇年のあいだに、ルターの著述によるパンフレットはおよそ二〇〇万部も出版されたことになる。要するに、ウィクリフの時代には不可能だったことが、テクノロジーによってルターの時代には不可避のことのようになってしまったのだ。

ある意味において、マルクスはウィクリフに似ている。このイギリスの司祭と同じように、マルクスの考えを採用するのに必要なテクノロジーは、彼自身の生きた時代には存在しなかった。金属活字のない世界で世俗語による聖書を大量生産することができなかったのと同様、〈第二の断絶〉の制約のもとでは共産主義の試みは不可能だったのだ。当時の超富裕層が謳歌していた生活は希少な化石燃料に依存しており、この生活水準を世界中に広めようとすれば、環境の激変を引き起こしていただろう。さらに、肉体労働と認知労働の両方が不足していた状況下では、一部の人々が余暇を享受するには他の人々をさらに酷使せねばならなかった。だがいま、これは変化しつつある――いや、実を言えば、しばらく前から変化は進行していたのだ。

一般には、一四五〇年代に印刷されたグーテンベルク聖書をもって近代印刷術が登場したとされる。このときから、ルターの「九五箇条の提題」により宗教改革の号砲が鳴らされるまでには、実に半世紀以上を要した。グーテンベルクの印刷術はたいへん衝撃的なものだったが、あるほとんど無名の神学者が会ったこともない人々に自分の考えを印刷してもらい、たった数ヶ月のうちに数百万もの読者を得られるほどありふれたものになってようやく、印刷術は社会に変容をもたらしたのだった。

いまや、〈第三の断絶〉の主要なテクノロジーについても同じことがいえる。一九五〇年代には、太陽電池が開発され、最初のシリコン・トランジスターが発明され、DNAがついにモデル化された。それ以来の継続的な進歩を経て、こうしたテクノロジーは現在、中心に躍り出ようとしている。一九六〇年代までには最初のLEDが、一九七〇年代までにはリチウム電池が実験されていた。こうしたイノベーションはいまようやく、情報、労働、資源に極限の供給をもたらそうとしている。そうするなかで、それらは資本主義の根本にあるふたつの前提を覆してしまう——ひとつは、欠乏がつねに存在するということ、そしてもうひとつは、限界費用がゼロならば商品は生産されないということだ。こうした前提が転覆されるという事態は、従来の経済学では説明できない。

〈第三の断絶〉の核心にあるテクノロジーは、いずれも新しいものではない。一五世紀末と同様、そうしたテクノロジーは、経験曲線と指数関数的成長の恩恵を受けながら、社会の営みの周辺から中心へと静かに移動してきた。しかしながら、次に何が起こるのか、こうしたテクノロジーがいかにして近代の構造に組み入れられるのかは、われわれにかかっている。それらは所得格差のさらなる拡大や大規模な破綻をかならず引き起こしてしまうとは限らない。だが反面では、われわれを解放しこの惑星の生態系を維持してくれる保証もどこにもない。次にわれわれが取る方途を、予測アルゴリズムやユニコーン企業は知らせてくれはしない――それは政治の結果として生じるのだ。われわれのすべてに拘束力を持つ決断を、われわれが集団として下さなくてはならない。

FALCは終着点ではなく、始まりである

〈第三の断絶〉の核心にあるものとして本書で概説したいくつもの転換は、終着点ではなく始まりである。FALCとは、恒久不変の楽園の設計図などではない――そうした設計図は、どのみちいつも期待外れだった。それはまた、諍いや脆弱さが過去に葬り去られ、悲しみや苦しみが消失する境地などでもない。傲《おご》りや強欲や嫉妬は、われわれが存在し続ける限りなくなりはしないだろう。人々のあいだに生じる軋轢を調停することは政治の本質であり、たがいに共有しあういかなる社会においても避けることはできない。むしろFALCとは、変化があまりに急速なため、古いユートピアがもはや用をなさなくなり、新たなユートピアを必要としている世界に向けて練

り上げられた、可能性の見取り図である。

アイザック・ドイッチャーはかつて、「社会主義とは、進化の最終的かつ完全な産物でもなければ、歴史の終わりでもない。ある意味でそれは、始まりにすぎないのだ」と書いている。FALCをとらえるのには、おそらくこれこそがもっとも的確な言い方だろう。FALCとは、欠乏の迷宮から抜け出し仕事を基礎にした社会から自由になるためのひとつの地図なのだ。われわれはそれを起点として、ケインズがかつて述べた、「賢明で快適で裕福」に生きるとはどういうことかという、何にも増して難解な問いへの応答に取りかかることができる。

もちろん、地図が有効であるためには、その使用者に対し次に踏むべき一歩を指南しなくてはならないし、目指す目的地と同等に確然としていなくてはいけない。だからこそFALCは、理想論や人間性への過度な楽観視を退け、その代わりにただちに行動を起こすことを提案する。FALCは農業の出現と同じくらい劇的な変化のなかに置かれているが、その政治が突きつける具体的な要求は、明瞭かつ容易に見定め可能なものだ――すなわち、新自由主義との決別、労働者所有の生産への移行、国家の資金拠出による再生可能エネルギーやユニバーサル・サービスへの転換である。いずれもはっきりと人権としてみなされ、商品交換や利潤を越えたものとして扱われる。

FALCは、夢見る詩人たちに向けたマニフェストなどではない。むしろそれは、〈第三の断絶〉のもたらす変革のさなかで、欠乏という「事実」はどうしても避けえないものから政治的に課されるものへと変容しつつあるという、いよいよ明白な真実への認識から生じるものだ。

本書は未来についての本ではなく、看過されている現在についての本である。現行の世界よりはるかに優れ、ずっと公平で豊かで創造的な世界は、われわれが敢然とそれを見いだそうとさえするならば、姿をあらわすだろう。だが、洞察のみでは十分ではない。勇気を持って、議論や説得や構築に当たらなければならない——何より求められているのは、そうした勇気なのだ。

勝ち取るべき世界が、そこにある。

訳者あとがき

橋本智弘

本書は、アーロン・バスターニの初の著書*Fully Automated Luxury Communism* (Verso, 2019)の全訳である。バスターニはイングランド南部の都市ボーンマスで生まれ育ち、現在はロンドンを拠点に活動するジャーナリストだ。二〇一一年にオンラインニュースメディアのNovara Mediaを共同創設し、以来ウェブ上の記事やYouTubeチャンネルを通じてジャーナリズム活動を展開している。また、二〇一五年には、博士論文「ストライキ！　オキュパイ！　リツイート！——緊縮イギリスにおける集団的アクションと接続的アクションの関係」により、ロンドン大学から博士号を取得している。Novara Mediaでは、イギリス政治や国際政治に関する解説をおこなう他、様々な左派知識人や政治家へのインタビューを配信している。過去に登場したのは、マルクス主義地理学者として世界的に名高いデヴィッド・ハーヴェイ、『チャヴ——弱者を敵視する社会』や

『エスタブリッシュメント――彼らはこうして富と権力を独占する』で知られる左派ジャーナリストのオーウェン・ジョーンズ、『ポストキャピタリズム』で資本主義後の社会像を描き出したポール・メイソン、ギリシャの急進左派連合《シリザ》政権下で財務大臣を務めた経済学者のヤニス・バルファキス、『負債論』や『ブルシット・ジョブ――クソどうでもいい仕事の理論』で知られる人類学者でアナーキストのデヴィッド・グレーバーなどだ。Novara Mediaの他にも、バスターニは「ガーディアン」や「ニューヨークタイムズ」に寄稿し、ＢＢＣの政治討論番組に参加するなど、若手の論客として活躍している。

二〇一〇年代は政治経済にとって激動の時代だった。二〇〇八年のリーマン・ブラザーズの経営破綻に端を発した金融危機は、世界中に影響を拡大し各国の経済を混乱に陥れた。金融危機はやがて政治の二極化を引き起こし、移民排斥や人種差別を公然と掲げる右派ポピュリズムが台頭する一方、左派政治家たちが不満を持った若者たちの間で熱烈な支持を得た。財政緊縮の煽りをもろに受けた中間層や貧困層のあいだで富裕層への反発心が高まり、ニューヨークではウォール街を占拠するオキュパイ運動が広く耳目を集めた。イギリスでは労働党のなかでは長く傍流だった社会主義者のジェレミー・コービンが若者から強い支持を得て、二〇一五年には大方の予想を退け労働党党首に躍り出た（ちなみに、コービンは何度かNovara Mediaに登場しインタビューを受けている）。同様に、アメリカでは民主社会主義者を自認するバーニー・サンダースが台頭し、二〇一六年には民主党大統領候補の座をめぐりヒラリー・クリントンに僅差まで迫った。社会主義的政策を掲げ現状との決別を訴える「古風」な左派政治家たちを、不満を抱えた若者たちが熱狂的に支持するという異様な構図が英米で生じたのだ。バスターニもまた、こうした新しい左派運動の流れのなかで頭角を現した人物である。共産主義《コミュニズム》とはいかにもドグマにまみれた言葉だが、新たな左派言論を担う世代の人物が臆面もなく共産主義を掲げるのは、実にふさわしいことと言えるかもしれない。

しかし、本書におけるバスターニの議論の射程は、近年の左派の隆盛にとどまらない、はるかに遠大なものである。人類史全体を省みて、新石器革命による遊動性の狩猟採集社会から定住性の農耕牧畜社会への移行を〈第一の断絶〉、そして蒸気機関をはじめとする産業テクノロジーの発展により生じた産業革命を〈第二の断絶〉と呼び、トランジスタと集積回路を中心とする現代のテクノロジーの発展を、先行するこれらふたつと同等の破壊的な変化、すなわち〈第三の断絶〉をもたらすものとして捉えようとしている。現代のテクノロジーがわれわれをどのような未来に導くかについては、両極端の言説が併存している。テクノロジーにより人類はついに神の領域へと参入するのだと言祝ぐ向きがある一方、ＡＩの台頭により肉体労働のみならず認知労働をも機械が担うようになり、資本主義的生産のなかで人類の居場所はいよいよ消滅すると危機感を煽る者もいる。テクノロジーの進展はますます加速しているようだが、それがどんな未来をもたらすのかについての定説は存在しない。テクノロジーはわれわれを仕事から解放するのか、それとも新自由主義の潮流のなかで不安定さを増してきた仕事をいよいよ奪い去ってしまうのか――待ち受けているのはもはや仕事をする必要がなくなるユートピアなのか、あるいは機械に人間が従属するディストピアなのか、判然としないのだ。こうした議論に対し、バスターニはこう回答する――テクノロジーが誰に利得をもたらすかを左右するのは政治である、と。そして、マルクスが唱えた共産主義とは、まさに現代のテクノロジーの文脈においてこそ真価を発揮するというのだ。

　バスターニの主張自体は空洞から突然生じたわけではない。本書で明言こそされていないが、彼の議論の背景には「加速主義」（accelerationism）と呼ばれる近年の思潮がある。加速主義とは、社会変革を成し遂げるためには、資本主義の外部に逃れたりつかの間の避難所をこしらえたりするのではなく、むしろ資本主義の流れを加速させなければならないとする考えである。加速主義には様々な潮流が混在しているため整理が容易ではないが、大別すれば右派と左派に分かれる。市場原理の徹底を訴える右派加速主義者たちは、国家の介入をはじめとするあらゆる制約を資本主義の発展から取り払い、個人の自由を最大限拡張させようとする。彼らにとって、人権、平等、民主主義といった啓蒙以来の普遍的な価値観は、個人の経済的自由の追求を邪魔する障害でしかない。[*1] 一方、左派加速主義は、進行している自動化《オートメーション》をさらに推し進めることで、もはや労働が存在しなくなる世界を構想する。哲学者のニック・スルニチェクとアレックス・ウィリアムズは、『未来を発明する――ポスト資本主義と労働なき世界』[*2] において、近年の社会運動を概括した上で、それらが「素朴政治《フォーク・ポリティクス》」にすぎないと批判する。素朴政治とは、直接行動やローカルな領野を重視する近年の社会運動につけられた総称であり、オキュパイ運動を含む一見ラディカルな運動が資本主義への大局的な批判を欠いていることを揶揄するために用いられている。社会運動は様々に展開されてきたし、ときに広くメディアの注目を集めもするのだが、現状と根本的に異なる社会を創出することに至ると、どうしてだかみな及び腰になってしまう。左派政治は、完全な自動化、ユニバーサル・ベーシック・インカムの導入、労働時間の縮減といった要求を通じてポスト資本主義の社会を積極的に構想しなくてはならない。バスターニはこの左派加速主義の見方を（部分的な留保や修正を加えつつ）継承し、素朴政治とは一線を画す、現行の資本主義を変革し未来を切り拓く新たな政治として「完全《F》自動《A》のラグジュアリー《L》コミュニズム《C》」を提唱している。

バスターニのビジョンの新しさと魅力は、資本主義への場当たり的な反発に終始してきた近年の左派運動を刷新し、すべての人々に贅沢《ラグジュアリー》をもたらすことを目指すという大胆さにあるだろう。

＊1　右派加速主義のイデオローグである哲学者ニック・ランドの思想とその影響については、木澤佐登志『ニック・ランドと新反動主義——現代世界を覆う〈ダーク〉な思想』（星海社、二〇一九年）に詳しい。

＊2　同書はこのあとがき執筆時点で未邦訳だが、刊行に先立つ二〇一三年にインターネット上で発表された両名によるマニフェスト“#ACCELERATE MANIFESTO for an Accelerationist Politics”の日本語訳が、「加速派政治宣言」（水嶋一憲・渡邊雄介訳）として「現代思想　二〇一八年一月号」に掲載されている。

破滅的な危機を避けるために生活水準の悪化を甘受するのではなく、むしろさらなる向上を要求するという意味で、ポピュリズムとも相性が良いようにも思える。だが、その大胆さゆえだろうか、批判点もいくつか浮かび上がってくる。以下、三点を指摘してみたい。

一点目は、テクノロジーがもたらす恩恵についての楽観である。テクノロジーと歴史の関係を整理した終章において技術決定論を慎重に退けてはいるものの、第二部で最先端テクノロジーの数々を通観するバスターニの筆致は、明らかに楽観的である。指数関数的成長によって生ずる「潤沢さ」(abundance)を強調しようとするあまり、テクノロジーの発展がもたらす成果が一様にポジティブであるような印象を与えるきらいがある。ジェイソン・バーカーはロサンゼルス・レビュー・オブ・ブックスに掲載された辛辣な書評において、電気自動車の普及で需要が高まるリチウムの採掘活動が、世界のあちこちで水を大量に消費し地域の農業や生態系に悪影響を与えていること、また民間企業による際限のない宇宙開発はすでに存在する宇宙ごみをさらに増大させ、宇宙空間における深刻な「環境問題」を生じさせるだろうということを指摘している。[*3] エコロジーの危機の解決策となることを期待されるテクノロジーが、一方では負の影響を生じさせていることは看過されてはならない。

おそらくはテクノロジーの役割に注目した結果として、マルクス主義において重視されていたはずの階級闘争への等閑視が生じている。これが二点目の批判点である。新自由主義と決別しFALCを実現するための具体的な施策が第三部で展開されるが、これらはもっぱら国家や自治体レベルでの選挙政治を通じた変革である。企業家たちが一獲千金をねらって次々成し遂げるテクノロジー上の功績が、選挙政治を通じていかにして人々の手中に収められるかは分明に描かれてはいない。これらのテクノロジーの利得を万民に供するためには生産の領域における変革が必要であり、そのプロセスこそが資本主義の超克をもたらすはずだが、あたかもそれが狭義の政治を通じて可能になるかのような論調になっている。斎藤幸平はこの点を指摘し、バスターニが典型的な「政治主義」に陥っていると論じている。[*4] マルクスが洞察したように、市場での競争を通じた生産力の増加は、労働者を解放するどころか彼らを資本へのさらなる従属に追いやっていく。この「資本の生産力」は選挙や議会政治だけでは解体できず、生産の現場での階級闘争が何にも増して重要になるはずだ。生産の領域における変革がスムーズに進むかのように想定する点において、素朴政治とは異なるレベルでバスターニの議論は素朴であると斎藤は評している。

三点目は、「贅沢《ラグジュアリー》」の概念規定のあいまいさである。バスターニは「共産主義とは贅沢なものだ――でなければ、それは共産主義ではない」と断言し、有用性を超越した潤沢さが共産主義の条件であると論じている。しかし、共産主義下の贅沢とはどのようなものなのだろう。資本主義

＊3　Jason Barker, "Artificial Stupidity" (https://lareviewofbooks.org/article/artificial-stupidity/)

＊4　斎藤幸平「気候危機と環境革命――気候ケインズ主義、加速主義、エコ社会主義」(『現代思想』二〇二〇年三月号、一七三～一八四頁)

の拡大を支えたのは、実に贅沢をもとめる願望であった。絹、香辛料、砂糖、茶、コーヒー、タバコ、貴金属といった、かならずしも生存に不可欠ではない贅沢品への無尽蔵の欲望こそが、植民地主義の飽くなき拡大を駆動し、前資本主義的な生産様式を駆逐し、世界的な資本主義のネットワークを形成してきた。今日のわれわれも、数多の広告を通じて贅沢な消費へと日々駆り立てられている。バスターニは、資本主義に内在する贅沢への欲望を共産主義へむけた政治的エネルギーに変換しようとしているように思える。しかし、「すべての人々に贅沢を」というかけ声は、贅沢品の価値が差異から生じていることを見すごしているのではないか。例えば、人工肉が普及したとしても、動物の肉は贅沢品として新たに価値化されていくのではないだろうか。バスターニが構想する共産主義下での贅沢は、おそらく現状のそれとは質的にかなり異なっているはずだ。しかしバスターニの議論において、資本主義下の贅沢と共産主義下の贅沢にどのような断絶と連続性があるのかは明らかではない。

とはいえ、これらの批判点をもって本書の価値が無に帰するとは私は考えてはいない。バスターニの議論の眼目は、マーク・フィッシャーが「資本主義リアリズム」と呼んで問題化した現代特有の思考様式を乗り越えることにある。資本主義リアリズムとは、資本主義が終焉するより世界が終焉するほうがもっともらしく感じられる世界観である。資本主義は労働の現場どころかわれわれの思考の隅々にまで浸透してしまったので、ほとんど自然の物理法則のような地位を築き、それに代わる世界を想像することすら不可能になっている。金融危機後の政府による救済措置（＝

富裕層への社会主義）により新自由主義がその建前すら失った段階でも、「代案《オルタナティブ》は存在しない」というマーガレット・サッチャーの言辞は、いまだ解けない呪いのように人々の思考を規定しているのだ。どんな未来が望ましいかについて本邦で巷間なされる議論においても、同様の思考様式が幅を利かせている。ちょうどこんな調子だ――ＡＩが未来の子どもたちの仕事を奪ってしまうかもしれない。だから、ＡＩに負けない読解力を身につけさせよう。各国が協調してグローバルな諸問題に取り組まなくてはいけない。そこで、ＳＤＧｓに対応して持続可能な成長を目指しつつ企業価値を高めよう――。いずれも、資本主義がもたらす多大な危機を脱政治化し既存のシステム内での問題の解消を図る、資本主義リアリズムの亜種とみなすことができる。新型コロナウイルスの流行のような想定外の危機が新たな社会を導くと考えるような向きもあるが、「ショック療法」に可能性を見る思考では持続的な運動を支えることはできまい。もっぱら前世紀の遺物のように想定される「共産主義」に現代のテクノロジーの観点から意義を見出すことは、すくなくとも現状との決別に向けた方途を指し示してくれるだろう。バスターニが述べるようにＦＡＬＣが地図であるなら、それはいまだ未完の地図である。本書で提示された様々なアイデアが、現行の資本主義に代わるシステムの構築とそれにふさわしい政治運動の手がかりとなることを期待したい。

参考文献

序文

ダグ

Amazon. 'Introducing Amazon Go and the World's Most Advanced Shopping Technology'. *YouTube.com*, 5 December 2016.

Clifford, Catherine. 'Mark Cuban: The World's First Trillionaire Will Be an *Artificial Intelligence* Entrepreneur.' *CNBC*, 13 March 2017.

Golson, Jordan. 'Tesla Built a Huge Solar Energy Plant on the Island of Kauai'. *The Verge*, 8 March 2017.

Rosenblum, Andrew. 'A Biohacker's Plan to Upgrade Dalmatians Ends Up in the Doghouse'. *MIT Technology Review*, 1 February 2017.

'Space Act Of 2015 Passes in the House (H.R. 2262)'. *Planetary Resources*, 14 July 2015.

'Wisconsin Board Clears Way For $3 Billion Foxconn Deal'. *Reuters*, 8 November 2017.

第一部　楽園のもとの混沌

第一章　大いなる無秩序

Fukuyama, Francis. 'The End of History'. *National Review* 16 (Summer 1989).

資本主義リアリズム

Cox, Christoph, Molly Whalen and Alain Badiou. 'On Evil: An Interview with Alain Badiou'. *Cabinet*, Winter 2001-2.

Fisher, Mark. *Capitalist Realism: Is There No Alternative?* Zero Books, 2010.（マーク・フィッシャー『資本主義リアリズム』河南瑠莉／セバスチャン・ブロイ 訳、堀之内出版、2018年）

Menand, Louis. 'Francis Fukuyama Postpones the End of History'. *New Yorker*, 3 September 2018.

暴発する危機

'Depression Looms as Global Crisis'. *BBC News*, 2 September 2009.

Hertle, Hans-Hermann and Maria Nooke. *The Victims at the Berlin Wall 1961–1989: A Biographical Handbook*. Links Verlag, 2011.

'IOM Counts 3,771 Migrant Fatalities in Mediterranean in 2015'. *International Organization for Migration*, 1 May 2016.

Jones, Owen. 'Suicide and Silence: Why Depressed Men Are Dying for Somebody to Talk To'. *Guardian*, 15 August 2014.

二〇〇八年——歴史の回帰

Allen, Katie and Larry Elliott. 'UK Joins Greece At Bottom of Wage Growth League'. *Guardian*, 27 July 2016.
Bastani, Aaron. 'Property Owning Democracy'. *LRB Blog*, 2 March 2017.
Boyce, Lee and Press Association. 'How 17m Adults Have Less Than £100 Saved for a Rainy Day'. *ThisIsMoney.co.uk*, 29 September
2016.
Butler, Patrick. 'Report Reveals Scale of Food Bank Use in the UK'. *Guardian*, 29 May 2017.
——. 'Record 60% Of Britons in Poverty Are in Working Families'. *Guardian*, 22 May 2017.
Evans, Judith. 'Home Ownership in England Falls To 30-year Low'. *Financial Times*, 2 March 2017.
Gopal, Prashant. 'Homeownership Rate in the U.S. Drops to Lowest Since 1965'. *Bloomberg News*, 28 July 2016.
McGrath, Maggie. '63% Of Americans Don't Have Enough Savings to Cover A $500 Emergency'. *Forbes*, 6 January 2016.
Noack, Rick. 'Here's How the Islamic State Compares with Real States'. *Washington Post*, 12 September 2014.
Pflaum, Nadia. 'Trump: 43 million Americans on food stamps'. *Politifact*, 21 July 2016.
Wark, McKenzie. *The Beach Beneath the Street*. Verso Books, 2017.

停滞の吟味

Allen, Katie. 'Chinese Growth Slips to Slowest Pace For 26 Years'. *Guardian*, 20 January 2017.
Burgen, Stephen. 'Spain Youth Unemployment Reaches Record 56.1%'. *Guardian*, 30 August 2013.
'Donald Trump's Election Victory Speech: Read the Full Transcript'. *Sky News*, 9 November 2016.
'Greece Unemployment Hits a Record 25% in July'. *BBC News*, 11 October 2012.
Jackson, Gavin and Sarah O'Connor. '"Lost Decade" For UK Workers as Productivity Falls Beneath 2007 Level'. *Financial Times*, 5 July 2017.
Peck, Tom. 'Nigel Farage's Triumphalist Brexit Speech Crossed the Borders of Decency'. *Independent*, 24 June 2016.
Safi, Michael. 'India's Slowing Growth Blamed on "Big Mistake" Of Demonetisation'. *Guardian*, 1 June 2017.
York, Stephen. 'Greenspan Says Crisis Left Him in "Shocked Disbelief"'. *Independent*, 24 October 2008.

第二章　三つの断絶

産業——〈第二の断絶〉

Brynjolfsson, Erik and Andrew McAfee. *The Second Machine Age: Work, Progress, and Prosperity in a Time of Brilliant Technologies*. W.W. Norton, 2014.
Hobsbawm Eric. *The Age of Revolution: Europe 1789–1848*. Abacus, 2014.

資本主義の批判者たち

Gawenda, Alex and Ashok Kumar. 'Made In Post-China ™'. *Counterpunch*, 14 June 2013.
Harvey, David. *A Companion to Marx's Capital*. Verso Books, 2012.

Marx, Karl and Friedrich Engels. *The Communist Manifesto*. Penguin Books, 2015.（マルクス＝エンゲルス『共産党宣言』岩波文庫）

解き放たれる情報――〈第三の断絶〉

Crew, Bec. 'NASA Just Fast-Tracked its Mission to Explore a $10,000 Quadrillion Metal Asteroid'. *Sciencealert.com*, 25 May 2017.

Goodall, Chris. *The Switch: How Solar, Storage and New Tech Means Cheap Power for All*. Profile Books, 2016.

指数関数化する――イブン・ハッリカーンからコダックへ

Brynjolfsson, Erik and Andrew McAfee. *The Second Machine Age: Work, Progress, and Prosperity in a Time of Brilliant Technologies*. W.W. Norton, 2014.

Chace, Calum. *The Economic Singularity: Artificial Intelligence and the Death of Capitalism*. Three Cs Publishing, 2016.

Moore, G. E. 'Cramming More Components onto Integrated Circuits'. *Proceedings of the IEEE*, 1998.

Pickover, Clifford. *The Math Book: From Pythagoras to the 57th Dimension, 250 Milestones in the History of Mathematics*. Sterling, 2012.（クリフォード・ピックオーバー『ビジュアル 数学全史――人類誕生前から多次元宇宙まで』根上生也・水原文 訳、岩波書店、2017年）

ムーアの法則は持続するか？

L.S. 'The End of Moore's Law'. *Economist*, 19 April 2015.

コンピューター処理だけではない

Coughlin, Tom. 'Toshiba's 3-D Magnetic Recording May Increase Hard Disk Drive Capacity', *Forbes*, 9 July 2015.

Komorowski, Matt. 'A History of Storage Cost'. *Mkomo.com*, 9 March 2014.

Service, Robert. 'DNA Could Store All of the World's Data in One Room'. *Science*, 2 March 2017.

経験の力

Goodall, Chris. *The Switch: How Solar, Storage and New Tech Means Cheap Power for All*. Profile Books, 2016.

'The Experience Curve'. *Economist*, 14 September 2009.

危機からユートピアへ

Levy, Steven. 'Hackers at 30: "Hackers" and "Information Wants to Be Free"'. *Wired*, 21 November 2014.

Marx, Karl. *Grundrisse*. Penguin, 1993.

第三章　「完全自動のラグジュアリーコミュニズム」(FALC)とは何か？

一八五八年――未来の衝撃

Cyert, Richard M. and David C. Mowery, eds. *Technology and Employment: Innovation and Growth in the US Economy*. National Academy of Sciences, 1987.
Marx, Karl. *Grundrisse*. Penguin, 1993.

共産主義――欠乏を越えた世界

Marx, Karl. *Capital: Volume 3*. Penguin Books, 1993.
Marx, Karl. *Critique of the Gotha Programme*. Progress Publishers, 1960.

共産主義なしのポスト資本主義――J・M・ケインズ

Allen, Katie and Larry Elliott. 'UK Joins Greece At Bottom of Wage Growth League'. *Guardian*, 27 July 2016.
Corlett, Adam, Stephen Clarke and Torsten Bell. 'Public and Family Finances Squeezes Extended Well Into the 2020s By Grim Budget Forecasts'. *Resolution Foundation*, 9 March 2017.
Keynes, John Maynard. *Essays in Persuasion*. Cambridge University Press, 2013.
Taylor, Ciaren, Andrew Jowett and Michael Hardie. 'An Examination of Falling Real Wages, 2010 – 2013'. *Office for National Statistics*, 31 January 2014.
Turchin, Peter. 'The End of Prosperity: Why Did Real Wages Stop Growing in the 1970s?' *Evolution Institute*, 4 April 2013.

ポスト資本主義と情報――ピーター・ドラッカー

Drucker, Peter. *Post-Capitalist Society*. Butterworth-Heinemann,1998.
Marx, Karl. *A Contribution To the Critique of Political Economy*. Progress Publishers, 1977.

テイラー主義と生産性革命

Drucker, Peter. *Post-Capitalist Society*. Butterworth-Heinemann, 1998.
Marx, Karl. *Grundrisse*. Penguin, 1993.

情報財はタダになりたがる――本当に

DeLong, J. Bradford and Lawrence Summers. 'The "New Economy": Background, Historical Perspective, Questions, and Speculations'. *Economic Review, Federal Reserve Bank of Kansas City*, 2001.
Romer, Paul. 'Endogenous Technological Change'. *Journal of Political Economy*, 1990.

第二部　新たな旅人たち

第四章　完全な自動化――労働におけるポスト欠乏

資本が労働となるとき

'Ford Factory Workers Get 40-Hour Week'. *History.com*, 2009.

N. V. 'Difference Engine: Luddite Legacy'. *Economist*, 4 November 2011.

馬の臨界点

Groom, Brian. 'The Wisdom of Horse Manure'. *Financial Times*, 2 September 2013.

人の臨界点

Bloodgate, Henry. 'CEO of Apple Partner Foxconn: "Managing One Million Animals Gives Me A Headache"'. *Business Insider*, 19 January 2012.

Coco, Federica. 'Most US Manufacturing Jobs Lost to Technology, Not Trade'. *Financial Times*, 2 December 2016.

Dasgupta, Skit and Ajith Singh. 'Will Services Be the New Engine of Indian Economic Growth?' *Development and Change*, 2005.

'Industrial Metamorphosis'. *Economist*, 29 September 2005.

Kilby, Emily R. 'The Demographics of the US Equine Population'. In *The State of the Animals*. Edited by D.J. Salem and A.N. Rowan. Humane Society Press, 2007. pp. 175–205.

Markoff, John. 'New Wave of Deft Robots Is Changing Global Industry'. *New York Times*, 19 August 2012.

National Research Council. *The Long-Term Impact of Technology on Employment and Unemployment*. National Academies Press, 1983.

Perez, Bien. 'Annual Robotics Spending in China to Reach US $59b by 2020'. *South China Morning Post*, 4 April 2017.

Rifkin, Jeremy. 'Return of a Conundrum'. *Guardian*, 2 March 2004.

——. *The Zero Marginal Cost Society*. Palgrave Macmillan, 2014.

Taylor, Ciaren, Andrew Jowett and Michael Hardie. 'An Examination of Falling Real Wages, 2010 – 2013'. *Office for National Statistics*, 31 January 2014.

Wallop, Harry. 'Manufacturing Jobs to Fall to Lowest Level Since 1841'. *Telegraph*, 6 February 2009.

Zoo, Mandy. 'Rise of the Robots: 60,000 Workers CulLED from Just One Factory as China's Struggling Electronics Hub Turns to *Artificial Intelligence*'. *South China Morning Post*, 21 May 2016.

大規模農業の終焉

International Labour Organization. 'Employment in Industry (% of Total Employment) (ModelLED ILO Estimate)'. *World Bank*, November 2017.

'Labor Force – by Occupation'. *CIA World Factbook*, 2009.

Riser, Max. 'Employment in Agriculture'. *Our World in Data*, 2018.

UN Food and Agriculture Organization (FAO). Statistics from 2018. http://www.fao.org/faostat/en/#data/countries_by_ commodity/visualize

ロボットの台頭

Campbell, Murray, A. Joseph Hoane Jr. and Feng-Hsiung Hsu. 'Deep Blue'. *Artificial Intelligence* 134: 1–2

(January 2002).
Jennings, Ken. 'My Puny Human Brain'. Slate, 16 February 2011.
Moravec, Hans. *Mind Children: The Future of Robot and Human Intelligence*. Harvard University Press, 1988.

「アトラス」の宙返り

Thomson, Iain. 'Atlas Unplugged! DARPA's Unterminator Robot Cuts the Power Cable'. *Register*, 23 January 2015.

自動運転車

Balakrishnan, Anita. 'Drivers Could Lose up to 25,000 Jobs per Month when Self-Driving Cars Hit, Goldman Sachs Says'. *CNBC*, 22 May 2017.
Bomey, Nathan. 'US Vehicle Deaths Topped 40,000 in 2017, National Safety Council Estimates'. *USA Today*, 15 February 2018.
Darter, Michael. 'DARPA's Debacle in the Desert'. *Popular Science*, 4 June 2004.
Dillow, Clay. 'ReveaLED: Google's Car Fleet Has Been Driving around Unmanned for 140,000 Miles Already'. *Popular Science*, 11 October 2010.
Ford, Martin. *The Rise of the Robots: Technology and the Threat of Mass Unemployment*. Oneworld, 2017.(マーティン・フォード『ロボットの脅威 人の仕事がなくなる日』松本剛史 訳、日経ビジネス人文庫、2018年)
Marshall, Aarian. 'As Uber Flails, its Self-driving Car Research Rolls On'. *Wired*, 23 June 2017.
Thrun, Sebastian. 'What We're Driving At'. *Official Google Blog*, 9 October 2010.

技術的失業がやってくる

Ahmed, Kamal. '900,000 UK Retail Jobs Could Be Lost by 2025, Warns BRC'. *BBC*, 29 February 2016.
Amazon. 'Introducing Amazon Go and the World's Most Advanced Shopping Technology'. *YouTube.com*, 5 December 2016.
Armstrong, Ashley. 'Chinese Online Retailer JD Plans to Open Hundreds of Unmanned Shops, Ahead of Amazon'. *Telegraph*, 14 December 2017.
Chace, Calum. *The Economic Singularity: Artificial Intelligence and the Death of Capitalism*. Three Cs Publishing, 2016.
Clifford, Catherine. 'Mark Cuban: The World's First Trillionaire Will Be an Artificial Intelligence Entrepreneur.' *CNBC*, 13 March 2017.
Elliott, Larry. 'Robots Threaten 15m UK Jobs, Says Bank of England's Chief Economist'. *Guardian*, 12 November 2015.
'Future Work/Technology 2050'. *Millennium Project*, 1 December 2014.
Nasiripour, Shahien. 'White House Predicts Robots May Take Over Many Jobs That Pay $20 per Hour'. *Huffington Post*, 24 February 2016.
Statt, Nick. 'Amazon's Cashier-Free Go Stores May Only Need Six Human Employees', *The Verge*, 6 February 2017.

Taylor, Ciaren, Andrew Jowett and Michael Hardie. 'An Examination of Falling Real Wages, 2010 – 2013'. *Office for National Statistics*, 31 January 2014.
Thibodeau, Patrick. 'One in Three Jobs Will Be Taken by Software or Robots by 2025'. *Computer World*. 6 October 2014.
Thompson, Alexandra. '"Robot Surgery" Could Save Men from Prostate Cancer'. *Daily Mail*, 24 November 2017.
Turner, Nick, Selina Wang and Spencer Soper. 'Amazon to Acquire Whole Foods for $13.7 Billion'. *Bloomberg*, 16 June 2017.
Williams-Grut, Oscar. 'Mark Carney: "Every Technological Revolution Mercilessly Destroys Jobs Well Before the New Ones Emerge"'. *Business Insider*, 6 December 2016.

現存する自動化
Marr, Bernard. 'First FDA Approval for Clinical Cloud-Based Deep Learning in Healthcare'. *Forbes*, 20 January 2017.
Croft, Jane. 'More than 100,000 Legal Roles to Become Automated'. *Financial Times*, 15 March 2016.
Snow, Jackie. 'A New Algorithm Can Spot Pneumonia Better than a Radiologist'. *MIT Technology Review*, 16 November 2017.

仕事の未来
Brynjolfsson, Erik and Andrew McAfee. *The Second Machine Age: Work, Progress, and Prosperity in a Time of Brilliant Technologies*. W.W. Norton, 2014.

第五章　無限の動力——エネルギーにおけるポスト欠乏

エネルギーと〈断絶〉
Malm, Andreas. *Fossil Capital: The Rise of Steam Power and the Roots of Global Warming*. Verso Books, 2016.

人新世の到来
Lynch, Patrick. 'Secrets from the Past Point to Rapid Climate Change in the Future'. *NASA*, 14 December 2011.

気候大災害を生き延びることはできるか？
Klein, Naomi. *This Changes Everything: Capitalism vs. the Climate*. Penguin Books, 2015.（ナオミ・クライン『これがすべてを変える——資本主義VS.気候変動』上下、生島幸子／荒井雅子 訳、岩波書店、2017年）
Lynas, Mark. *Six Degrees: Our Future on a Hotter Planet*. Fourth Estate, 2007.（マーク・ライナス『+6℃ 地球温暖化最悪のシナリオ』寺門和夫、武田ランダムハウスジャパン、2008年）

エネルギーはタダになりたがる

Goodall, Chris. *The Switch: How Solar, Storage and New Tech Means Cheap Power for All*, Profile Books, 2016.

Watts, Jonathan. 'We Have 12 Years to Limit Climate Change Catastrophe, Warns UN'. *Guardian*, 8 October 2018.

太陽光エネルギー――無限、クリーン、無料

Diamandis, Peter and Steven Kotler. *Abundance: The Future Is Better than You Think*. Free Press, 2014.

静かな革命

'Electricity Generation Mix by Quarter and Fuel Source (GB)'. *UK Office of Gas and Electricity Markets*, October 2018.

Goodall, Chris. *The Switch: How Solar, Storage and New Tech Means Cheap Power for All*, Profile Books, 2016.

Hanley, Steve. 'New PPA in Arizona Locks in Lowest Solar Prices in US as Demise of Navajo Station Looms'. *Clean Technica*, 11 June 2018.

McGreevy, Ronan. 'Scotland "on Target" for 100% Renewable Energy by 2020'. *Irish Times*, 4 November 2017.

'Onshore Wind Power Now as Affordable as Any Other Source, Solar to Halve by 2020'. *IRENA*, 13 January 2018.

Vaughan, Adam. 'Time to Shine: Solar Power Is Fastest-growing Source of New Energy'. *Guardian*, 4 October 2017.

未来に向けた競争

Asthana, Anushka and Matthew Taylor. 'Britain to Ban Sale of All Diesel and Petrol Cars and Vans from 2040'. *Guardian*, 25 July 2017.

Dorrier, Jason. 'Solar Is Now the Cheapest Energy There Is in the Sunniest Parts of the World'. *Singularity Hub*, 18 May 2017.

Goodall, Chris. *The Switch: How Solar, Storage and New Tech Means Cheap Power for All*, Profile Books, 2016.

Penn, Ivan. 'Cheaper Battery Is UnveiLED as a Step to a Carbon-Free Grid'. *New York Times*, 26 September 2018.

太陽光とグローバル・サウス

Chao, Rebecca. 'Libya Uses World's First Mobile Voter Registration System for Parliament Elections'. *Tech President*, 25 June 2014.

Goodall, Chris. *The Switch: How Solar, Storage and New Tech Means Cheap Power for All*, Profile Books, 2016

McKibben, Bill. 'The Race to Solar-Power Africa'. *New Yorker*, 26 June 2017.

Poushter, Jacob. 'Cell Phones in Africa: Communication Lifeline'. *Pew Global Research*, 15 April 2015.

'Reducing Risks, Promoting Healthy Life'. *World Health Organization*, 2002.

T.S. 'Why Does Kenya Lead the World in Mobile Money?' *Economist*, 2 March 2015.
Tricarico, Daniele. 'Case Study: Vodafone Turkey Farmers' Club'. *GSM Association*, June 2015.
Vaughan, Adam. 'Time to Shine: Solar Power Is Fastest-growing Source of New Energy'. *Guardian*, 4 October 2017.

風力

Davies, Rob. 'Wind Turbines "Could Supply Most of UK's Electricity"'. *Guardian*, 8 November 2016.
'The Guardian View of Offshore Wind: Cheaper and Greener'. *Guardian*, 13 September 2017.
Harrabin, Roger. 'Offshore Wind Power Cheaper than New Nuclear'. *BBC News*, 11 September 2017.
Rifkin, Jeremy. *The Zero Marginal Cost Society*. Palgrave Macmillan, 2014.（ジェレミー・リフキン『限界費用ゼロ社会　＜モノのインターネット＞と共有型経済の台頭』柴田裕之 訳、NHK出版、2015年）
Tamblyn, Thomas. 'Amazingly, Wind Farms Provided Double the Energy Needed to Power All of Scotland in October'. *Huffington Post*, 7 November 2017.
Vaughan, Adam. 'Nuclear Plans Should Be Rethought after Fall in Offshore Windfarm Costs'. *Guardian*, 11 September 2017.
Vaughan, Adam. 'UK Wind Power Overtakes Coal for First Time'. *Guardian*, 6 January 2017.

保温

'Dramatic Jump in Excess Winter Deaths'. *Age UK*, 22 November 2017.
Goodall, Chris. *The Switch: How Solar, Storage and New Tech Means Cheap Power for All*, Profile Books, 2016.
Huck, Nichole. '"Passive Home' Movement a Success in Germany, but Not in Saskatchewan Where It Started'. *CBC News*, 5 August 2015.
The Solutions to Climate Change Are Here Rifkin, Jeremy. 'Capitalism Is Making Way for the Age of Free'. *Guardian*, 31 March 2014.

第六章　天空の掘削 ——資源におけるポスト欠乏

有限の世界

Ahmed, Nafeez. 'Exhaustion of Cheap Mineral Resources Is Terraforming Earth – Scientific Report'. *Guardian*, 4 June 2014.
Withnall, Adam. 'Britain Has Only 100 Harvests Left in its Farm Soil as Scientists Warn of Growing "Agricultural Crisis"'. *Independent*, 20 October 2014.

小惑星採掘

Ludacer, Rob and Jessica Orwig. 'SpaceX Is about to Launch its Monster Mars Rocket for the First Time – Here's How It Stacks Up Against Other Rockets'. *Business Insider*, 4 January 2018.
SpaceX. 'SpaceX Interplanetary Transport System'. *YouTube.com*, 27 September 2016.

民間宇宙産業の誕生

End, Rae BotSFord. 'Rocket Lab: The Electron, the Rutherford, and Why Peter Beck Started It in the First Place'. *Spaceflight Insider*, 2 May 2015.

Spacevidcast. 'SpaceX Reaches Orbit with Falcon 1 – Flight 4 (Full Video Including Elon Musk Statement)'. *YouTube.com*, 28 September 2008.

SpaceX. 'Orbcomm-2 Full Launch Webcast'. *YouTube.com*, 21 December 2015.

Vance, Ashlee. *Elon Musk: How the Billionaire CEO of SpaceX and Tesla Is Shaping Our Future*. Virgin Digital, 2015.（アシュリー・バンス『イーロン・マスク　未来を創る男』斎藤栄一郎 訳、講談社、2015年）

下落するコスト、高まる野心

'Apollo Program Budget Appropriations'. *NASA*.

Dorrier, Jason. 'Risk Takers Are Back in the Space Race – and That's a Good Thing'. *Singularity Hub*, 17 August 2017.

Erwin, Sandra. 'Rocket Startup Sees Big Future in Military Launch'. *Space News*, 1 July 2018.

Gush, Loren. 'Rocket Lab Will Launch its Small Experimental Rocket Again this December'. *The Verge*, 29 November 2017.

Knapp, Alex. 'Rocket Lab Becomes A Space Unicorn with A $75 Million Funding Round'. *Forbes*, 21 March 2017.

Lo, Bernie and Nyshka Chandran. 'Rocket Lab nears Completion of World's First Private Orbital Launch Site in New Zealand'. *CNBC*, 28 August 2016.

'Rocket Lab Reveals First Battery-Powered Rocket for Commercial Launches to Space'. *Rocket Lab USA*, 31 May 2015.

Pielke, Roger, Jr. and Radford Byerly, Jr. 'The Space Shuttle Program: Performance versus Promise'. *Space Policy Alternatives*, WesTView Press, 1992.

Vance, Ashlee. 'These Giant Printers Are Meant to Make Rockets'. *Bloomberg News*, 18 October 2017.

ムーン・エクスプレス

'The Global Exploration Strategy: The Framework for Coordination'. *NASA*, 31 May 2007.

Grush, Loren. 'To Mine the Moon, Private Company Moon Express Plans to Build a Fleet of Robotic Landers'. *The Verge*, 12 July 2017.

MoonExpress.com

全人類に認められる活動分野

Cookson, Clive. 'Luxembourg launches plan to mine asteroids for minerals'. *Financial Times*, 2 February 2016.

Dorrier, Jason. 'Risk Takers Are Back in the Space Race – and That's a Good Thing'. *Singularity Hub*, 17 August 2017.

Fernholz, Tim. 'Space Is not a "Global Commons," Top Trump Space Official Says'. *Quartz*, 19 December

2017.
Hennigan, W.J. 'MoonEx Aims to Scour Moon for Rare Materials'. *Los Angeles Times*, 8 April 2011.
Marx, Karl. 'Chapter 44: Differential Rent Also on the Worst Cultivated Soil'. *Marxists.org*.
Orphanides, K. G. 'American Companies Could Soon Mine Asteroids for Profit'. *Wired*, 12 November 2015.
'Outer Space Treaty'. *US Department of State*.
'Reopening the American Frontier: Exploring How the Outer Space Fully Automated Treaty Will Impact American Commerce and Settlement in Space'. *US Senate Committee on Commerce, Science and Transportation*, 23 May 2017.

地球の制約を越えて

Chamberlin, Alan B. 'All known near Earth Asteroids (nea), cumulative discoveries over time'. *NASA Jet Propulsion Laboratory*, 15 January 2013.
Deepspaceindustries.com
Edwards, Jim. 'Goldman Sachs: Space-Mining for Platinum Is "More Realistic Than Perceived"'. *Business Insider*, 6 April 2017.
Herridge, Linda. 'OSIRIS-REx Prepared for Mapping, Sampling Mission to Asteroid Bennu'. *NASA*, 6 August 2017.
Lewis, John. *Mining the Sky: Untold Riches from the Asteroids, Comets, and Planets*. Basic Books, 1997.
Malik, Tariq. 'Asteroid Dust SuccesSFully Returned by Japanese Space Probe'. *Space.com*, 16 November 2010.
Müller, T.G. et al. 'Hayabusa-2 Mission Target Asteroid 162173 Ryugu (1999 JU3): Searching for the Object's Spin-Axis Orientation'. *Astronomy & Astrophysics*, March 2017.
Planetaryresources.com
Wall, Mike. 'Asteroid Mining May Be a Reality by 2025'. *Space.com*, 11 August 2015.
Yongliao, Zou. 'China's Deep-Space Exploration to 2030'. *Chinese Journal of Space Science*, 2014.

宇宙の争奪戦

Brophy, John et al. 'Asteroid Retrieval Feasibility Study'. *Keck Institute for Space Studies*, April 2012.
Edwards, Jim. 'Goldman Sachs: Space-Mining for Platinum Is "More Realistic Than Perceived"'. *Business Insider*, 6 April 2017.

価値を超越した潤沢さ

'1974 NASA Authorization Hearings, Ninety-third Congress, First Session, on H.R. 4567 (superseded by H.R. 7528)'. *US Government Printing Office*, 1973.
Dorrier, Jason. 'Risk Takers Are Back in the Space Race – and That's a Good Thing'. *Singularity Hub*, 17 August 2017.
Eisenhower, Dwight D. 'Address Before the 15th General Assembly of the United Nations, New York City'. *The American Presidency Project*. 'Protocol on Environmental Protection to the Antarctic Treaty'. *Atlantic Treaty Secretariat*, 4 October 1991.

Scotti, Monique. 'NASA Plans Mission to a Metal-rich Asteroid Worth Quadrillions'. *Global News*, 12 January 2017.

第七章　運命を編集する——老いと健康におけるポスト欠乏

老いる種

'Are You Ready? What You Need to Know About Ageing'. *World Health Organization*, 2012.
'Demographics and Markets: The Effects of Ageing'. *Financial Times*, 25 October 2016.
Lawrence, Mathew. 'Future Proof: Britain in the 2020s'. *Institute for Public Policy Research*, December 2016.
Mrsnik, Marko. 'Global Aging 2013: Rising To The Challenge '. *Standard & Poor's*, 20 March 2013.
Mrsnik, Marko. 'Global Aging 2016: 58 Shades of Gray'. *Standard & Poor's*, 28 April 2016.
'People and Possibilities in a World of 7 Billion.' *United Nations Population Fund*, 2011.
Pomeranz, Kenneth. *The Great Divergence: China, Europe, and the Making of the Modern World Economy*. Princeton University Press, 2000.
Prentice, Thomson. 'Health, History and Hard Choices: Funding Dilemmas in a Fast-Changing World'. *World Health Organization*, August 2006.
'World Population Projected to Reach 9.6 Billion by 2050'. *UN News*, 13 June 2013.

イギリスの高齢化——緊縮を越えた緊縮

'Dementia Now Leading Cause of Death'. *BBC News*, 14 November 2016.
Gallagher, James. 'Dementia Cases "Set to Treble Worldwide" by 2050'. BBC News, 5 December 2013.
Lain, Douglas. *Advancing Conversations: Aubrey De Grey – Advocate for An Indefinite Human Lifespan*. Zero Books, 2016.
Marcus, Mary Brophy. 'The Top 10 Leading Causes of Death in the US'. *CBS News*, 30 June 2016.

(遺伝)情報はタダになりたがる

'An Overview of the Human Genome Project'. *National Human Genome Research Institute*, November 8, 2012.
Buhr, Sarah. 'Illumina Wants to Sequence Your Whole Genome for $100'. *Tech Crunch*, 10 January 2017.
Nowogrodzki, Anna. 'Should Babies Have Their Genomes Sequenced?' *MIT Technology Review*, 2 July 2015.
Pennisi, Elizabeth. 'Biologists Propose to Sequence the DNA of All Life on Earth'. *Science*, 24 February 2017.
Sieh, W. 'The Role of Genome Sequencing in Personalized Breast Cancer Prevention'. *Cancer Epidemiology, Biomarkers and Prevention*, November 2014.
Singularity University Summits. 'The Biotechnology Century | Raymond McCauley | Singularity University Global Summit'. *YouTube.com*, 21 April 2017.
Venter, Craig. *A Life Decoded: My Genome, My Life*. Viking, 2007.
Yong, Ed. 'Fighting Ebola With a Palm-Sized DNA Sequencer'. *The Atlantic*, 16 September 2015.

医療における極限の供給——遺伝子治療

Beall, Abigail. 'Genetically-modified Humans: What Is CRISPR and How Does It Work?' *Wired*, 5 February 2017.
'CRISPR Reverses Huntington's Disease in Mice'. *Genetic Engineering and Biotechnology News*, 20 June 2017.
'CRISPR Timeline'. *Broad Institute.*
Cyranoski, David. 'CRISPR Gene Editing Tested in a Person'. *Nature*, 24 November 2016. pp. 479.
Molteni, Megan. 'Everything You Need to Know About Crispr Gene Editing'. *Wired*, 5 December 2017.
Regalado, Antonio. 'First Gene-Edited Dogs Reported in China'. *MIT Technology Review*, 19 October 2015.
Rosenblum, Andrew. 'A Biohacker's Plan to Upgrade Dalmatians Ends Up in the Doghouse'. *MIT Technology Review*, 1 February 2017.
Singularity University Summits. 'The Biotechnology Century | Raymond McCauley | Singularity University Global Summit'. *YouTube.com*, 21 April 2017.
Stapleton, Andrew. 'Scientists Have Used CRISPR to Slow The Spread of Cancer Cells'. *Science Alert*, 1 June 2017.
Yu, Alan. 'How a Gene Editing Tool Went from Labs to a Middle-School Classroom'. *NPR*, 27 May 2017.
Welcome to Elysium

エリジウムへようこそ

'Alan Kurdi | 100 Photographs | The Most Influential Images of All Time'. *Time.*
de Selding, Peter B. 'SpaceX's Reusable Falcon 9: What Are the Real Cost Savings for Customers?' *Space News*, 25 April 2016.

第八章　動物なしの食物——栄養におけるポスト欠乏

食料、余剰、断絶

Pearce, Fred. 'The Sterile Banana'. *Conservation*, 26 September 2008.
Zohary, Daniel, Maria Hopf and Ehud Weiss. *Domestication of Plants in the Old World: The Origin and Spread of Domesticated Plants in Southwest Asia, Europe, and the Mediterranean Basin*. Oxford University Press, 2012.

伸長する世界

Arsenault, Chris. 'Only 60 Years of Farming Left If Soil Degradation Continues'. *Scientific American*, 5 December 2014.
Brown, Lester. *Plan B 3.0: Mobilizing to Save Civilization*. W.W. Norton, 2009.（レスター・R・ブラウン『プラン B3.0 人類文明を救うために』ワールドウォッチジャパン、2008年）
Carrington, Damian. 'Earth's Sixth Mass Extinction Event Under Way, Scientists Warn'. *Guardian*, 10 July 2017.
Howard, Emma. 'Humans Have Already Used Up 2015's Supply of Earth's Resources – Analysis'. *Guardian*, 12 August 2015.
Jevons, William. *The Coal Question*. 1865.

Lynas, Mark. *Six Degrees: Our Future on a Hotter Planet*. Fourth Estate, 2007.（マーク・ライナス『+6℃ 地球温暖化最悪のシナリオ』寺門和夫、武田ランダムハウスジャパン、2008年）

Malthus, Thomas. *An Essay on the Principle of Population*. 1798.

Myers, Ransom A. and Boris Worm. 'Rapid Worldwide Depletion of Predatory Fish Communities'. *Nature*, 15 May 2003.

Nelson, Gerald C. et al. *Food Security, Farming, and Climate Change to 2050: Scenarios, Results, Policy Options*. International Food Policy Research Institute, 2010.

'World Must Sustainably Produce 70 Percent More Food by Mid-Century – UN Report'. *UN News*, 3 December 2013.

情報としての食料――緑の革命

'Agricultural Land (% of Land Area)'. *World Bank*, 28 September 2017.

Chambers, Ian and John Humble. *Plan for the Planet: A Business Plan for a Sustainable World*. Gower, 2012.

De Datta, S. K. et al. 'Effect of Plant Type and Nitrogen Level on the Growth Characteristics and Grain Yield of Indica Rice in the Tropics'. *Agronomy Journal*, 1968.

Ehrlich, Paul, *The Population Bomb*. Sierra Club/Ballantine Books, 1968.

'Prevalence of Undernourishment (% of Population)'. *World Bank*, 28 September 2017.

Swaminathan, M. S. 'Obituary: Norman E. Borlaug (1914–2009) Plant Scientist Who TranSFormed Global Food Production'. *Nature*, 2009. pp. 461.

緑の革命を完了させる

Easterbrook, Gregg. 'Forgotten Benefactor of Humanity'. *Atlantic*, January 1997.

合成肉 ――動物なしの食肉

Caughill, Patrick. 'The Future of Protein: Here's How Lab-Grown Meat Is TranSForming Our Future'. *Futurism*, 19 January 2017.

Cow Weight FAQ. Pro B Farms. http://www.probfarms.com/layout_images/fs-cowweight.pdf.

Gold, Mark. *The Global Benefits of Eating Less Meat*. Compassion in World Farming Trust, 2004.

'Rearing Cattle Produces More Greenhouse Gases than Driving Cars, UN Report Warns'. *UN News*, 29 November 2006.

Reijnders, Lucas and Sam Soret. 'Quantification of the Environmental Impact Of Different Dietary Protein Choices'. *The American Journal of Clinical Nutrition*, 1 September 2003. pp. 664S–668S.

Vidal, John. '10 Ways Vegetarianism Can Help Save The Planet'. *Guardian*, 18 July 2010.

'Water'. *Global Agriculture*.

'WHO World Water Day Report'. *World Health Organization*, 2001.

World Agriculture: Towards 2015/2030. Food and Agriculture Organization of the United Nations, 2003.

三二万五〇〇〇ドルのハンバーガー

Card, Jon. 'Lab-Grown Food: "The Goal Is to Remove the Animal from Meat Production"'. *Guardian*, 24 July 2017.
Ceurstemont, Sandrine. 'Make Your Own Meat with Open-Source Cells – No Animals Necessary'. *New Scientist*, 11 January 2017.
Coyne, Andy. 'Just Planning to Launch Lab-Grown Chicken Product this Year'. *Just-Food*, 18 October 2018.
Heid, Markham. 'You Asked: Should I Be Nervous About Lab-Grown Meat?' *Time*, 14 September 2016.
'Indian-American Scientist Has Discovered a Way for Us to Eat Meat without Killing Animals'. *Huffington Post India*, 14 March 2016.
Jha, Alok. 'First Lab-Grown Hamburger Gets Full Marks for "Mouth Feel"'. *Guardian*, 6 August 2013.
'Lab-Grown Meat Would "Cut Emissions and Save Energy"'. *Phys Org*, 21 June 2011.
Mandelbaum, Ryan F. 'Behind the Hype of "Lab-Grown" Meat'. *Gizmodo*, 14 August 2017.
Memphis Meats. 'The World's First Cell-Based Meatball – Memphis Meats'. *YouTube.com*, 31 January 2016.
Schwartz, Ariel. 'The $325,000 Lab-Grown Hamburger Now Costs Less Than $12'. *Fast Company*, 1 April 2015.
Steinfeld, Henning et al. *Livestock's Long Shadow*. Food and Agriculture Organization of the United Nations, 2006.
Watson, Elaine. 'Cultured fish co. Finless Foods aims to achieve price parity with Bluefin tuna by the end of 2019'. *Food Navigator*, 21 December 2017.
'What is Cultured Meat'. *Cultured Beef.*

野菜から作る肉

Chiorando, Maria. 'JUST Vegan Egg Will be Available to Buy Online Next Month'. *Plant Based News*, 17 July 2018.
Clarafoods.com
Impossibleburger.com.
'Impossible Foods Launches Production at First Large-Scale Plant'. *Business Wire*, 7 September 2017.
Simon, Matt. 'The Impossible Burger: Inside the Strange Science of the Fake Meat That "Bleeds"'. *Wired*, 20 September 2017.
Steinfeld, Henning et al. *Livestock's Long Shadow*. Food and Agriculture Organization of the United Nations, 2006.
Tetrick, Josh. 'Meat and Seafood (But Without the Animal)'. *LinkedIn*, 27 June 2017.
Van Hemert, Kyle. 'Inside Look: The Startup Lab Using Plants to Make Next-Gen Super Eggs'. *Wired*, 10 December 2013.
Watson, Elaine. 'Perfect Day in Talks With Food Industry Partners to Commercialize Animal-Free Dairy Ingredients'. *Food Navigator*, 19 December 2017.

シャンパン社会主義

Diamandis, Peter and Steven Kotler. *Abundance: The Future Is Better than You Think*. Free Press, 2014.

Dormehl, Luke. 'No Grapes Necessary – Ava Winery Makes Fine Wines Molecule by Molecule'. *Digital Trends*, 8 August 2017.
'Globetrotting Food Will Travel Farther Than Ever This Thanksgiving'. *Worldwatch Institute*.
Goldfarb, Alan. 'The Pivot to Whiskey'. *The Verge*, 23 August 2018.
Goldfield, Hannah. 'An Exclusive First Taste of Lab-Made Whiskey'. *Wall Street Journal*, 1 October 2018.
Lawrence, Felicity. 'The Supermarket Food Gamble May Be Up'. *Guardian*, 20 February 2017.

第三部　楽園の発見

第九章　大衆からの支持――ラグジュアリー・ポピュリズム

エリート・テクノクラシーに抗して

Marx, Karl. *Grundrisse*. 1857.
Rancière, Jacques. 'Attacks On "Populism" Seek to Enshrine the Idea That There is No Alternative'. *Verso Books Blog*, 2 May 2017.
Rancière, Jacques. 'The People Are Not a Brutal and Ignorant Mass'. *Verso Books Blog*, 30 January 2013.
Srincek, Nick and Alex Williams. *Inventing the Future*. Verso Books, 2016.

赤と緑

'Balcombe "Fracking" Village in First Solar Panel Scheme'. *BBC News*, 28 January 2015.
Brand, Stewart. 'WE ARE AS GODS'. *Whole Earth Catalog*, Fall 1968.

グローバリズムに抗して、インターナショナリズムへ向けて

Klein, Naomi. *This Changes Everything: Capitalism vs. the Climate*. Penguin Books, 2015.（ナオミ・クライン『これがすべてを変える――資本主義VS.気候変動』上下、生島幸子／荒井雅子 訳、岩波書店、2017年）
Marx, Karl. *A Contribution to the Critique of Political Economy*. Progress Publishers, 1977.

第一〇章　根本原理――新自由主義との決別

カリリオンの経営破綻とイースト・コースト本線

Bastani, Aaron. 'Britain Isn't Working'. The *New York Times*, 23 January 2018.
Boffey, Daniel. 'East Coast Mainline: Profitable and Publicly Owned – So Why Sell It?' *Guardian*, 23 October 2013.
Leach, Adam. 'UK Public Sector is World's Second-Largest Outsourcing Market'. *Chartered Institute of Procurement and Supply*, 22 March 2013.
Mason, Paul. 'Ink It Onto Your Knuckles – Carillion Is How Neoliberalism Lives and Breathes'. *Novara Media*,

15 January 2018.
McNulty, Roy. *Realising the Potential of GB Rail*. Department for Transport, May 2011.
Topham, Gwyn. 'East Coast Line Bailout Puts Rail Privatisation Back in Spotlight'. *Guardian*, 10 February 2018.

グレンフェル・タワーの火災

Osborne, Samuel and Harriet Agerholm. 'Grenfell Tower Inquiry: Refurbishment Turned Building Into "Death Trap Using Public Funds"'. *Independent*, 5 June 2018.
Stone, Jon. 'Britain Could Slash Environmental and Safety Standards "A Very Long Way" after Brexit, Tory mp Jacob Rees-Mogg Says'. *Independent*, 6 December 2016.

新自由主義を終わらせるために——プレストン・モデル

Chakrabortty, Aditya. 'In 2011 Preston hit Rock Bottom. Then it Took Back Control'. *Guardian*, 31 January 2018.
'The Cleveland Model—How the Evergreen Cooperatives are Building Community Wealth'. *Community Wealth*, February 2013.
Hanna, Thomas M., Joe Guinan and Joe Bilsborough. 'The "Preston Model" and the Modern Politics of Municipal Socialism'. *Open Democracy*, 12 June 2018.
Parveen, Nazia and Rachael Bunyan. 'Preston Named Best City to Live and Work in North-West England'. *Guardian*, 8 November 2016.

人々の事業、人々の銀行

Barrott, Cheryl et al. 'Alternative Models of Ownership'. *UK Labour Party*, 11 June 2017.
Clancy, John. *The Secret Wealth Garden: Re-Wiring Local Government Pension Funds back into Regional Economies*. Lulu.com, 2014.

国家の回帰——UBS

Moore, Henrietta L. 'Social Prosperity for the Future: A Proposal for *Universal Basic Services*'. *University College London Institute for Global Prosperity*, 2017.
'NHS Statistics, Facts and Figures'. *NHS Confederation*, 14 July 2017.

脱炭素化

Klein, Naomi. *This Changes Everything: Capitalism vs. the Climate*. Penguin Books, 2015.（ナオミ・クライン『これがすべてを変える——資本主義VS.気候変動』上下、生島幸子／荒井雅子 訳、岩波書店、2017年）
'Softbank and Saudi Arabia Announce New Solar Generation Project'. *CNBC*, 27 March 2018.

第一一章　資本主義国家の改革

無に帰する金

Martinelli, Luke. 'Assessing the Case for a *Universal Basic Income in the UK.' University of Bath Institute for Policy Research*, September 2017.

Van Parijs, Philippe and Yannick Vanderborght. *Basic Income: A Radical Proposal for a Free Society and a Sane Economy.* Harvard University Press, 2017.

Zamora, Daniel. 'The Case Against a Basic Income'. *Jacobin*, 28 December 2017.

中央計画者としての中央銀行

Blakely, Grace. 'On Borrowed Time: Finance and the UK's Current Account Deficit'. *Institute for Public Policy Research*, 10 July 2018.

Mason, J.W. 'Socialize Finance'. *Jacobin*, 28 November 2016.

GDPの終焉

Gibbons, Kevin. 'Why Wikipedia is Top on Google: the SEO Truth No-One Wants to Hear'. *Econsulting*, 14 February 2012.

Kennedy, Robert. 'Remarks at the University of Kansas'. Speech, Lawrence, Kansas, 18 March 1968. *John F. Kennedy Presidential Library and Museum.*

Kuznets, Simon in report to the Congress, 1934. In *Globalization: Critical Perspectives.* Edited by Gernot Kohler and Emilio José Chaves, 2003.

'We'd better watch out'. *New York Times Book Review*, July 12 1987.

第一二章　FALC——新たな始まり

Mims, Christopher. 'The Six Laws of Technology Everyone Should Know'. *Wall Street Journal*, 26 November 2017.

Novara Media. 'Technology and Post Capitalism'. *YouTube.com*, 25 September 2017.

先送りされる未来

'How Luther Went Viral'. *Economist*, 17 December 2011.

アーロン・バスターニ
ジャーナリスト。Novara Mediaの共同創設者・編集主任。ロンドン大学にて博士号取得。ニューメディア、社会運動、政治経済などを研究分野としてVice、Guardian、London Review of Books、New York Timesなどに執筆、BBCやSky Newsでコメンテーターとして出演。

橋本智弘
一橋大学言語社会研究科博士課程在学中。1986年東京都生まれ。ケント大学英文科修士課程修了（MA in Postcolonial Studies）。専修大学、明治大学で非常勤講師。専門は、ポストコロニアル理論・文学。共著に『バイリンガルな日本語文学』（三元社）、『ノーベル文学賞にもっとも近い作家たち——いま読みたい38人の素顔と作品』（青月社）、『クリティカル・ワード　文学理論』（フィルムアート社）。

ラグジュアリーコミュニズム

2021年1月31日　初版第1刷発行

著　者　アーロン・バスターニ
訳　者　橋本智弘
発行所　堀之内出版
〒192-0355　東京都八王子市堀之内3丁目10-12
フォーリア23 206
TEL: 042-682-4350 ／ FAX: 03-6856-3497
http://www.horinouchi-shuppan.com/
編　集　小林えみ（よはく舎）
装　丁　APRON（植草可純、前田歩来）
装　画　Ori Toor
組　版　トム・プライズ
印　刷　株式会社シナノパブリッシングプレス

ISBN 978-4-909237-43-9　©2021 Printed in Japan

Fully Automated Luxury Communism
Published by Horinouchi-shuppan Tokyo, Japan
Tel +81 42 682 4350
http://www.horinouchi-shuppan.com/